झारखंड में विद्रोह का इतिहास

(1767-1914)

शैलेंद्र महतो

प्रभात प्रकाशन

प्रकाशक • **प्रभात प्रकाशन प्रा. लि.**
4/19 आसफ अली रोड,
नई दिल्ली–110002

संस्करण • 2026
मूल्य • पाँच सौ रुपए
मुद्रक • नरुला प्रिंटर्स, दिल्ली

JHARKHAND MEIN VIDROH KA ITIHAS

by Shri Shailendra Mahto ₹ 500.00

Published by Prabhat Prakashan Pvt. Ltd, 4/19 Asaf Ali Road, New Delhi-2

e-mail: prabhatbooks@gmail.com ISBN 978-93-90366-63-7

ब्रिटिशों के खिलाफ सन् 1767 से 1914 तक
झारखंड में जल-जंगल-जमीन और भारत मुक्ति आंदोलन की
बलिवेदी पर प्राणों की आहुति देनेवाले
शहीदों और संघर्ष करनेवाले
उन तमाम वीरों को श्रद्धा-सुमन के साथ
यह पुस्तक समर्पित है।

प्रस्तावना

भारत का इतिहास विद्रोहों से भरा पड़ा है, खासकर अंग्रेजों के शासन के दौरान देश में एक के बाद एक अनेक विद्रोह हुए। भारतीय स्वतंत्रता संग्राम के पहले भी विद्रोह हुए और आजादी की लड़ाई के दौरान भी। झारखंड क्षेत्र में अधिकांश विद्रोहों का नेतृत्व आदिवासियों ने किया। झारखंड वह क्षेत्र रहा है, जहाँ के बहादुरों ने अंग्रेजों के आगे घुटने नहीं टेके, संघर्ष किया। आरंभ के विद्रोहों का असली कारण जल, जंगल और जमीन को लेकर था। जंगल को साफ कर आदिवासियों ने उसे अपने रहने लायक बनाया था। इसे वे अपना मानते थे और जब अंग्रेज आए तो उन्होंने जमीन पर लगान लगाना आरंभ कर दिया। इसके खिलाफ आदिवासियों ने विद्रोह किया, हथियार उठाए। देश में हुए विद्रोहों का जिक्र कई पुस्तकों में किया गया है, लेकिन झारखंड में हुए विद्रोहों पर एक जगह पूरी सामग्री कम पुस्तकों में है, वह भी विस्तार से नहीं। यह कमी खल रही थी। शैलेंद्र महतो की पुस्तक 'झारखंड में विद्रोह का इतिहास' (1767-1914) इस कमी को पूरा करती है। शैलेंद्र महतो झारखंड के आंदोलनकारी रहे हैं। बाद में सांसद बने। ये उन विरले आंदोलनकारियों में हैं, जो आंदोलन के दौरान तीर के साथ-साथ कलम भी चलाते रहे हैं। लेखन का अनुभव और जज्बा भी है। भूमिपुत्र हैं, झारखंड की संस्कृति को बेहतर समझते हैं। इसलिए उनकी पुस्तक में हर विद्रोह का विस्तार से विवरण दिया गया है।

शैलेंद्र महतो खुद एक दस्तावेज हैं। उनके पास दस्तावेजों का भंडार है। इस पुस्तक का महत्त्व इसलिए और भी बढ़ जाता है, क्योंकि इसमें कुछ ऐसे विद्रोहों के बारे में विस्तार से जानकारी दी गई है, जो कहीं और विस्तार से उपलब्ध नहीं हैं। पुस्तक में 1767 से हुए विद्रोहों को शामिल किया गया है। कई ऐसे विद्रोह हुए, जिसमें आदिवासियों के अलावा गैर-आदिवासियों ने भी बढ़-चढ़कर हिस्सा लिया था। इस पुस्तक में उन घटनाओं को भी प्रमुखता से जगह मिली है, खासकर

1857 के विद्रोह के प्रमुख नायकों (इनमें राजा अर्जुन सिंह, ठाकुर विश्वनाथ शाही, पांडेय गणपत राय, उमराँव सिंह टिकैत, शेख भिखारी शामिल हैं) के संघर्ष के बारे में विस्तार से चर्चा है। धालभूम विद्रोह, चुआड़ विद्रोह और कोल विद्रोह, भूमिज विद्रोह, संताल विद्रोह, सरदारी लड़ाई के साथ-साथ बिरसा मुंडा के उलगुलान को शामिल किया गया है। इस पुस्तक से बाबा तिलका माँझी के संघर्ष की जानकारी मिलती है। शैलेंद्र महतो ने तिलका माँझी, सिदो-कान्हू, रघुनाथ महतो, गंगानारायण सिंह, तेलंगा खड़िया और बिरसा मुंडा की बहादुरी का जीवंत चित्रण किया है। इस पुस्तक से पता चलता है कि झारखंड के इन नायकों ने कैसे अपनी वीरता के बल पर अंग्रेजों को परेशान किए रखा। ऐसे वीरों के संघर्ष की बदौलत ही देश आजाद हो सका।

मैं वर्षों से शैलेंद्र महतो को जानता हूँ। जब झारखंड राज्य के लिए आंदोलन चल रहा था, उन दिनों भी वे छोटी-छोटी पुस्तकें निकालते थे, अखबारों में कॉलम लिखते थे। उन्होंने 'झारखंड में विद्रोह का इतिहास' नामक पुस्तक लिखी है, जो झारखंड आंदोलन का प्रामाणिक दस्तावेज है। इस पुस्तक की प्रस्तावना राँची विश्वविद्यालय के पूर्व कुलपति, शिक्षाविद् एवं झारखंड मामलों के विशेषज्ञ डॉ. रामदयाल मुंडा ने लिखी है।

दरअसल झारखंड के नायकों को कोई भूल न सके, नई पीढ़ी जान सके, इस अभियान में शैलेंद्र महतो लगे रहते हैं। यह पुस्तक भी उसी प्रयास की एक कड़ी है। यह सच है कि समाज अपने नायकों को भूलता जा रहा है। युवा पीढ़ी को इस बात को समझने की जरूरत है कि आज वह जिस आजाद भारत में साँस ले रही है, उसकी नींव उनके पूर्वजों ने रखी थी। उन्हें याद करना, उन्हें सम्मान देना हर किसी का फर्ज है। संभव है कि शैलेंद्र महतो या उन जैसे कुछ गिने-चुने लेखक अगर समाज के असली वीर नायकों को सामने नहीं लाते, तो एक बड़ा वर्ग उनके योगदान को समझ नहीं पाता। इसलिए शैलेंद्र महतो ने इस पुस्तक को लिखकर एक बड़ा काम किया है। ऐसी पुस्तकों को झारखंड के सिलेबस में शामिल करना चाहिए, ताकि छात्र अपने क्षेत्र के नायकों और उनके संघर्ष को जान सकें।

—अनुज कुमार सिन्हा
कार्यकारी संपादक, प्रभात खबर
झारखंड

9 जून, 2020
राँची

भूमिका

प्रस्तुत पुस्तक 'झारखंड में विद्रोह का इतिहास' सन् 1767 से लेकर 1914 तक अंग्रेजों के खिलाफ हुए संघर्ष की गाथा का वर्णन है। झारखंड में सैकड़ों साल से आदिवासी+मूलवासी समाज के लोग निवास करते आ रहे हैं एवं उनके सामाजिक, रस्म-रिवाज, भाषा, संस्कृति, साहित्य, कला, संगीत, धर्म, दर्शन और परंपरा से झारखंडी अस्मिता बनी है। उन्होंने ही इस जमीन को खेती लायक बनाया और गाँव बसाए।

ब्रिटिश ईस्ट इंडिया कंपनी ने 12 अगस्त, 1765 को सम्राट् शाह आलम द्वितीय से बंगाल, बिहार, उड़ीसा की दीवानी प्राप्त की। यह अंग्रेजों की बहुत बड़ी सफलता थी। अंग्रेजों ने अपना शासन स्थापित करना शुरू किया। जमींदारनुमा कुछ शक्तिशाली ग्राम प्रधानों ने भी उनका स्वागत किया। इसी क्रम में अंग्रेजों द्वारा झारखंड के पारंपरिक जल-जंगल-जमीन जैसे साधनों पर कब्जा करने के लिए प्रयास ही नहीं, आघात हुए। सन् 1767 के मध्य मार्च में मिदनापुर सैनिक छावनी से जॉन फर्ग्यूसन एक फौजी दस्ता लेकर धालभूम राज (राजधानी घाटशिला) को अपने अधीन करने के लिए राज की सीमा पर पहुँचा तो राजा जगन्नाथ धवलदेव की प्रजाओं ने इसका जमकर प्रतिवाद किया था। धालभूम का प्रतिरोध सिर्फ वहीं तक सीमित नहीं रहा, बल्कि दूसरे इलाकों में भी फैलता गया। जंगल-महाल के क्षेत्र में अंग्रेजों को पाँव पसारता देख सन् 1769 में रघुनाथ महतो ने उन्हें चुनौती दी और लड़ाई को जनसंघर्ष का रूप दिया। अंग्रेज समर्थक जमींदारों ने इस आंदोलन को चुआड़ विद्रोह की संज्ञा दी। चुआड़ विद्रोह के दूसरे चरण में श्याम गंजाम, खैरपाल के जागीरदार सुबल सिंह और दामपाड़ा के सरदार जगन्नाथ पातर के नेतृत्व में 1805 तक आंदोलन जारी रहा। संथाल परगना में 1771 में पहाड़िया विद्रोह, 1784 में तिलका माँझी का विद्रोह हुआ। 1800 में चेरों आदिवासियों का विद्रोह, 1807 में बुण्डू-तमाड़ में दुखन मानकी, विशुन मानकी और 1812 में रुदन-कांता मुंडा

के नेतृत्व में आंदोलन, 1820 में कोल विद्रोह, 1831–32 में ग्रेट कोल विद्रोह, 1832–33 में गंगानारायण सिंह का भूमिज विद्रोह, खरवार विद्रोह, 1854–56 में सिदो–कान्हू का संताल विद्रोह, 1857 में सिपाही विद्रोह, 1860 में सरदारी लड़ाई, 1895 से 1900 तक बिरसा मुंडा का उलगुलान आदि कई संघर्ष होते रहे। झारखंड के वीर सपूत लड़ते गए और शहीद होते रहे।

झारखंड क्षेत्र में जब ब्रिटिश ईस्ट इंडिया कंपनी की सरकार शासक, शोषक और राजनीतिक विधाता के रूप में स्थापित हुई, तब प्रतिक्रिया स्वरूप झारखंड के स्वाभिमानी योद्धाओं ने तुरंत उसका प्रतिवाद किया, उनके विरुद्ध आंदोलन किए, जो ब्रिटिश शासन से मुक्ति के लिए जनक्रांति थी। झारखंड में अंग्रेजों के खिलाफ हर विद्रोह भारत मुक्ति संग्राम का ही रूप था। सन् 1857 का सिपाही विद्रोह झारखंड के विद्रोहों से उपजी राष्ट्रीय चेतना का परिणाम था। इसके पहले झारखंड में कई विद्रोह हो चुके थे। सन् 1885 में भारतीय राष्ट्रीय कांग्रेस की स्थापना इसी का प्रतिफल था। संताल विद्रोह के बाद जमीन की सुरक्षा के लिए संताल परगना सेटलमेंट रेगुलेशन 1872 में बना, जिसने आगे चलकर 1949 में संताल परगना टेनेंसी ऐक्ट का रूप लिया। बिरसा मुंडा के उलगुलान से छोटानागपुर टेनेंसी ऐक्ट 1908 में लागू हुआ।

ज्ञातव्य है कि आदिवासियों का जीवन, दर्शन, धार्मिक अनुष्ठान, सामाजिक रीति–रिवाज, सांस्कृतिक अभिव्यक्तियाँ सभी प्रकृति–आधारित हैं। अत: जंगलों पर प्रत्यक्ष आधिपत्य का अंग्रेजी कुप्रयास मात्र भौतिक संसाधनों को छीनने का आर्थिक आघात ही नहीं था, अपितु झारखंड की ऐतिहासिक एवं सांस्कृतिक निरंतरता को विछिन्न करने का व्यापक षड्यंत्र भी था। विद्रोह का उद्देश्य अपने जंगल, जमीन और अपनी संस्कृति, अपने सामाजिक ताने–बाने तथा आर्थिक संप्रभुता में बाहरी हस्तक्षेप का विरोध करना था।

झारखंड के विद्रोहों और क्रांतिकारी लड़ाइयों का सिंहावलोकन एवं विश्लेषण करने पर यह निष्कर्ष अनायास ही निकल आता है कि इतिहासकारों ने इनके साथ सौतेला व्यवहार किया। झारखंडी संघर्षों की स्थिति हमेशा क्षेत्रीय ही बनी रही। भारत के इतिहास में ब्रिटिश सत्ता से सबसे ज्यादा निरंतरता, अनवरतता के साथ लड़ाई झारखंड में ही लड़ी गई। अंग्रेज यहाँ कभी भी निर्विरोध शासक के रूप में प्रतिस्थापित नहीं हो पाए। यह विश्लेषण एवं शोध का विषय है कि वे कौन से कारण थे, जिनके चलते ब्रिटिश साम्राज्य अपनी पूरी शक्ति, क्षमता एवं बौद्धिक

कुशलता के बावजूद झारखंड पर कभी अपना पूर्ण आधिपत्य नहीं जमा पाया। आज के संदर्भ में आदिवासियों की जीवन-पद्धति को निकटता से देखने पर इसके कारण स्पष्ट परिलक्षित होते हैं। वे कारण हैं—झारखंड के लोगों को अपनी संस्कृति में अटूट निष्ठा, स्वाभिमान की भावना, पाश्चात्य अप-संस्कृति के प्रति घोर घृणा एवं तिरस्कार का भाव। अपनी भूमि, वनों, पर्वतों, नदियों के साथ पवित्र भक्ति का भाव एवं इनका ईश्वर तुल्य आदर एवं सम्मान करने का विलक्षण गुण। यही कारण थे कि झारखंड के लोगों ने किसी भी विदेशी आक्रमणकारी को, चाहे वह मुगल हों या अंग्रेज, अपने भू-भाग में आधिपत्य जमाने नहीं दिया।

इतिहास एक ऐसा विषय है, जो दुनिया की जानकारी देता है, लेकिन अफसोस कि झारखंड में बड़े-बड़े आंदोलन होने के बावजूद उसे राष्ट्रीय, अंतरराष्ट्रीय स्तर पर स्थान नहीं मिला। मुझे भरोसा है कि यह पुस्तक उस कमी को पूरा करेगी। पुस्तक की प्रस्तावना लिखने के लिए चिर-परिचित प्रखर पत्रकार एवं लेखक श्री अनुज कुमार सिन्हा के प्रति आभार व्यक्त करता हूँ।

धन्यवाद,

—शैलेंद्र महतो

जमशेदपुर
30 जून, 2020
हूल दिवस

अनुक्रम

धालभूम विद्रोह

(1767)

धालभूम से ब्रिटिश लोगों का संबंध 1765 से शुरू हुआ, जबकि धालभूम के राजा, जिसे मिदनापुर के पुराने अभिलेखों में घाटशिला का राजा भी कहा जाता था, का शासन था। सन् 1766 ई. में मिदनापुर जिला अंग्रेजों के अधीन हो गया। प्रारंभ में उन्हें पहाड़ी क्षेत्रों के पश्चिमी भागों के जमींदारों को वश में करने तथा उनके लूटमार के कामों को रोकने में बड़ी कठिनाइयों का सामना करना पड़ा। 1766 में इन जमींदारों के खिलाफ मिदनापुर के रेजिडेंट ने जॉन फर्ग्यूसन नामक अधिकारी को सिपाहियों की एक टुकड़ी के साथ भेजा। शीघ्र ही उसे मिदनापुर के पश्चिम बांकुड़ा के छतना, सुपूर और अंबिकानगर तथा मानभूम, बराहभूम के जमींदारों को आत्म-समर्पण कराने में सफलता मिली।

धालभूम के राजा ने रास्ते रोककर अंग्रेजों के प्रतिरोध की तैयारी कर ली थी। मार्च के मध्य में फर्ग्यूसन ने जामबनी से घाटशिला के लिए कूच किया, किंतु तीर-धनुष, तलवार, फरसे-बरछे से लैस 2,000 विद्रोहियों ने चाकुलिया की पूरब दिशा में स्थित बेंद गाँव के नजदीक घेराबंदी कर उन्हें आगे बढ़ने से रोका। अंग्रेज सिपाहियों ने बिना कोई नुकसान पहुँचाए इन लोगों को जंगल में खदेड़ दिया। दूसरे दिन फिर विद्रोहियों ने दुबारा आक्रमण किया, किंतु सिपाहियों की गोलियों से उन्हें दूर भगा दिया। इसके बाद राजा के लोग वैसे तो छोटी ब्रिटिश फौज के सामने टिक न सके, किंतु उनके आस-पास रहकर आक्रामक बने रहे। फर्ग्यूसन को आगे बढ़ने के क्रम में और 32 मील की दूरी तय करनी पड़ी।

फर्ग्यूसन 22 मार्च, 1767 को नरसिंहगढ़ किले के बारे में जानकारी लेने पहुँचा। इसके बाद फर्ग्यूसन ने एक टुकड़ी आगे घाटशिला भेजी, जो राजा बैकुंठ धवलदेव को पकड़ने में कामयाब रही और उसे कैद कर मिदनापुर जेल भेज दिया गया तथा उसके भतीजे जगन्नाथ धवलदेव को सालाना 5,000 रुपए कर (TAX)

देने की शर्त पर उसकी जगह राजा बनाया गया। फिर फर्ग्यूसन ने बलरामपुर की ओर कूच किया। अगस्त 1767 में फर्ग्यूसन ने वापस लौटने पर नए राजा जगन्नाथ धवलदेव को, जो विद्रोहियों का अगुवा था, गिरफ्तार करने का आदेश दिया। राजा ने उसके आदेश को मानने से इनकार कर दिया। फर्ग्यूसन ने सैनिकों की दो कंपनियों के साथ किले पर कब्जा कर लिया। जगन्नाथ धवलदेव किले से भाग निकले और गाँव की ओर पलायन कर प्रजा के साथ रहने लगे। राजा ने शीघ्र आत्म-समर्पण कर दिया, जिससे उन्हें क्षमादान मिला।

धालभूम को अंग्रेजों द्वारा वश में करना दूर की कौड़ी थी। 1768 में एक नई समस्या आई। राजा बकाएदारी में फँस गया। लगातार रेजिडेंट की आज्ञा पर टाल-मटोल करता रहा, जबकि भीतर-भीतर वह अपनी आजादी फिर से हासिल करने के लिए मिलने-मिलाने की चालें चलता रहा। ऐसी स्थिति में लेफ्टिनेंट रूक्स को सिपाहियों की दो टुकड़ियों के साथ उस पर दुबारा ब्रिटिश शासन स्थापित करने के लिए भेजा गया। राजा जगन्नाथ धवलदेव किसी तरह अंग्रेज सिपाहियों की नजर से बच निकले, किंतु उसके भाई निमाई धवलदेव को गिरफ्तार कर लिया गया। जुलाई में रूक्स की जगह कैप्टन मोर्गन को नियुक्त किया गया। मोर्गन को जगन्नाथ धवलदेव की जगह निमाई धवलदेव को राजा की नियुक्ति का आदेश मिला। निमाई धवलदेव रिहा हो गए। नए राजा के पास अपना तन ढकने के लिए कपड़े तक नहीं थे। मोर्गन ने लिखा, 'अब, जबकि हमारे पास एक नया राजा है, उसे धन और रसद सामग्री देनी ही चाहिए—वह अत्यंत ही फटेहाली में है। मैं समझता हूँ कि उसे उपहार के रूप में कुछ कपड़े, कुछ रेशमी कपड़े आदि देने चाहिए, क्योंकि यह स्थिति एक राजा के लिए अत्यंत ही दयनीय है।' स्पष्ट है कि मोर्गन को स्वभावतः ऐसा करना नापसंद था। विद्रोही संगठित नहीं थे, किंतु छोटे-छोटे समूहों में घात लगाकर हमला करने के बाद गाँव, जंगल में छिप जाया करते थे, कभी सामने नहीं आते। 'इन लोगों से बातें करना एक मजाक जैसा है, जिन्हें लड़ने तक का शऊर नहीं है। ये बर्रे के समूह जैसे हैं, जिन्हें अपने तीरों से डंक मारकर भाग जाना भर आता है। इनमें से किसी को भी मारना, पकड़ना लगभग असंभव है, क्योंकि ये स्वयं को हमेशा काफी दूरी पर रखते हैं और वहीं से तीर चलाते हैं, जिससे ये मौत के घेरे में नहीं आते।'

मोर्गन के अनुसार, अभी इस इलाके के मामलों में अपने व्यक्तिगत विचारों को बताते हुए मैं सोचता हूँ कि इसका समाधान बहुत ही मुश्किल है कि कैसे इस

पर जीत हासिल की जाए। अब इन असंतुष्टों का प्रमुख नौजवान है, जो कभी भी एक निश्चित जगह पर नहीं रहता है। इसके कारण इन पर अपना अधिकार जमाना ज्यादा मुश्किल है। ऐसी स्थिति में प्रभु से प्रार्थना करते हुए कहना चाहूँगा कि मेरा यह काम समाप्त हो गया है, क्योंकि कुछ न कर पाने के बावजूद मैं वास्तव में थक गया हूँ। मेरे सिपाही लगातार बीमार हो रहे हैं। अभी 60 से अधिक मेरे लोग बुखार से तप रहे हैं। उसने फिर कहा, 'मैं जगन्नाथ धवलदेव का पीछा करने में और समय बर्बाद करने की स्थिति में नहीं हूँ। इसका नतीजा यह होगा कि इस इलाके के सभी लोग शैतानियत की हद तक चले जाएँगे और इस पूरे क्षेत्र की कई महीनों तक हमारे नियंत्रण में आने की कोई संभावना नहीं दिखती। ऐसी स्थिति में इन बदमाशों के साथ क्या करूँ, जबकि न तो ये सामने आते हैं, न ही मेरे परवानों का कोई जवाब ही देते हैं।'

मोर्गन की कठिनाइयाँ तब और भी बढ़ गईं, जबकि लोगों ने उन्हें जरूरी चीजें मुहैया कराना भी अस्वीकार कर दिया। एक समय तो उसने लिखा, 'उसे भोजन सामग्रियाँ पाने के लिए किले को छोड़ना पड़ेगा—फिर एक बार लौटती डाक से हमारे लिए कुछ जरूरी सामान मुरगे-मुरगियाँ भेज दें, क्योंकि हमारे पास खाने के लिए कुछ भी नहीं बचा है।' बरसात शुरू हो गई और नदियों में बाढ़ आ गई थी। उसके पास नावें नहीं थीं। वह नरसिंहगढ़ के किले में बंद था और उसके आदमी रोज एक सेर चावल तक सिमट गए थे। अंततः अगस्त 1768 में एक जर्जर नाव के सहारे, जिसमें बुरी तरह से पानी भरता जा रहा था, वह स्वर्ण-रेखा नदी पार कर जगन्नाथ धवलदेव का पीछा करते हुए हल्दीपोखर की ओर रवाना हुआ। वहाँ उसने शिकायत की कि उसे इस क्रम में अपनी जिंदगी के भयंकरतम विपरीत मौसम का सामना करते हुए अपने बीमार साथियों के साथ दलदली भूमि में शिविर लगाना पड़ा। इसके साथ ही उसने शराब, ब्रांडी और मक्खन भरपूर मात्रा में भेजने की भी अपील की थी। बावजूद इन सबके वह सरदारों को अपने अधीन करने में सफल रहा और सितंबर में उसने रेजिडेंट को रिपोर्ट भेजी कि घाटशिला को पूरी तरह से निपट लिया गया है और सारा कारोबार व्यवस्थित रूप से चल रहा है।

अगले साल 1769 में चुआड़ विद्रोही कुड़मी, संथाल और भूमिज लोगों ने करीब 5,000 की संख्या में धालभूम पर चढ़ाई कर दी। ब्रिटिश कंपनी के सिपाहियों की एक छोटी सी टुकड़ी की सुरक्षा में रहे नए राजा को नरसिंहगढ़ के किले में वापस आने को मजबूर कर दिया गया। हालाँकि कैप्टन फोर्ब्स ने एक सैनिक

अभियान के तहत उन्हें जल्दी ही भगा दिया। फिर कैप्टन फोर्ब्स ने किचुंग पीड़ में सिपाहियों की एक छोटी सी टुकड़ी रखकर वहाँ से प्रस्थान किया। उसके जाने के तुरंत बाद विद्रोहियों ने उन सिपाहियों को मार दिया। अब उस इलाके पर शासन करने और ब्रिटिश कंपनी के लिए लगान वसूलने ले. गुडइयर को सिपाहियों की दो कंपनियों के साथ किचुंग पीड़ भेजा गया, किंतु किचुंग पीड़ में शासन करने का विचार छोड़ना पड़ा, क्योंकि इससे भयूरभंज के राजा के अधिकारों का हनन होता। उसे अपने पहले के निर्णय को बदलकर किचुंग पीड़ को बामनघाटी के जमींदार के अधीन करने को राजी किया गया। अब ब्रिटिश कंपनी को किचुंग पीड़ के जमींदार के खिलाफ आगे और कुछ करने की जरूरत नहीं रही। जमींदार को मिदनापुर के रेजिडेंट का आज्ञा पालन करना था।

1773 में फिर से उपद्रव शुरू हुए। जगन्नाथ धवलदेव ने अपने हिमायती गुरिल्लों के एक विशाल समूह के साथ अपने उत्तराधिकारी निमाई धवलदेव पर आक्रमण कर दिया। इस तरह के उपद्रव कुछ नए नहीं थे। मिदनापुर के रेजिडेंट ने वारेन हेस्टिंग्स को सूचित किया, 'जैसे ही फसल तैयार होती है, वे अपना अनाज पहाड़ी की चोटियों पर या पहुँच से दूर किसी सुरक्षित जगह पर लेकर चले जाते हैं। ये जमींदार मुफ्तखोर हैं, जो अपने आस-पास के लोगों या एक-दूसरे को लूटते रहते हैं और ये अपने काश्तकारों को मुख्यतः इस लूटपाट के अत्याचारों में सहायक बनाते हैं। इस लूटपाट के चलते जमींदार और उनके काश्तकार हमेशा हथियारों से लैस रहते हैं। फसल की कटाई के बाद शायद ही कोई ऐसा होगा, जो अपनी रैयतों को उनकी औकात के अनुसार अपनी जायदाद को बचाने या अपने पड़ोसियों पर चढ़ाई करने को न कहता हो। नतीजतन मैं कह सकता हूँ कि इस अराजक स्थिति में लगान वसूली अनिश्चित है, क्योंकि जमींदार हठधर्मी है। यहाँ के निवासी उग्र हैं, जो शासित नहीं हो सकते। इस साल ऐसे उपद्रव कुछ अधिक ही रहे। राजा को मजबूत बनाने और विधि-व्यवस्था बनाए रखने के लिए सिपाहियों की एक टुकड़ी कैप्टन फोर्ब्स को भेजनी पड़ी और जब वह इसमें सफल रहा तो शांति व्यवस्था के लिए नरसिंहगढ़ और हल्दीपोखर में सिपाहियों की दो कंपनियाँ रख दी गईं।

अगले साल जगन्नाथ धवलदेव के नेतृत्व में आंदोलन दुबारा शुरू हो गया। चुआड़ आंदोलन के नेता रघुनाथ महतो ने इसका जोरदार समर्थन किया। इसका नतीजा यह हुआ कि बहरागोड़ा से नरसिंहगढ़ तक और इसके बाहर भी हल्दीपोखर के एक-दो मील के अंदर तक के कई गाँवों को जला दिया गया या पूरी तरह से

मटियामेट कर दिया गया। अप्रैल 1774 में कमांड के लेफ्टिनेंट ने इस गुस्ताख राजा को सबक सिखाने तथा अतिरिक्त कुमक (सहायता) भेजने हेतु लिखित रूप से आज्ञा माँगी, 'चूँकि ये लोग बंदूकों से अति भयभीत रहते हैं, यदि एक बंदूक भेज दी जाए, तो यह बहुत ही प्रभावशाली होगा।' बंदूक तो वैसे नहीं भेजी गई, किंतु दूसरे महीने में उसने रिपोर्ट दी कि उसे सूचना मिली है कि यहाँ की पहाड़ी पर रहनेवाले सभी लोगों ने जगन्नाथ धवलदेव के साथ मिलकर हमारे सिपाहियों को इस इलाके से खदेड़ने का मन बनाया है। यद्यपि मैं इस अंतिम सलाह पर ज्यादा जोर देना नहीं चाहता, हमारे गोला-बारूद के बारे में इन्हें इतनी जानकारी हो गई है कि रात के अँधेरे में हमारे संतरियों की परवाह किए बगैर दो-तीन साहसी लोग इसे नष्ट कर सकते हैं। इस हालत में अपने सिपाहियों को हटा लेना पड़ेगा, क्योंकि ये लोग हमारे सिपाहियों से कम बहादुर नहीं हैं। उनकी संख्या बढ़ सकती है। उनके तीर हमारे बायोनेट (BAYONET) से ज्यादा प्रभावशाली हैं और धनुष बंदूकों की तरह। जब तक जगन्नाथ धवलदेव का दमन नहीं होता, माननीय कंपनी को स्वर्ण-रेखा नदी के इस पार से एक आना भी नहीं मिलेगा। एक संदेश, जो मैंने उसे दिया, उसके जवाब में उसने कहा कि वह राजा बना रहना चाहता है और जब तक वह है, इस क्षेत्र को कभी भी बंदूक या तलवार के बल पर टूटने-बिखरने नहीं देगा। आखिरकार 1777 में पहले साल 2,000 रुपए, दूसरे साल 3,000 रुपए और तीसरे साल 4,000 रुपए लगान देने की शर्त पर जगन्नाथ धवलदेव को फिर से जमींदारी दे दी गई और 1800 ई. में 4,267 रुपए की लगान पर जमींदारी स्थायी रूप से उसे मिल गई।

ब्रिटिश सरकार के साथ सन् 1800 की राजनीतिक बंदोबस्ती के अलावा उसी वर्ष धालभूम को भी स्थायी बंदोबस्ती मिली। उस समय यह क्षेत्र मिदनापुर का हिस्सा था, किंतु सन् 1833 ई. में यह मानभूम और फिर सन् 1846 में सिंहभूम में शामिल कर लिया गया।

□

चुआड़ विद्रोह

क्रांतिवीर रघुनाथ महतो

(1769–1778 ई. तक)

चुआड़ विद्रोह का इतिहास जानने के लिए मैंने गूगल में खोज की। विकिपीडिया ने चुआड़ विद्रोह का विस्तृत वर्णन किया है, लेकिन उसमें से मैं प्रथम पैरा को उद्धृत कर रहा हूँ, जो इस प्रकार है—

'झारखंड के आदिवासियों ने रघुनाथ महतो के नेतृत्व में ईस्ट इंडिया कंपनी के खिलाफ जंगल, जमीन के बचाव तथा नाना प्रकार के शोषण से मुक्ति के लिए 1769 में जो आंदोलन आरंभ किया, उसे चुआड़ विद्रोह कहते हैं। यह आंदोलन 1805 तक चला। स्थानीय आदिवासी लोगों को उत्पाती या लुटेरा के अर्थ में सामूहिक रूप से ब्रिटिशों द्वारा चुआड़ कहकर बुलाया गया। हाल के कुछ आंदोलनों में इसे आपत्तिजनक मानते हुए इस घटना को चुआड़ विद्रोह की बजाय जंगल-महाल स्वतंत्रता आंदोलन के नाम से बुलाए जाने का प्रस्ताव भी किया गया है। चुआड़ अथवा चुहाड़ का शाब्दिक अर्थ लुटेरा अथवा उत्पाती होता है। जब 1765 ई. में ईस्ट इंडिया कंपनी द्वारा तत्कालीन बंगाल के छोटानागपुर के जंगल महाल जिला में सर्वप्रथम मालगुजारी वसूलना शुरू किया गया, तब अंग्रेजों के इस षड्यंत्रकारी तरीके से जल, जंगल, जमीन हड़पने की गतिविधियों का सन् 1769 ई. में कुड़मी समाज के लोगों द्वारा रघुनाथ महतो के नेतृत्व में सबसे पहला विरोध किया गया और ब्रिटिश शासकों के खिलाफ क्रांति का बिगुल फूँका गया। जब अंग्रेजों ने पूछा, ये लोग कौन हैं, तो उनके पिट्ठू जमींदारों ने घृणा और अवमानना की दृष्टि से उन्हें चुआड़ (बंगाली में एक गाली) कहकर संबोधित किया, तत्पश्चात् उस विद्रोह का नाम 'कुड़मी विद्रोह' के स्थान पर 'चुआड़ विद्रोह' पड़ा।'

झारखंड निर्माण के दो सौ तीस वर्ष पूर्व से ही झारखंडी आदिवासी अपनी

अस्मिता, अपनी भौगोलिक पहचान, अपनी सांस्कृतिक विरासत के प्रति सचेत, सजग एवं संवेदनशील रहे हैं। मातृभूमि के रूप में अपने जल, जंगल, जमीन के प्रति उनकी प्रतिबद्धता, निष्ठा और समर्पण का प्रकटीकरण तब हुआ, जब ब्रिटिश हुक्मरानों का छल, बल, कपट, षड्यंत्र के द्वारा पूरे भारतवर्ष पर अपना आधिपत्य, प्रभुत्व और स्वामित्व स्थापित करने का प्रयास चल रहा था। अपने जन्मसिद्ध नैसर्गिक अधिकारों के प्रति जागरूकता एवं संवेदनशीलता झारखंडी जनमानस के एक अभिन्न एवं अन्योन्याश्रय तत्त्व के रूप में हमेशा से रही। यही कारण है कि पूरे भारतवर्ष में ब्रिटिश चालबाजी के खिलाफ विरोध, विद्रोह एवं क्रांति का प्रथम शंखनाद झारखंड की धरती पर ही हुआ था। सबसे पहले 1769 ईसवी में झारखंड में जंगल-महाल जिला में कुड़मी आदिवासियों ने ब्रिटिश शासकों के खिलाफ क्रांति का बिगुल फूँका। भारतीय स्वतंत्रता संग्राम के प्रथम क्रांतिवीर अमर शहीद रघुनाथ महतो के नेतृत्व में उस सत्ता के खिलाफ विद्रोह के स्वर गूँजे, जिसके प्रभुत्व में सूर्य अस्त नहीं होता था। इसके पूर्व में ब्रिटिश हुकूमत की खिलाफत करने का न लोगों ने सोचा था, न हिम्मत और न ही शक्ति दिखाई थी।

ब्रिटिश हुक्मरानों से झारखंड को न्याय मिलने की आशा नहीं थी, क्योंकि ब्रिटिश हुकूमत का जितना विरोध झारखंड में हुआ था, उससे वहाँ के लोगों के प्रति अंग्रेजों की चिढ़, द्वेष और प्रतिकूल भावना को समझा जा सकता है। ब्रिटिश विरोधी संग्राम में अनेक शोणित तर्पण, अनेक पर्वतीय कहानियाँ एवं अरण्य भूमि में अनेक पवित्र हल्दीघाटी की रचना हुई। ब्रिटिश राजशक्ति को भारत की कई देशीय राजशक्तियों के विरुद्ध संग्राम करना पड़ा। मराठा, सिख, कई हैदर-टीपू ने ब्रिटिश विरोधी संग्राम में प्रधान भूमिका निभाई। इतिहास में ये कहानियाँ बढ़ा-चढ़ाकर लिखी गईं, प्रचारित की गईं, किंतु ब्रिटिश के विरुद्ध भारत में प्रथम जनसंग्राम का इतिहास है तो वह है झारखंडियों का संग्राम। झारखंडी जनशक्ति ने ब्रिटिश राजशक्ति के खिलाफ हमेशा लड़ाई की है। सिपाही विद्रोह का जनसंग्राम इतिहास के पन्नों में अंकित है, किंतु झारखंडियों ने जनसंग्राम किया, सिपाही विद्रोह के पहले और उसके बाद भी। झारखंडियों के इस संग्राम की अनेकानेक भारतीय इतिहासकारों ने भी नितांत जंगली विक्षोभ की धारणा से एक विचारणीय विषय न समझकर ध्यान नहीं दिया, किंतु इतिहास अनुसंधान करने पर जाना जा सकता है। झारखंडियों के संग्राम में सभ्य भारतवर्ष के संग्राम के समान और कभी-कभी उनसे भी ज्यादा देश-प्रेम जातीय (गोष्ठी) की प्रेरणा थी।

'झारखंड : इतिहास एवं संस्कृति' पुस्तक के पृष्ठ 414 शीर्षक 'भू-राजस्व प्रशासन' से उद्धृत—"···छोटानागपुर में बसनेवाली जनजातियाँ विकास के विभिन्न चरणों की रही होंगी—कुछ आखेटक, कुछ अन्न-संग्राहक और कुछ कृषक। छोटानागपुर में आ जाने पर भी कुछ विकास की प्रारंभिक स्थिति में बनी रहीं, तो कुछ कृषि-स्तर तक पहुँच गईं। इन जनजातियों का विश्वास था कि जिन्होंने सबसे पहले जंगल-झाड़ साफ किए, वैसी भूमि पर खेती करने और स्वामित्व का अधिकार उन्हीं का तथा उनके वंशजों का था। गाँव की संपूर्ण भूमि पर समूचे गाँव का सम्मिलित अधिकार था, यद्यपि शुरू में भूमि को कृषि लायक बनानेवालों को विशेष अधिकार मिले होते थे। समय-समय पर गाँव का मुखिया गैर-आबाद भूमि गाँव के खेतिहरों में बाँटता रहता था। भूमि के किसी भी दान अथवा हस्तांतरण को संपूर्ण समुदाय की सहमति आवश्यक थी। भूमिपति भूमिहीन लोगों को कृषक-मजदूरों के रूप में रख लेते थे। इस तरह मुंडा, महतो तथा पाहन का गाँव की जमीन पर पूर्ण नियंत्रण था और मानकी कई गाँवों पर नियंत्रण रखता था। इस तरह भूमि-व्यवस्था और सामाजिक-धार्मिक-राजनीतिक जीवन के बीच गहरा संबंध था। मूल रूप से भूमि को आबाद करनेवाले भुईंहर या खूंटकट्टीदार कहे जाते थे। गाँव के ये मूल संस्थापक परिवार खूंट के वास्तविक स्तंभ थे।"

झारखंड में आदिवासियों की प्रमुखता थी। प्राचीन समय में इन्हें 'अनार्य' कहा गया। ब्रिटिश सरकार के अभिलेखों और दस्तावेजों के ट्राइब (कबीला, जनजाति) कहा गया। 'गैजेट ऑफ इंडिया' (1913) के अनुसार, झारखंड में निवास करने वाले 13 जातियों (मुंडा, उराँव, संथाल, हो, भूमिज, खड़िया, घासी, गोंड, कांध, कोरवा, कुड़मी, मालसौरिया और पान) को ट्राइब घोषित किया गया था। पूर्व में इनका अपना शासन-सत्ता था। छोटानागपुर सात गढ़ों में विभक्त था। इनके नाम थे—लोहागढ़, हजारीबाग, पालुनगढ़, मानगढ़, सिंहगढ़, कैसलगढ़ और सुरगुज्जा। (वर्तमान में) लोहागढ़ को लोहरदगा, पालुनगढ़ को पलामू, मानगढ़ को मानभूम, सिंहगढ़ को सिंहभूम के नाम से जाना जाता है। कैसलगढ़ उड़ीसा में और सुरगुज्जा छत्तीसगढ़ में है। झारखंड बाहरी प्रभाव से अछूता रहा। ऐतिहासिक दस्तावेजों से प्रमाण मिलता है कि भारत में मुसलमानों का शासन होने के वाबजूद झारखंड स्वतंत्र था। उन दिनों झारखंड घने जंगलों से भरा पड़ा था। जंगली जानवरों से बाहर के लोग डरते थे। बाजार-शहर नहीं थे। आने-जाने का साधन नहीं था। इसलिए मुसलमान शासक और उनके सैनिक गंगा नदी के किनारे-किनारे बंगाल की धरती

में जाते-आते थे। इन्हीं कारणों में मूल रूप से आदिवासी कबिलाओं का अपना-अपना राज था और बाद में वे अपने को क्षत्री के रूप में स्थापित किए।

12 अगस्त, 1765 को मुगल बादशाह शाह आलम द्वितीय से ईस्ट इंडिया कंपनी को बंगाल (बिहार, उड़ीसा, छोटानागपुर और असम) की दीवानी स्वीकृत की गई थी। उसके बाद ही अंग्रेजों ने भारतवर्ष में शासन चलाने के लिए जमीन सर्वेक्षण का काम शुरू किया। बंगाल के अंदर तत्कालीन छोटानागपुर के जंगल महाल जिला में जमीन का सर्वे और खतियान बनाना शुरू हुआ था। ईस्ट इंडिया कंपनी ने आदिवासियों की जमीन पर अपना अधिकार जमाने के लिए सबसे पहले मालगुजारी वसूलना शुरू किया। अंग्रेजों का इस तरह से जल, जंगल, जमीन हड़पने की षड्यंत्रपूर्ण गतिविधियों का भारत में पहला विरोध कुड़मी आदिवासियों द्वारा सन् 1769 में भारत का पहला और क्रांतिवीर रघुनाथ महतो के नेतृत्व में शुरू हुआ।

चुआड़ किसी जाति का नाम नहीं है, बल्कि अंग्रेज और उनके पिट्ठू जमींदारों ने कुड़मियों के इस विद्रोह को घृणा, अवमानना प्रदर्शित करने के ध्येय से चुआड़ विद्रोह के नाम से संबोधित किया। इतिहासकार श्रमिक सेन ने *अपनी पुस्तक 'एक नोजोरे पुरुलिया', जो बांग्ला भाषा में है (प्रकाशक—क्रिएटिव एसोसिएट्स, कोलकाता-700049),* लिखते हैं कि रघुनाथ महतो चुआड़ विद्रोह का नेता था और उन्होंने आगे वर्णन किया है—"अंग्रेज सर्वप्रथम जमींदारों, ईस्ट इंडिया कंपनी के थानेदार, महाजन, ठेकेदार के माध्यम से शोषण करते थे। बाद में नव-नियुक्त बनिया, दीवान, फौजदार, सिलदार, दफादार, तरफदार इन सबों के माध्यम से राजस्व वसूली के नाम पर स्थानीय लोगों के ऊपर जुल्म और उनका शोषण करते थे। इसके विरोध में जो प्रतिवादस्वरूप आंदोलन हुआ था, अंग्रेज और उसके जमींदार पिट्ठुओं ने चुआड़ विद्रोह कहा।" जवाहरलाल नेहरू यूनिवर्सिटी (नई दिल्ली) के प्रोफेसर डॉ. वीर भारत तलवार ने भी अपनी पुस्तक 'आदिवासी और आर.एस.एस.' के पृष्ठ दस में 'कुड़मियों का चुआड़ विद्रोह' लिखा है।

रघुनाथ महतो का जन्म 21 मार्च, 1738 में झारखंड क्षेत्र के तत्कालीन जंगल महाल जिला और वर्तमान में सरायकेला खरसावाँ जिला के नीमडीह प्रखंड के घुटियाडीह ग्राम में हुआ था। रघुनाथ महतो बचपन से ही क्रांतिकारी स्वभाव का जिंदादिल इनसान था। वह किसी की गुलामी बर्दाश्त नहीं करता था। 1765 के बाद जब ईस्ट इंडिया कंपनी ने जंगल महाल जिला में आदिवासियों के जल, जंगल, जमीन पर अपना अधिकार जमाने के लिए राजस्व वसूलना शुरू किया,

आदिवासियों की जमीन छीनकर बंगाली जमींदारों के हाथों जमीन का हस्तांतरण हो रहा था, अन्य क्षेत्रों से लोगों को आयातित कर प्रजा बसाना शुरू किया था और नए-नए टैक्स लगाए जा रहे थे, इसी बीच रघुनाथ महतो ने आह्वान किया कि अब यदि अपनी जमीन में जीना है तो क्रांति, विद्रोह के अलावा कुछ भी नहीं बचा है। अंग्रेजों की गुलामी बर्दाश्त नहीं की जाएगी। हम अपनी जमीन का टैक्स नहीं देंगे। हमने खेत बनाया, गाँव बसाया, राज अपना है। इन्हीं विषयों को लेकर रघुनाथ महतो ने नीमडीह ग्राम से कुछ ही दूरी पर एक विशाल मैदान में फाल्गुन पूर्णिमा 1769 को अंग्रेजों के खिलाफ एक सभा बुलाकर विद्रोह का शंखनाद किया था और नारा दिया था—'अपना गाँव, अपना राज—दूर भगाओ विदेशी राज।' आज उसी स्थान को रघुनाथपुर के नाम से जाना जाता है, जो नीमडीह प्रखंड का मुख्यालय है। इसी तरह पुरुलिया की उत्तर दिशा में करीब तीस किलोमीटर दूरी पर एक छोटा सा शहर रघुनाथपुर है। मेदिनीपुर जिला अंतर्गत झाड़ग्राम में भी रघुनाथपुर है। जनश्रुति है कि इन तीनों जगहों का नाम उस समय के लोगों ने अपने प्रिय नेता क्रांतिवीर अमर शहीद रघुनाथ महतो के नाम पर रघुनाथपुर रखा।

चुआड़ विद्रोह 1769 में रघुनाथ महतो के नेतृत्व में शुरू हुआ और वे इस विद्रोह के महानायक बने रहे, लेकिन उनकी मृत्यु के बाद भी यह विद्रोह लगभग 1805 तक चलता रहा। 'भारत का मुक्ति संग्राम' नामक पुस्तक में चुआड़ विद्रोह अध्याय में अयोध्या सिंह लिखते हैं, "ब्रिटिश शासकों को खुद स्वीकार करना पड़ा है कि इस विद्रोह का मूल कारण चुआड़ किसानों और पाइकों से जमीन और जीविका का छीना जाना था।" मेदनीपुर के तत्कालीन कलेक्टर ने रेवेन्यू बोर्ड के पास 25 मई, 1798 को लिखा, "प्राचीन काल से जो अपने दखल की जमीन का भोग करते आ रहे थे, उन्होंने देखा कि बिना अपराध और बिना कारण जमीन भोगने का उनका अधिकार जानबूझकर छीन लिया गया। इस बहाने कि सरकारी पुलिस के खर्च और गुजर के लिए यह जरूरी है और सारी संपत्ति से वंचित कर दिया गया अथवा उस जमीन पर इतना राजस्व लगाया गया, जिसे देने की क्षमता उनमें नहीं। उन्होंने यह भी देखा कि आवेदन-निवेदन से कोई फायदा नहीं हुआ। ऐसी हालत में पहला मौका मिलते ही उन्होंने अस्त्र धारण कर अपने से छीनी गई जगह-जमीन वापस पाने की चेष्टा की। इसमें आश्चर्य या क्रोध करने का कोई कारण नहीं हो सकता।"

रघुनाथ महतो बहुत जल्द ही जंगल महाल जिले में अंग्रेजों के खिलाफ एक

सशक्त नेता के रूप में उभरे। किसानों का भारी समर्थन प्राप्त हुआ। जंगल महाल जिले में मुख्यत: कुड़मी, संथाल और भूमिज आदिवासियों का वास स्थान रहा है। चुआड़ विद्रोह के शुरुआती तीन साल तक कुड़मी आदिवासी मोर्चा लिये हुए थे और उसके बाद विद्रोह में संथाल और भूमिज आदिवासी भी शामिल होने लगे। अंग्रेजों को चिंता सताने लगी कि अब क्या होगा? चूँकि सैकड़ों साल से झारखंड के लोग अपनी जमीन के मालिक थे, किसी प्रकार की टैक्स वसूली नहीं थी। वे सभी स्वतंत्र रूप से जीवन जीते थे। ईस्ट इंडिया कंपनी ने राजपाट सँभालते ही जंगल, जमीन पर जब अपना अधिकार के लिए कानून बनाया, तो विद्रोह होना स्वाभाविक था। रघुनाथ महतो का नेतृत्व नीमडीह, पातकोम से लेकर बराहभूम, धालभूम, मेदनीपुर की ओर बढ़ने लगा। फिर धालभूम से किचूंग परगना में (जो अब सरायकेला- खरसावाँ जिला के प्रखंड सरायकेला, राजनगर, गम्हरिया क्षेत्र को कहा जाता है) विद्रोह की आग तेजी से लपटें लेने लगी।

जंगल महाल जिले के कई जमींदार और राजाओं ने ईस्ट इंडिया कंपनी की अधीनता स्वीकार कर ली, लेकिन धालभूम के राजा ने अस्वीकार कर दी। ईस्ट इंडिया कंपनी ने मेदनीपुर और जामबोनी पर कब्जा कर लिया था। लेफ्टिनेंट फर्ग्यूसन ने जामबोनी होते हुए घाटशिला पर चढ़ाई कर दी, लेकिन इसके पहले ही धालभूम राजा ने मेदनीपुर, जामबोनी से धालभूम (घाटशिला) आनेवाले रास्ते में अपनी फौज खड़ी कर दी थी। कंपनी फोर्स के सामने राजा की फौज कमजोर साबित हुई। राजा बैकुंठ धवलदेव को पकड़कर मेदनीपुर जेल भेज दिया गया और उसके भतीजे जगन्नाथ धवलदेव को राजा बनाया गया।

राजा जगन्नाथ धवलदेव का संबंध ईस्ट इंडिया कंपनी से धीरे-धीरे बिगड़ता चला गया और राजा ने कंपनी के आदेशों की अनसुनी कर दी। परिणाम यह हुआ कि अंग्रेजों ने जगन्नाथ धवलदेव के किले पर चढ़ाई की और कब्जा कर लिया। इस परिस्थिति में जगन्नाथ धवलदेव किला छोड़कर भाग गया और कभी गाँवों में, तो कभी जंगलों-पहाड़ों में उसे शरण लेनी पड़ी। अंग्रेजों ने जगन्नाथ धवलदेव की जगह निमाई धवलदेव को राजा बनाया। धालभूम राजा के संदर्भ में उल्लेख करना इसलिए जरूरी है कि वह चुआड़ विद्रोह से संबंधित है।

जून 1773 में चुआड़ विद्रोह के महानायक रघुनाथ महतो के साथ जगन्नाथ धवलदेव की मुलाकात ग्राम-पिपला में हुई, चूँकि अंग्रेजों की गिरफ्तारी से बचने के लिए वे दोनों गाँव में समय बिता रहे थे। वे अंग्रेजों के दुश्मन बन चुके थे। दोनों को

पकड़ने के लिए ईस्ट इंडिया कंपनी की पुलिस फोर्स लेफ्टिनेंट गुडयार के नेतृत्व में जगह-जगह छापेमारी कर रही थी। अंग्रेजों ने राजा जगन्नाथ धवलदेव को विद्रोही घोषित कर दिया था। इस हालत में जगन्नाथ धवलदेव को रघुनाथ महतो से मदद की सख्त जरूरत थी। चुआड़ विद्रोहियों की भारी-भरकम संख्या रघुनाथ महतो के नेतृत्व में अंग्रेजों के खिलाफ जगन्नाथ धवलदेव को मदद पहुँचा रही थी। इस बीच जगन्नाथ धवलदेव और रघुनाथ महतो ने एक-दूसरे के साथ मीत-मितान का संबंध स्थापित किया और अंग्रेज शासकों के खिलाफ लड़ने का प्रण किया। गाँव-गाँव में चुआड़ विद्रोहियों का संगठन बन चुका था। रघुनाथ महतो के संगठन से अंग्रेज मेदनीपुर से हजारीबाग, रामगढ़ व बांकुड़ा से चाईबासा तक भयभीत रहते थे।

रघुनाथ महतो और जगन्नाथ धवलदेव के नेतृत्व में करीब पाँच हजार की संख्या में चुआड़ विद्रोहियों ने धालभूम के राजा निमाई धवलदेव के किले घाटशिला पर आक्रमण किया, जिससे घाटशिला का राजा और ईस्ट इंडिया कंपनी के सिपाही को भागकर नरसिंहगढ़ में शरण लेनी पड़ी। अब कप्तान फोरबिस को भारी संख्या में पुलिस फोर्स के साथ मेदनीपुर से घाटशिला भेजा गया, ताकि विद्रोहियों को खदेड़ा जा सके। पुलिस फोर्स के सामने विद्रोही टिक नहीं सके और उन्हें अपने गाँवों में वापस जाना पड़ा। घाटशिला प्रखंड अंतर्गत जोड़सा ग्राम के माझिया महतो, बालकु महतो, रांगा महतो, कालचिती ग्राम के आनंद महतो, रघु महतो, जगन्नाथपुर ग्राम के पुकलु माँझी, शंकर माँझी के साथ दर्जनों की संख्या में लोग ईस्ट इंडिया कंपनी के फोर्स के साथ लड़ाई में मारे गए।

उल्लेखनीय है कि चुआड़ विद्रोह शुरू होने से पहले छोटानागपुर क्षेत्र पटना काउंसिल के अधीन था, लेकिन जंगल-महाल जिले में ईस्ट इंडिया कंपनी का जैसे-जैसे कब्जा बढ़ रहा था, विद्रोह भी उसी स्वर में बढ़ रहा था। चुआड़ विद्रोह की आक्रामकता को देखते हुए नवंबर 1773 में छोटानागपुर क्षेत्र को पटना काउंसिल के नियंत्रण से हटाकर बंगाल प्रेसीडेंसी के अधीन कर दिया गया, ताकि खुद ईस्ट इंडिया कंपनी कलकत्ता से अपना शासन चला सके।

धालभूम राजा के किला घाटशिला पर चढ़ाई के कई महीने बाद धालभूम से सटे किचुंग परगना के मुख्यालय गोविंदपुर (जो टाटा-चाईबासा रोड की बगल में हल्दीपोखर से सात-आठ किलोमीटर की दूरी पर है) में रखे गए पुलिस फोर्स के कैंप को विद्रोहियों ने घेर लिया और कई पुलिसवालों की हत्या कर दी, जिसमें कप्तान फॉर्बिस को काफी परेशानी उठानी पड़ी। बाद में विद्रोहियों की आक्रामक

लड़ाई को देखकर कंपनी सरकार ने किचुंग परगना पर कब्जा करने का विचार छोड़ दिया और मयूरभंज राजा के वामनघाटी जमींदार के अधीन किचुंग परगना को सौंप दिया गया और धालभूम की ओर से हो रहे आक्रमण को रोकने को कहा गया। लेफ्टिनेंट गुडयार को पुलिस फोर्स की दो कंपनियों के साथ किचुंग परगना और धालभूम में शांति बनाए रखने के लिए पुलिस फोर्स भेजी गई। किचुंग परगना के लिए हल्दीपोखर और धालभूम के लिए नरसिंहगढ़ में पुलिस फोर्स कैंप बनाया गया। लेफ्टिनेंट गुडयार ने स्थानीय छोटे-बड़े जमींदारों को शांति बहाल करने का जिम्मा सौंपा।

जनवरी 1774 में फसल कटाई के बाद रघुनाथ महतो ने फिर से चुआड़ विद्रोहियों को लेकर धालभूम राजक्षेत्र पर आक्रमण किया। इसके प्रतिवाद में ईस्ट इंडिया कंपनी की फोर्स ने बहरागोड़ा, नरसिंहगढ़, चाकुलिया, मुसाबनी, डामपाड़ा क्षेत्र के दर्जनों गाँवों में आग लगाकर उन्हें तहस-नहस कर दिया। इन घटनाओं को देखते हुए हल्दीपोखर के सेनाध्यक्ष सिडनी स्मिथ ने 10 अप्रैल, 1774 को मेदनीपुर के रेजीडेंट को सूचना दी कि चुआड़ विद्रोहियों के खिलाफ फौजी काररवाई करनी बहुत ही आवश्यक है। विद्रोहियों का दमन करने में ईस्ट इंडिया कंपनी की सरकार असमर्थ हुई। अंतत: अंग्रेजों को विद्रोहियों से हार मानकर जगन्नाथ धवलदेव को धालभूम का राजा बहाल करना पड़ा (चुआड़ विद्रोहियों की यह पहली जीत थी)। जनश्रुति है कि जगन्नाथ धवलदेव पुनः जब राजा बना तो अपनी प्रजा से लगान वसूली कई साल तक बंद कर दी थी, क्योंकि चुआड़ विद्रोही मुख्यत: किसान थे।

चुआड़ विद्रोह अब सिर्फ धालभूम, नीमडीह, पातकोम, किचुंग परगना तक ही सीमित नहीं था, बल्कि इसके उत्तर (बराहभूम, पुरुलिया, झरिया, पंचेत) और पूर्वी क्षेत्र (मेदनीपुर) राजाओं के अधीनस्थ क्षेत्र में यह विद्रोह फैल चुका था। मेदनीपुर के प्रधान सेटेलमेंट अफसर जे.सी. प्राइस ने उस वक्त की हालत का वर्णन करते हुए लिखा है, जो 'भारत के मुक्ति संग्राम' पुस्तक में चुआड़ विद्रोह के अध्याय में इस प्रकार है—"संक्षेप में कहा जा सकता है कि साल के अंत में सारे जिले का कोई अंचल नहीं बचा, जहाँ विद्रोहियों का हमला न हुआ हो। इससे अधिकारियों की मानसिक हालत कैसी हो गई थी, यह इसी से समझा जा सकता है कि रात में मेदनीपुर शहर के रास्तों में पहरा देने के लिए पूरे साल सेना नियुक्त रही।"

रघुनाथ महतो के नेतृत्व में 18 मई, 1774 को बराहभूम के करीब 25-30 कि.मी. दूरी पर बाघमुंडी पहाड़ में अपने विद्रोही साथियों के साथ छिपे होने की

खबर जैसे ही लेफ्टिनेंट गुडयार को मिली, वह अपनी पुलिस फोर्स के साथ उन्हें पकड़ने के लिए चल पड़ा और विद्रोहियों को घेरने का आदेश दिया, लेकिन इतना आसान नहीं था कि पुलिस फोर्स विद्रोहियों को पकड़ ले। पुलिस फोर्स की गोलीबारी से विद्रोही भाग खड़े हुए, कई पकड़े गए और कई मारे गए। इस लड़ाई में बराहभूम के राजा ने लेफ्टिनेंट गुडयार का साथ दिया, जिसे विद्रोहियों को दबाने में सफलता मिली। विद्रोहियों के पास तीर-धनुष, फरसा, बरछा, बल्लम होते थे, जिससे वे युद्ध करते थे। अंग्रेज शासक रघुनाथ महतो को पकड़ने के लिए भरसक कोशिश करता रहा, लेकिन वह पकड़ से बाहर था। विद्रोहियों की रात में सभा होती थी। विद्रोही सैकड़ों गाँवों पर अपना कब्जा जमाते हुए तहसीलदार कार्यालय और थाने पर आक्रमण कर उन्हें जलाते हुए झरिया की ओर आगे बढ़े।

25 जुलाई की रात दामोदर नदी पारकर रघुनाथ महतो ने झरिया राजा के क्षेत्र पर चढ़ाई कर दी। ईस्ट इंडिया कंपनी फौज ने विद्रोहियों को कुचलने के लिए तुरंत कदम उठाए। विद्रोहियों की योजना थी कि वे राजा के सिपाहियों को शस्त्रहीन कर देंगे और शस्त्र लूटकर अंग्रेजों से लोहा लेंगे। रात को राजा की बैरक पर हमला किया, लेकिन असफल होकर पीछे लौटना पड़ा। रघुनाथ महतो ने हार नहीं मानी। इन्होंने विद्रोहियों के साथ दामोदर नदी किनारे एक सभा की और अगले आंदोलन के लिए तैयार रहने को कहा। रघुनाथ महतो की सेना में लगभग पाँच हजार की संख्या में विद्रोही शामिल थे। इनके पास तीर-धनुष, टांगी, फरसा, तलवार, बल्लम से सुसज्जित सेना थी। इन लोगों ने सभा में प्रस्ताव पारित किया कि जब तक अंग्रेज हमारी जमीन जमींदारों के हाथों सौंपते रहेंगे और राजस्व की वृद्धि होती रहेगी, हम किसी भी हालत में स्वीकर नहीं करेंगे और हमारी जंग जारी रहेगी।

'जमीन हमारी-राज हमारा' का नारा दिया गया। रघुनाथ महतो की विद्रोही सेना ने ईस्ट इंडिया कंपनी के खिलाफ लड़ने की शपथ ली। कंपनी की सेना द्वारा रघुनाथ महतो को पकड़ने के लिए पूरे जंगल-महाल जिले में जगह-जगह छापेमारी की गई। उस समय सड़कें अच्छी नहीं थीं, आने-जाने के साधन उपलब्ध नहीं थे, पगडंडी का सहारा लेना पड़ता था। क्षेत्र जंगलों से भरा पड़ा था, जिसके कारण रघुनाथ महतो को पकड़ने में ईस्ट इंडिया कंपनी की पुलिस को काफी माथापच्ची करनी पड़ती थी, लेकिन वह पुलिस के हाथ नहीं लगता था। रघुनाथ महतो के साथ हथियार से लैस डेढ़-दो सौ लोगों का एक लड़ाकू दस्ता होता था। इस लड़ाकू दस्ते के चलते अंग्रेज पुलिस भी हिम्मत नहीं कर पाती थी।

1776 तक चुआड़ विद्रोह का एक केंद्र राँची और पुरुलिया के बीच सिल्ली गाँव में बना था। विद्रोहियों की अगुवाई झगड़ू महतो और डोमन भूमिज करते थे। ईस्ट इंडिया कंपनी ने झगड़ू महतो को एक बार गिरफ्तार कर काशीपुर जेल में कैद कर रखा था, फिर उन्हें आंदोलन न करने की चेतावनी देकर छोड़ा गया। झगड़ू महतो कंपनी की पुलिस की बात कहाँ माने, वह तो रघुनाथ महतो के विद्रोही सेनाओं का प्रमुख नेता बन चुका था। एक बार झालदा के पास विद्रोही और ईस्ट इंडिया कंपनी पुलिस के बीच में लड़ाई हो गई। लड़ाई में झगड़ू महतो मारा गया। झगड़ू महतो के मारे जाने की सूचना पाकर विद्रोहियों और ग्रामीणों की संख्या जब घटनास्थल पर बढ़ने लगी, तो पुलिस डोमन भूमिज को कैद कर अपनी जान बचाते हुए पुरुलिया की ओर भाग खड़ी हुई। इस घटना के बाद यह लड़ाई सिल्ली, सोनाहातु, बुण्डू व रामगढ़, हजारीबाग की ओर बढ़ने लगी।

ईस्ट इंडिया कंपनी के शासकों को लगा कि जंगल महाल जिला चुआड़ विद्रोहियों के कब्जे में चला गया है। जगह-जगह विद्रोहियों की अंग्रेज सिपाहियों के साथ मुठभेड़ होती रही, लोग मरते रहे और कहीं-न-कहीं मुठभेड़ के समाचार आते रहते थे। इस बीच ईस्ट इंडिया कंपनी के शासकों ने घोषणा की कि जो कोई भी रघुनाथ महतो के साथ शामिल होगा, उसे मौत का दंड दिया जाएगा। इधर कंपनी शासक भी झुकने को तैयार नहीं हुए और न ही रघुनाथ महतो अंग्रेजों की धमकी के आगे आत्म-समर्पण करने को तैयार हुए। महतो ने लड़ाई को जारी रखने के लिए विद्रोहियों का आह्वान किया। चुआड़ विद्रोह की विशेषता यह थी कि जैसे ही एक हिस्से में विद्रोह दबाया जाता था, वैसे ही दूसरे हिस्से में स्वत: विद्रोह खड़ा हो जाता था। विद्रोहियों के निशाने पर जमींदार, तहसीलदार और ईस्ट इंडिया कंपनी के सिपाही थे।

भारत के गवर्नर जनरल वारेन हेस्टिंग्स ने विद्रोह थमता नहीं देखकर छोटानागपुर खास, जंगल-महाल और रामगढ़ जिले के तत्कालीन कमिश्नरों से रघुनाथ महतो और विद्रोहियों से बातचीत कर समस्या का समाधान करने का आदेश दिया। गवर्नर जनरल ने आदेश दिया कि उन पर किसी तरह की दमनात्मक काररवाई नहीं हो, लेकिन जमींदारों ने गवर्नर जनरल की बातों को नहीं मानने के लिए कमिश्नरों पर दबाव बनाया। जमींदारों ने किसी भी परिस्थिति में रघुनाथ महतो और विद्रोहियों का आंदोलन दबाने की कोशिश की। 5 अप्रैल, 1778 का दिन था, जब ईस्ट इंडिया कंपनी की पुलिस को पता चला कि रघुनाथ महतो अपने

दल–बल के साथ झालदा के आस–पास ग्रामीण क्षेत्र से स्वर्ण–रेखा नदी पार कर राँची (तत्कालीन छोटानागपुर खास) और सिल्ली के बीच जंगल में लोटा गाँव के नजदीक सभा कर रहे हैं और सभा के बाद रामगढ़ की ओर बढ़नेवाले हैं, जो ईस्ट इंडिया कंपनी के पुलिस बैरक पर हमला करेंगे। पुलिस फोर्स ने सभा स्थल में ही रघुनाथ महतो को घेर लिया, अंधाधुंध गोलियाँ चलीं, जिससे वे पुलिस के शिकार हो गए। गोलीबारी से दर्जन भर लोग मारे गए, सैकड़ों लोग गिरफ्तार कर जेल भेज दिए गए। रघुनाथ महतो के नेतृत्व में करीबन दस साल तक आंदोलन चला। उनकी शहादत के बाद भी चुआड़ विद्रोह 1805 ई. तक चलता रहा और समय–समय पर इस विद्रोह को कई नेताओं ने नेतृत्व प्रदान किया, जिसमें धालभूम राज्य अंतर्गत खैरपाल (वर्तमान में पोटका प्रखंड) के जागीरदार सुबल सिंह, दामपाड़ा (घाटशिला प्रखंड) के सरदार जगन्नाथ पातर और श्याम गंजाम ने चुआड़ विद्रोह को शक्ति प्रदान की।

भारत देश के प्रथम क्रांतिवीर अमर शहीद रघुनाथ महतो का बलिदान व्यर्थ नहीं गया। उनकी शहादत, त्याग और अंतिम आत्माहुति की ज्वाला कालांतर में विभिन्न आंदोलनों, क्रांतियों, विद्रोहों का प्रेरणास्रोत बनी और न सिर्फ झारखंड, न भारतवर्ष, बल्कि पूरी दुनिया के स्वतंत्रता आंदोलन में अग्रतम गाथा के रूप में रघुनाथ महतो का बलिदान चिरस्मरणीय रहेगा। रघुनाथ महतो की समाधि लोटा गाँव में है, जहाँ हर साल 5 अप्रैल को लोग श्रद्धांजलि अर्पित करते हैं।

आज जब झारखंड एक राज्य के रूप में अपनी सांस्कृतिक अस्मिता, भौगोलिक अस्तित्व, सामाजिक पहचान और राष्ट्रीय स्वाभिमान के प्रकटीकरण हेतु प्रस्तुत एवं अग्रसर होने को तत्पर है, ऐसे में चुआड़ विद्रोह के महानायक रघुनाथ महतो के जीवन चरित्र, उनके संघर्ष और उनके बलिदान को याद कर अपनी महान् स्वाभिमानी स्वतंत्रता–प्रेमी पूर्वजों के प्रति कृतज्ञता एवं आभार की अभिव्यक्ति हमारे निश्चय को दृढ़ता और संघर्ष को नवीन संबल प्रदान करती रहेगी।

□

तिलका माँझी

(1783-84)

भारत के स्वतंत्रता संग्राम के इतिहास में सिर्फ राजे-महाराजे और नवाबों-शहंशाहों की ही भूमिका नहीं थी, बल्कि देशभक्त आदिवासियों की भी भूमिका है। ऐसे ही एक देशभक्त स्वाधीनता संग्रामी बाबा तिलका माँझी भी हैं। बाबा तिलका माँझी ने उसी समय ब्रिटिश शासन की स्थापना के प्रयासों का प्रतिरोध किया था, जब अंग्रेज भारत में अपने पाँव जमाने की कोशिश कर रहे थे। सन् 1765 में मुगल सम्राट् शाह आलम द्वितीय को विवश कर अंग्रेजों ने उनके दीवानी अधिकार हासिल कर लिये और दोहरी शासन प्रणाली लागू कर जनता को राहत की जगह परेशानियाँ दे दीं। भारत को गुलाम बनाने का प्रयास कर रहे अंग्रेजों से अपनी स्वाधीनता की रक्षा करने की कोशिश में किसी आदिवासी जननेता के फाँसी पर चढ़ जानेवालों में तिलका माँझी प्रथम व्यक्ति थे।

भारत को गुलाम बनानेवाले अंग्रेजों ने भले ही उस आदिवासी जननायक तिलका माँझी को अपने इतिहास में शामिल न किया हो, लेकिन झारखंड और बिहार के लोकगीतों और दंतकथाओं में वे आज भी जीवित हैं। सिर्फ आदिवासियों में ही नहीं, बल्कि गैर-आदिवासियों में भी उस महान् देशभक्त स्वतंत्रता सेनानी वीर शहीद बाबा तिलका माँझी में आस्था इतनी है कि लोग आज भी भागलपुर चौक में स्थापित उनकी प्रतिमा की मनोकामना की पूर्ति के लिए पूजा करते हैं।

भारत में ब्रिटिश राज के आगमन के बाद भले ही प्रतिरोध के कारण आदिवासी देशभक्तों को स्थान न दिया गया हो, लेकिन अंग्रेजों को बुलानेवाले षड्यंत्रकारी भारतीय सेठों, जगत सेठ, अमीरचंद, मीरजाफर आदि लोगों का जिक्र अवश्य है। इन्हीं की गद्दारी की वजह से तीन दिन की झूठी लड़ाई में 27 जून, 1757 को बंगाल के नवाब सिराजुद्दौला की हार से, बिना खून बहाए ही भारत में अंग्रेजों को

अपना राज स्थापित करने का मौका मिल गया और दिल्ली की गद्दी तक पहुँच पाना आसान लगा।

मीरजाफर को वायदे के अनुसार गद्दी पर बैठाया गया, लेकिन नकेल अंग्रेजों ने अपने ही हाथों में रखी। पलासी युद्ध के बाद 1760 में उसे भी उतार दिया गया, किंतु मीरजाफर के दामाद ने कीमत अदाकर नवाबी की गद्दी हासिल कर ली। मीरकासिम के स्वाधीनतावाले तेवर को अंग्रेज सह न सके और 1764 में बक्सर की लड़ाई में उसे परास्त कर पुनः कठपुतली मीरजाफर को उसी नवाब की गद्दी पर बैठाया गया। मीरजाफर यद्यपि प्रशासनिक कार्यों में कोई दखलअंदाजी नहीं करता था, फिर भी अब परदे के पीछे बने रहना अंग्रेजों को नागवार लग रहा था। क्लाइव ने बंदी अवस्था में शाह आलम द्वितीय पर दबाव डालकर बंगाल के दीवानी अधिकार का फरमान हासिल कर लिया। उन दिनों बंगाल सूबे में ही वर्तमान बिहार, झारखंड, ओड़िसा और अविभाजित असम शामिल थे।

दोहरी शासन प्रणाली लागू हुई। नागरिक मामले, अदालतें, कानून-व्यवस्था का रखरखाव आदि स्थानीय बंगाली अधिकारियों के जिम्मे थे, जबकि भूमि, राजस्व, संग्रह ईस्ट इंडिया कंपनी के यूरोपियनों के सीधे नियंत्रण में था। शासन से जुड़े रहनेवाले सामंती और अभिजात वर्ग के लोगों ने इस नई व्यवस्था के समक्ष पूरी तरह आत्म-समर्पण कर दिया और अंग्रेजों की गुलामी स्वीकार कर ली।

झारखंड क्षेत्र के आदिवासियों ने न तो कभी अंग्रेजों को स्वीकार किया और न उनकी व्यवस्था को। हर इलाके के आदिवासियों में उनकी अपनी-अपनी स्वतंत्र अस्तित्ववाली सामाजिक कोलारियन प्रथा न जाने कब से चली आ रही थी, जिसे बिना उनकी सहमति से अंग्रेजों ने बदलने की प्रक्रिया आरंभ की। आदिवासियों ने इसका विरोध किया। सभी आदिवासी समुदायों का एक साथ अंग्रेजों के विरुद्ध संघर्ष का ऐलान कर देना एक अप्रत्याशित घटना थी।

अंग्रेजी राज के शुरुआती दिनों में झारखंड के आदिवासी न तो बाजार से परिचित थे और न नौकरी से। अंग्रेज, जो अपना शासन स्थापित करने आए थे, उनका चरित्र विशुद्ध रूप से बनियोंवाला था। आदिवासियों में पैसों के बदले खरीद-बिक्री का चलन कभी नहीं था। वे अपनी सारी जरूरतें चीजों की अदला-बदली से ही प्राप्त कर लेते थे। पैसे को जब वे नहीं जानते थे, तो पैसा लेकर नौकरी करने का प्रश्न भी नहीं था। खेतों में काम के लिए पैसा के बदले अनाज लेकर वे अपना जीवन चला लेते थे।

अंग्रेज तो सोने की चिड़िया समझकर ही भारत आए थे। उन्हें इस अलिखित समाजवादी व्यवस्थावाले झारखंड क्षेत्र में आर्थिक समृद्धि के सारे दरवाजे बंद ही मिल रहे थे। उन बंद दरवाजों को खोलने के प्रयास में ही उन्होंने सबसे पहले बाजारों की स्थापना और सिक्कों (रुपया पैसा) का चलन शुरू करने का प्रयास किया। खरीद-बिक्री के लिए कोलकाता से इस काम के माहिर लोगों को राजमहल की पहाड़ियों में लाकर बसाया गया। वहीं से रंगीन फीते, बालों में सजाने के क्लिप, काँच के हार और चूड़ियाँ, तेज सुगंधवाले रंग-बिरंगे केश तेल एवं नहाने के लिए साबुन, कंघी आदि चीजें भी कोलकाता से लाकर यहाँ बेचे जाने का प्रबंध किया गया। धीरे-धीरे सामान का लेन-देन सिक्कों के जरिये शुरू किया जा सका। पहले लोग जमीन की उपज से ही मनसबदारों को नाम मात्र का लगान दिया करते थे, अब तो सिक्कों के रूप में बढ़ा हुआ लगान अदा करने पर जोर दिया जाने लगा था।

आढ़तदार इलाके की उपज की सारी चीजें खरीदकर गोदामों में रखने लगे। मैदानी इलाके के संथाल गाँवों के तो नहीं, किंतु पहाड़ों के ऊपर रहनेवाले मलेर पहाड़िया अथवा माल पहाड़िया लोग इस नई बाजार संस्कृति की ओर पहले आकर्षित हुए। उन दिनों वे एक रुपए के सिक्के के बदले आठ मन धान या चार मन चावल आढ़तदारों को लाकर दे जाने लगे। अगर 1770 में अकाल न पड़ जाता तो शायद बात और कुछ दिनों तक उनकी समझ में न आती। अकाल के दिनों में अनाज की कमी हुई। उन्होंने उन्हीं रुपयों के सिक्कों से उन्हीं आढ़तदारों से धान-चावल खरीदा। तब उन्हें मन के हिसाब से बेचा गया अनाज सेर के हिसाब से मिला। उनके पास के सारे जमा सिक्के खत्म हो गए, लेकिन उनकी जरूरत पूरी न हुई। तब कहीं जाकर उन भोले आदिवासियों को बात समझ में आई कि वे ठगे गए हैं। बूढ़ों ने भले ही संतोष कर लिया हो, किंतु नौजवान इसे सह न सके। पहाड़ के ऊपर के पहाड़िया आदिवासी गाँव के नौजवानों ने नीचे के संथाल गाँव के नौजवानों से सलाह-मशवरा किया। संथाल गाँव के तिलका माँझी ने सबसे आगे बढ़कर उन नए आढ़तदारों की इस ठगी के प्रतिरोध के लिए सभी नौजवानों को ललकारा। सभी नौजवानों ने समूह में जाकर आढ़तदारों से अपने द्वारा बेचे गए अनाजों की वापसी की माँग की। आढ़तदारों द्वारा आनाकानी करने पर गुस्से में उन नौजवानों ने बल प्रयोग से अपने सामर्थ्य भर अनाज उठा लिया। तिलका माँझी ने हर नौजवान से यह भी ताकीद कर दी कि वे उन आढ़तदारों के लोगों को अपने गाँवों में घुसने न दें, जो घर-घर जाकर अनाज बेचने के लिए लोगों को उकसाया करते थे।

कोलकाता से लाए गए आढ़तदारों ने इस बात की शिकायत अपने अंग्रेज आकाओं से की, किंतु तत्काल कुछ न हो सका, उन्होंने सिर्फ तसल्ली दी। आदिवासियों ने तिलका माँझी के पिता के मना करने पर न तो नई जमीन बंदोबस्ती को स्वीकार किया था और न ही नई दर से सिक्कों में लगान ही देना शुरू किया था। पहाड़िया गाँव और संथाल गाँव हर मामले में एकमत होकर अंग्रेज और उनकी व्यवस्था के विरोधी बन गए थे। जरा सी बात पर सभी आदिवासी एक साथ मिलकर उठ खड़े होते थे।

भारत का गवर्नर जनरल वारेन हेस्टिंग्स इन बातों की जानकारी पाकर परेशान था। ईस्ट इंडिया कंपनी ने अपना जाल तो पूरे हिंदुस्तान में फैलाया था, किंतु उस पर अपना आधिपत्य जमाने का अभियान पूरब की ओर से शुरू किया था। दक्षिण में शक्तिशाली मराठे थे, उत्तर और पश्चिम में अपनी सेना रखनेवाले रजवाड़ों की भरमार थी। पूरब ही एक ऐसा प्रांत था, जहाँ सिर्फ एक मुर्शिदाबाद की नवाबी को साम, दाम, दंड, भेद से किसी प्रकार अपने पक्ष में किया जा सकता था, किंतु अब झारखंड इलाकों के ये आदिवासी, जिन्हें अंग्रेजों ने अर्ध-सभ्य और अविकसित समझकर किसी गिनती में ही नहीं लिया था, वे ही हर कदम पर रोड़े अटका रहे थे। चाहे इन आदिवासियों को आपस में एक-दूसरे इलाकों की खबरें मिलने के कोई साधन न थे, लेकिन वारेन हेस्टिंग्स के पास तो धालभूम परगना में सन् 1767 से ही चल रहे सशस्त्र आदिवासियों के प्रतिरोध की खबरें थीं। बराहभूम, छातना, सुपूर, पातकोम आदि क्षेत्र के आदिवासियों के निरंतर चल रहे प्रतिरोधों की खबरें भी थीं। वे नहीं चाहते थे कि राजमहल पहाड़ियों में भी सशस्त्र प्रतिरोध शुरू हो जाए। उनके पास सेना की कमी थी। सैनिक सलाहकार जनरल बारकर की सलाह पर कैप्टन ब्राउन ने 1771 तक 800 लोगों की एक सेना खड़ी कर दी, तब तक संयम से काम लिया गया। 1772 में कैप्टन ब्रुक को मिलिटरी गवर्नर के रूप में इस इलाके में पदस्थापित किया गया। उन्हें शक्ति का प्रयोग कम और ब्रिटिश नीति 'बाँटो और राज करो' का अधिक उपयोग करने की सलाह दी गई थी।

कैप्टन ब्रुक ने अपनी रिपोर्ट में लिखा है कि वे 1774 तक आदिवासियों के 283 नए गाँव बसाने में सफल रहे हैं, जिनमें पहाड़ों के ऊपर से नीचे उतारकर कुछ पहाड़िया लोगों को भी बसा सके हैं। इसी बीच 1773 में ऑगस्टस क्लीवलैंड को सुपरिंटेंडेंट के पद पर राजमहल पहाड़ियों के इलाके में पदस्थापित किया गया। अपनी चालाकी, व्यवहार-कुशलता तथा 'बाँटो, राज करो' की कुटिल योजनाओं

के बल पर 1776 में वह जिले का कलेक्टर बनाकर भागलपुर में पदस्थापित कर दिया गया। नौ महीनों में ही इसने 47 पहाड़िया सरदारों को तिलका के प्रभाव से अलग कर अंग्रेज समर्थक बना लेने में कामयाबी हासिल कर ली थी। क्लीवलैंड आदिवासी रिवाजों के अनुसार चावल, बकरा, हंड़िया आदि का नजराना लेकर खुद पहाड़िया सरदारों के यहाँ जाकर उन्हें भेंट करता, उसके इस व्यवहार से पहाड़िया सरदार सम्मोहित थे।

तिलका माँझी आदिवासियों के अस्तित्व संकट की आशंका से भयग्रस्त होकर सभी आदिवासी समुदायों में एकता प्रयास में दिन-रात एक कर रहे थे। उन्हें उनके पिता की सलाह पर गाँव के लोगों ने मिलकर अपना माँझी चुन लिया। जिस तरह पहाड़िया लोगों के गाँवों में उनकी पारंपरिक व्यवस्था के प्रमुख सरदार कहे जाते थे, उसी तरह संथाल समाज में उनकी व्यवस्था के प्रधान को माँझी कहा जाता है। तिलका माँझी के एकता प्रयासों के बावजूद जिलाधीश क्लीवलैंड को पहाड़िया सरदारों से मित्रता गाँठने में कामयाबी मिलती जा रही थी। उन्हें आशा थी कि शीघ्र ही वे सभी पहाड़िया सरदारों को अपने पूर्ण प्रभाव में ले लेंगे। योजनाबद्ध तरीके से एक ओर जहाँ वे आदिवासियों के एक समुदाय से मित्रता करते जा रहे थे, वहीं दूसरी ओर वे ग्रामीण पलटन भी खड़ी करते जा रहे थे, जो अंग्रेजों की नियमित सेना से बिल्कुल अलग हटकर थी। तीर-धनुष और पारंपरिक शस्त्रों से लैस इस अर्ध-सरकारी पलटन के हर गाँव में गठन हो जाने के बाद अंग्रेजों को आशा थी कि प्रशासनिक कठोरता बरतने पर मानभूम, धालभूम, मल्लभूम आदि परगनों में आदिवासियों के प्रतिरोध की स्थिति अब उत्पन्न न हो सकेगी। तीर-धनुर्धारी पलटन पर आनेवाले भारी खर्च को देखते हुए वारेन हेस्टिंग्स ने उसे नियमित सेना का स्वरूप देने से इनकार कर दिया था, किंतु एक दूसरे प्रस्ताव पर उसे अर्ध-सरकारी स्वरूप देकर सभी सरदारों को 10 रुपए, नायाबों को 5 रुपए तथा साधारण धनुर्धारी को 2 रुपए भत्ता देना स्वीकार कर लिया। सन् 1782 तक इनकी संख्या 1300 से भी अधिक जा पहुँची थी।

तिलका माँझी की तत्परता से एक भी संथाल इस पलटन में भर्ती नहीं हुआ। कुछ लोग, जो अपना नाम लिखाकर नीली कमीज और लाल मुरेठा ले भी आए थे, उन्होंने तिलका माँझी के कहने और गाँववालों के धिक्कार पर उसे वापस कर दिया था। क्लीवलैंड के मुकाबले तिलका ने गाँवों के हर व्यक्ति को अपने पारंपरिक अस्त्रों से हर समय सज्जित रहने को प्रेरित किया। अब कंपनी सरकार ने सिक्कों

में लगान अदा करने का दबाव बढ़ा दिया। उसने पहाड़िया लोगों को पूरे राजमहल पहाड़ी इलाकों का मालिक घोषित कर दिया और लगान भी माफ कर दिया। स्पष्ट था कि अपने बाँटने और राज करने की नीति के तहत अंग्रेजों ने यह चाल चली थी। मैदानी क्षेत्र के 84 संथाल गाँवों की सभा में सभी लोगों ने एक स्वर से लगान न देने का फैसला सुना दिया। उन्होंने इस संकट के समय में तिलका माँझी से राह दिखाने की प्रार्थना की। उस सभा में सभी लोगों ने एक स्वर से तिलका माँझी को अपना अगुआ माना और आदर से बाबा संबोधित करना शुरू कर दिया। अंग्रेजों द्वारा स्थानीय आदिवासियों की फौज खड़ी करने से ही लोगों को यह समझने में कोई दिक्कत नहीं थी कि अब क्या होनेवाला है। वे लड़ने को तैयार थे।

लगान वसूलने के नाम पर शुरू हुआ चूहे-बिल्ली का खेल। तहसीलदार गाँवों में जाते लगान वसूलने तो मैदानी गाँवों के लोग उन्हें खदेड़ देते। वह फिर किसी दिन अचानक सिपाही लेकर आता और लोगों को रस्सी में बाँधकर ले जाता। कचहरी, हाजत ले जाते और लाते हुए उन कैदियों को बाबा तिलका माँझी किसी खेत या जंगल में घात लगाकर अचानक सिपाहियों पर टूट पड़ते और छुड़ाकर ले जाते। उन छुड़ाए गए कैदियों की तलाश में फिर सिपाही आते तो गाँववाले उन्हें खदेड़ देते। कभी किसी गाँव को सूना पाकर सिपाही कुछ लोगों को पकड़कर ले जाते। तिलका माँझी और उनके गुरिल्ला साथी पुनः कुछ कैदियों को छुड़ा लाते। यह सिलसिला लंबे अरसे तक चलता रहा।

दस्यु जऊराह का आविर्भाव

अंग्रेजों ने एक भयंकर अपराधी दस्यु जऊराह की सेवाएँ हासिल कर उसे पूरी राजकीय सुरक्षा देकर बाबा तिलका माँझी के विरुद्ध खड़ा कर दिया। अब मैदानी गाँवों से लगान के नाम पर गाय-बैल, भेड़-बकरी, हंस-मुरगी तक अंग्रेजों की पुलिस ले जाने लगी। अब झुंड-के-झुंड पुलिस गाँवों में उतरने लगी। उनके साथ एकाध लंबी-लंबी बंदूकोंवाले बरकंदाज भी रहने लगे थे। वे कैद से छुड़ाकर भगाए गए लोगों के अलावा बाबा तिलका माँझी की भी तलाश में थे। जंगलों के किनारे बसे गाँवों के सभी नौजवान तीर-धनुष और गुलेलों के लिए काफी मात्रा में पत्थर की गोलियाँ अपने साथ लेकर जंगलों में उतर गए थे।

भागलपुर के जिलाधीश आगस्टस क्लीवलैंड के आदेश पर कैप्टन फिलिप भी तिलका माँझी और उनके साथियों की तलाश में जंगलों के भीतर काफी संख्या

में पुलिस के साथ उतर गया। शाम तक बेकार भटकने के बाद जंगलों के बीच ही एक छोटे मैदान में खेमा गाड़ दिया। बावर्ची वगैरह सभी थे। खाना पकने लगा और चाँदनी रात के तारों के सुनहरे प्रकाश में सैनिकों सहित कैप्टन फिलिप आराम करने लगे। अभी खाना पकने में कुछ देर थी कि चारों ओर से तिलका माँझी के सैकड़ों समर्थकों का शोर उभरा और तीरों की बौछार होने लगी। यद्यपि फिलिप को गोली चलाने की अनुमति मिली हुई थी। उसने चीख-चीखकर गोली चलाने का आदेश देना शुरू किया, किंतु सैनिक जब तक बंदूक सँभालते, तब तक तो अनेक घायल हो चुके थे। सैनिक आखिर गोली मारते तो भी किसको, ये तो सभी खुद उजाले में थे और तीर, गुलेल चलानेवाले अँधेरे में। सैनिकों ने कुछ गोलियाँ चलाईं भी, लेकिन खुद घायल हो जाने के कारण उनमें भगदड़ मच गई। कैप्टन फिलिप को भी तीर लगा। उन्होंने उसे खींचकर निकाला तो खून का फव्वारा फूट पड़ा। वह उसी अवस्था में भाग निकला। मैदान में वे ही रह गए थे, जो घायल होकर गिर पड़े थे। बाद में मशाल लेकर आए तिलका के साथियों ने अपने फरसा, टांगी से उनका भी सिर काट दिया। वहाँ अंग्रेजी सेना का कोई बचा नहीं और देशभक्तों की टोली में से किसी को खरोंच तक नहीं आई। अंग्रेजों से पहली सीधी लड़ाई में तिलका माँझी का सिक्का जम गया।

पहाड़ों के ऊपर पहाड़िया गाँवों में भी बाबा तिलका माँझी और उनके वीर साथियों की कीर्ति पहुँची। लोग तिलका माँझी के नेतृत्व में अंग्रेजों से लड़ने के लिए व्याकुल हो उठे। सभी पहाड़िया समर्थक हो गए थे, ऐसी बात नहीं थी। जो लोभी थे, वे ही अंग्रेजों के जाल में फँसे थे। संथाल गाँव के मर्द जंगल में रहते और खेती का काम औरतें खुद कर लेती थीं।

वर्षा के बाद संथाल गाँवों की लहलहाती फसलें जिलाधीश क्लीवलैंड को मुँह चिढ़ा रही थीं। क्लीवलैंड झिलमिली नाम से प्रसिद्ध था और वह हँसमुख, मृदुभाषी भी था। क्लीवलैंड अब कठोर हो गया और उसने अपनी रणनीति बदल दी। उसने छह फौजी टुकड़ियों के द्वारा एक साथ अलग-अलग संथाल गाँवों पर हमला करने की योजना बनाई।

वास्तव में तिलका माँझी भी नहीं लड़ना चाहते थे, लेकिन उनकी स्वतंत्रता पर जब विदेशी शक्तियों ने हमला कर ही दिया, तब उस स्वतंत्रता की रक्षा करने में तिलका माँझी कैसे पीछे रहते? भले ही नगरों और गंगा के उन्नत इलाकों के लोगों ने अंग्रेजों की गुलामी स्वीकार कर ली हो। मोरेल, हैबर, गैब्रील, ह्वीलर, अस्टिकांट

तथा मिंटफोर्ट के नेतृत्व में छह अलग-अलग टुकड़ियाँ एक साथ अलग-अलग गाँवों की ओर बढ़ीं। इस बार हर टुकड़ी के साथ स्थानीय पहाड़ियों की अर्ध-सैनिक पलटन के पचास-पचास धनुर्धारी भी थे, जो जंगलों के उन रास्तों से अच्छी तरह परिचित थे और तिलका माँझी को दूर से ही पहचान सकते थे। मिंटफोर्ड की टुकड़ी पर अचानक झाड़ियों से तीरों की बरसात होने लगी। पूरा जंगल विचित्र आवाजों से गूँज उठा। ये आवाजें सावधानी का संकेत थीं, जो क्षण भर में फैल गईं और लोगों को हथियार सँभालने का मौका मिल गया। क्लीवलैंड की स्थानीय अर्ध-सरकारी सेना के लोग तो तीरों की पहली बौछार पर ही सिर पर पाँव रखकर भाग खड़े हुए। बंदूकें सँभालने के पहले ही अनेक फौजियों को तीर चुभ चुके थे। मिंटफोर्ट अभी निशाना ही साध रहा था कि एक तीर उसकी दाईं बाँह में चुभ गया। बंदूक के गिर जाने पर एक सैनिक से तलवार लेकर हवा में घुमाने लगा और फायर! फायर! चिल्लाने लगा। तड़-तड़ गोलियाँ चल रही थीं, किंतु किसको लग रही थीं, यह पता नहीं चल पा रहा था। हवा में तलवार भांजते मिंटफोर्ट को तीर लगा और वह वहीं चित्त हो गया। निश्चित तौर पर यह तिलका माँझी के धनुष से आया तीर था। यह निशाना अचूक था।

मिंटफोर्ट के गिरते ही तिलका माँझी दूसरे गाँव की ओर दौड़े, जहाँ से आवाजें आ रही थीं। गाँव के लोग पूरे उत्साह से फौजों को मार रहे थे। बंदूकों से गोली चलाने में देर लगती थी, किंतु तीर तो वर्षा की तरह बरस रहे थे। तिलका माँझी के कुछ साथियों सहित आ जाने पर उनमें और उत्साह आ गया। थोड़ी देर में ही ह्वीलर सहित जो भागे नहीं थे, वे सारे फौजी मारे गए। इसी तरह हर गाँव में तीरों के मुकाबले बंदूकों की हार हुई। चूँकि इस बार अंग्रेजी फौज ने सुनियोजित तरीके से गाँवों पर हमला किया था, इसलिए हताहत आदिवासियों की संख्या भी बहुत अधिक थी, किंतु इस बार के अभियान पर फौज भी साफ हो गई।

हार से अपमानित होकर सदा मुस्कुराहट और मृदुवाणी बिखेरनेवाला, कूटनीतिक चालों का माहिर भागलपुर का जिलाधीश आगस्ट्स क्लीवलैंड गुस्से से विक्षिप्त हो उठा। इस बार उसने भयंकर योजना बना डाली। ऐसी गोपनीयता बरती गई कि उस अभियान में शामिल फौजियों को भी पूरी योजना की जानकारी नहीं थी। इस अभियान में शामिल फौजियों को सिर्फ इतनी जानकारी थी कि इस बार हर फौजी बंदूकधारी होगा और निशाने पर बाबा तिलका माँझी के अलावा संथाल गाँव ही होंगे। यही आशंका तिलका माँझी को भी थी। रात के अँधेरे में, दिन के उजाले में

गाँव के गाँव खाली होने लगे। औरतों, बच्चों और अत्यंत बूढ़ों को दूर-दूर के गाँवों में रवाना कर दिया गया। सभी नौजवान एवं समर्थ व्यक्ति घने जंगलों की ओर गए। फौज जब तिलका माँझी के गाँव तिलकपुर आई, तब गाँव में एक भी व्यक्ति नहीं था, लेकिन उन फौजियों पर जाने कहाँ से चारों ओर से तीरों की बौछार होने लगी थी। जवाब में फौजियों ने गोलियाँ चलानी शुरू कर दीं। फौजियों ने अनुमान लगाया कि आदिवासी शायद जंगल में छिपकर तीर चला रहे हैं। फौजियों ने झाड़ियों, झुरमुटों और खड़ी फसलों को लक्ष्य कर बेतहाशा इतनी गोलियाँ चलाईं कि उनकी सारी गोलियाँ खत्म हो गईं, लेकिन न तो कोई फौजी मारा गया और न ही किसी आदिवासी की ही चीख सुनाई पड़ी। बिना कोई आदिवासी मारे ही फौजियों की सारी गोलियाँ खत्म हो गईं। गुस्से में कैप्टन ने घरों में आग लगवा दी। क्षति तो कई गाँवों को पहुँचाई गई थी, किंतु दो गाँव जलकर बिल्कुल राख हो चुके थे। इसे अपनी जीत समझकर तैनात फौजी एकत्र होकर खुशी में झूमते-गाते छावनी की ओर लौट रहे थे। चारों ओर जंगलों से घिरे एक मैदान से होकर गुजर रहे रास्ते में अचानक फिर फौजियों पर तीरों की बौछार शुरू हो गई। हर तीर इस बार किसी-न-किसी फौजी को चुभ रहा था। उन चुभे तीरों को खींच निकालने पर खून की धारा भी फूट निकलती थी और घायल गिर पड़ते थे। भागने के रास्ते पेड़ गिराकर पहले ही रोक दिए गए थे। लौटने का रास्ता भी झटपट पेड़ गिराकर रोक दिया गया। उनके पास की सारी गोलियाँ पहले ही खत्म हो चुकी थीं। खाली बंदूकों को वे लाठी की तरह भांज रहे थे, किंतु खाली बंदूक भांजने से तीरों की मार रुकती नहीं है। जिस ओर वे दौड़कर भागने की कोशिश करते, उसी ओर से तीर आकर चुभ जाते। पूरा मैदान कुछ फौजियों की लाशों से पट गया। और घटना की खबर देने के लिए कुछ फौजी छावनी लौट आए।

'कौन है तिलका माँझी ? एक जंगली आदमी कितना बड़ा जनरल है, जो कि पूरी की पूरी अंग्रेजी फौजी टुकड़ी को ही हर बार निगल जाता है! कैसा है उसका शरीर, जिसमें गोलियों की इतनी बौछार में भी खरोंच तक नहीं आती! इस बार मैं खुद फौज लेकर उसे पकड़ने जाऊँगा। उसका कलेजा चीरकर वजन करूँगा, देखूँगा कितना बड़ा है ?' पराजय और अपमान की ज्वाला में झुलसकर भागलपुर जिले का जिलाधीश आगस्ट्स क्लीवलैंड अब देव पुरुष झिलमिली साहब की जगह एक पिशाच बन गया था। जिन अंग्रेजों और कंपनी सरकार का सान्निध्य प्राप्त करने को बड़े-बड़े राजा, नवाब तरसते थे। जिसके साम्राज्य में सूरज कभी नहीं

डूबता था, उन्हीं के जिलाधीश द्वारा भेजी गई फौजों की झारखंड के आदिवासियों से लगातार हार से क्लीवलैंड सिर से पाँव तक हीन भावना में डूबा हुआ था।

तिलका माँझी या किसी भी आदिवासी ने अंग्रेजों के ठिकानों पर जाकर कभी कोई हमला नहीं किया था। अंग्रेजी फौजें, अंग्रेज अधिकारी ही खुद आदिवासियों के ठिकानों पर हमले करते और खुद मारे जाते थे। तिलकपुर गाँव में संथाल जाति की आबादी थी और उस गाँव के संथाल समाज प्रमुख तिलका माँझी और उनके सभी आदिवासी साथी अपनी आत्मरक्षा कर रहे थे, कोई हमला नहीं। इस बार भी तो हमला खुद क्लीवलैंड ने ही किया था। तिलका को तो आत्मरक्षा ही करनी थी। तिलका माँझी का सटीक ठिकाना बताने के लिए जिस स्थानीय भेदिया को क्लीवलैंड ने पटाया था, उसने पूरी ईमानदारी बरती। वह क्लीवलैंड और फौज को तिलका के सही ठिकानों तक ले गया। तिलका को पूर्व जानकारी मिल जाने के कारण उसने अपनी व्यूह रचना इस तरह बनाई कि क्लीवलैंड आ भी जाए तो फिर वापस नहीं जा सके। पूरी तैयारी और तामझाम के साथ लाव-लश्कर लेकर आया क्लीवलैंड। उसे गुमान था कि जिलाधीश का नाम सुनते ही समर्पण कर देंगे। अंग्रेजी फौज मुँह में चोंगा लगाकर तिलका माँझी और उनके लोगों को समर्पण कर देने के आदेश बार-बार घोषित कर रही थी। घोड़े पर चढ़ा क्लीवलैंड आगे-आगे चल रहा था कि धनुष से तीर चला। तीर आकर उसकी छाती में लगा और वह घोड़े से गिर पड़ा। उसके गिरते ही अंग्रेजी फौज वापस भाग गई। उस दिन 13 जनवरी, 1784 था। अंग्रेजों में तिलका माँझी के नाम पर दहशत फैल गई।

मृत्यु के समय भागलपुर का जिलाधीश आगस्ट्स क्लीवलैंड कुल 29 वर्ष का था। अंग्रेजों ने एक खूँखार दस्यु सरदार 'जऊराह' नामक व्यक्ति को सन् 1782 में अपनी विशेष सेवा के लिए बहाल किया था। अंग्रेजों ने इस दस्यु सरदार जऊराह को तिलका माँझी की खोज में लगाया था। तिलका माँझी और उनके साथी जंगल की शरण में चले गए थे। फौजें साल भर से अधिक लंबे समय तक उन जंगलों की खाक छानती रहीं, लेकिन वे तिलका और साथियों के चरण चिह्न तक न खोज सकीं, बल्कि उनमें से कुछ फौजी भटककर काल के गाल में भी चले गए। जऊराह देश को गुलाम बनानेवाले अंग्रेजों की गुलामी कर रहा था। जऊराह अपने दल-बल के साथ तिलका माँझी की खोज में था। तिलका माँझी एक गाँव में शरण लिये हुए थे। रात को जऊराह ने अपने साथियों के साथ धोखे से तिलका माँझी को पकड़ लिया। रात का समय था, इसलिए लोगों को पता नहीं चला। तिलका माँझी को

बाँधकर रातोरात भागलपुर ले जाकर अंग्रेजों के सुपुर्द कर दिया। अंग्रेज अधिकारी ने तिलका माँझी को घोड़े से बाँधकर भागलपुर बाजार के रास्तों पर घसीटे जाने का आदेश दिया। तिलका माँझी को घोड़े से बाँधकर घसीटा गया। शरीर क्षत-विक्षत हो गया, इसके बावजूद अधिकारी गुस्से में पागल हो गया। उसने तुरंत भागलपुर के एक चौराहे के पेड़ की डाल पर तिलका माँझी को फाँसी पर लटका देने का हुक्म दिया। रस्सी लाई गई और गुलामी के प्रतिरोध की सजा में उन्हें पेड़ की डाल पर लटका दिया गया। फाँसी के फंदे को जऊराह ने ही खींचा था, तिलका माँझी शहीद हो गए।

गुलामी देश में प्रवेश कर चुकी थी। इसलिए उनकी समाधि पर शिलालिपि में यह नहीं लिखा जा सका कि—'यह वह देशभक्त बाबा तिलका माँझी का सोया हुआ शरीर है, जो देश के लोगों में एकता स्थापित कर सात समुद्र पार से आए बर्बर उपनिवेशवादी साम्राज्यवादियों से स्वतंत्रता की रक्षा के लिए शहीद हो गया।' सन् 1784 में तिलका माँझी 34 वर्ष के थे।

साम्राज्यवादी अंग्रेजों ने भले ही तिलका माँझी को मार डाला, लेकिन लोगों के हृदय में वे अमर हो गए। आदिवासी परंपरा के अनुसार लोगों ने वहाँ एक प्रस्तर शिला गाड़ दी थी। भागलपुर के लोगों की आस्था में तिलका माँझी ने देवत्व पा लिया है, जहाँ वे अपनी मनोकामना पूर्ति के लिए सूता बाँधते हैं, पूजा करते हैं। भारत की आजादी के बाद भागलपुर बाजार के उसी स्थान पर सरकार द्वारा स्वतंत्रता संग्राम के प्रथम फाँसी पर चढ़नेवाले शहीद बाबा तिलका माँझी की प्रतिमा स्थापित की गई, जहाँ 11 (ग्यारह) फरवरी को उनकी जयंती मनाई जाती है। बिहार में लालू यादव की सरकार ने भागलपुर विश्वविद्यालय का नाम बदलकर बाबा तिलका माँझी भागलपुर विश्वविद्यालय कर दिया।

□

कहानी कोल्हान की

दरअसल यह 'कोल विद्रोह' से अलग हटकर कोई नई कहानी नहीं है, बल्कि उसी का एक अंग है। स्थानीय व्यवस्था अथवा बोलचाल में गाँवों के समूह को पीड़ कहते हैं, जिसमें कई गाँव शामिल होते हैं। पीड़ की व्यवस्था स्थानीय है। सन् 1821 में चार पीड़ों (थोई पीड़, भरभरिया पीड़, आऊला पीड़, लालगढ़ पीड़) को ब्रिटिश कंपनी सरकार द्वारा तत्कालीन बामनघाटी सबडिवीजन (उड़ीसा) को जोड़कर वर्तमान सिंहभूम जिले में जोड़ दिया गया। इन चारों पीड़ों में पूरी तरह 'कोल' जाति की ही आबादी थी और इसी कारण स्थानीय लोगों ने इसका नामकरण कोल्हान किया। बाद में बाकी पीड़ को उड़ीसा प्रांत (वर्तमान) के मयूरभंज राज्य में ही रहने दिया गया, जो कि कटक के कमिश्नर के 'उड़ीसा करद राज्य' अधिशासन में था।

इन पीड़ों का एक प्रभारी था, जिसे सरबराहकार कहा जाता था। चार पीड़—थोई, भरभरिया, आऊला और लालगढ़ सीधे ब्रिटिश शासन में होने के कारण सरबराहकार ने अब यह मान लिया कि वह मयूरभंज के राजा से स्वतंत्र हो गया है और उसने सिर्फ गवर्नर जनरल के दक्षिण-पश्चिम सीमांत के हजारीबाग स्थित एजेंट की आज्ञाकारिता शुरू कर दी, जबकि वास्तविकता यह थी कि उसकी वह भूमि अब भी मयूरभंज राज्य में ही थी।

सरबराहकार 'माधव दास' था, जिसने असल में कैप्टन विलकिंसन को मोह लिया था। उन्होंने पूरी बामनघाटी की भूमि का अधिकार उड़ीसा के कमिश्नर को दे देने की अनुशंसा की। 3 अप्रैल, 1832 को सरबराहकार ने मयूरभंज राज्य के विरुद्ध बगावत कर दी और कलकत्ता से नागपुर जानेवाली दक्षिणी सड़क, जो कि मेदनीपुर और संबलपुर होकर जाती है, उसके किनारे पड़नेवाले कुछ गाँवों को जला दिए गए। ईस्ट इंडिया कंपनी सरकार को कटक के कमिश्नर मिस्टर स्टौकवेल से 6 अप्रैल को एक रिपोर्ट प्राप्त हुई, जिसमें कहा गया था कि राजा यदुनाथ भंजदेव और बामनघाटी के सरबराहकार को उनके बीच के विवाद के समाधान हेतु बुलाया

गया है। दोनों पक्षों ने उड़ीसा के बालासोर के कमिश्नर के यहाँ उपस्थिति दी। जनवरी से 11 मार्च तक की सुनवाई के बाद कमिश्नर ने फैसला दिया कि मयूरभंज के राजा यदुनाथ भंजदेव को अधिकार है कि वह सरबराहकार को हटा सकता है अथवा उसकी भूमि पर अधिकार के नियम में परिस्थितिवश संशोधन या परिवर्तन किया जा सकता है।

कमिश्नर का दूसरा फैसला उड़ीसा के भूमिपतियों के अधिकारों के इतिहास में अधिक महत्त्वपूर्ण है। मि. स्टौकवेल अपने दूसरे निर्णय में कहता है, 'यह एक आंतरिक व्यवस्था का प्रश्न है और इस प्रकार की व्यवस्थाओं में सरकार का मत है कि कोई हस्तक्षेप नहीं किया जाना चाहिए। सरबराहकार को प्रजा के रूप में अवश्य ही अधीनता स्वीकारनी चाहिए तथा जागीरदारी के प्रमुख की सभी आज्ञाओं का पालन करना चाहिए। इसलिए यह स्पष्ट है कि मराठों की तरह दूसरों के आंतरिक मामलों में दखलअंदाजी न करने की नीति का पालन करते हुए ब्रिटिश कंपनी की सरकार ने भी 1832 ई. में राजा यदुनाथ भंजदेव और उनके बामनघाटी के मातहतों के बीच हस्तक्षेप नहीं किया। सरबराहकार माधव दास को कमिश्नर मि. स्टौकवेल ने निर्देश दिया कि वह राजा यदुनाथ भंजदेव की सेवा-टहल करे और विशेष रूप से अधिक श्रमभक्ति दिखाकर उन्हीं के साथ अपने भविष्य का फैसला करे, किंतु रात में माधव दास सरबराहकार गायब हो गया। मयूरभंज के राजा यदुनाथ भंजदेव सरबराहकार से निबटने में समर्थ नहीं थे। अतः मिस्टर स्टौकवेल ने 47वीं देशी पैदलवाहिनी सेना लेकर बामन घाटी के लिए कूच किया। ईस्ट इंडिया कंपनी सरकार ने मेदनीपुर में भी सेना को तैयार रहने की आज्ञा दे दी, लेकिन स्टौकवेल को सरकार की ओर से सूचना मिली कि सरकार मेदनीपुर की सेना को तुरंत कूच करने की आज्ञा देने में अनिच्छुक है।

14 अप्रैल को मिस्टर स्टौकवेल ने कंपनी सरकार को अपना प्रतिवेदन भेजा कि पाँचों पीड़ समूह संपूर्ण रूप से मयूरभंज के राजा और सरबराहकार की अधीनता से मुक्त कर दिए जाएँ और कुछ कोल प्रतिष्ठित लोगों की अधीनता में रखे जाएँ, जिनका लोगों पर यथेष्ट प्रभाव है। मिस्टर स्टौकवेल को मिदनापुर के कमाडिंग अफसर को उपलब्ध सारे सैन्य बल के साथ बुलाने को बाध्य होना पड़ा। 15 अप्रैल को ब्रिटिश सेना की आहार व्यवस्था करनेवाली टुकड़ी पर हमला हो गया और उसे पूरी तरह लूट लिया गया। स्टौकवेल को बांगरीपोसी नामक गाँव की ओर भाग जाना पड़ा। खदेड़कर उन पर दुबारा हमला हुआ और इस हमले में

एक हवलदार और दो सिपाही घायल हुए। इस बार स्टौकवेल ने चुटिया नागपुर (वर्तमान छोटानागपुर) से सेना की सहायता के लिए आवेदन किया। 10 मई को कुछ विरोधों का सामना करते हुए वह मेदनीपुर की सैन्य टुकड़ियों सहित बामनघाटी पहुँचा। 15 मई को उसने सरकार को सूचित किया कि उन्हें नागपुर से अब और किसी सैन्य सहायता की जरूरत नहीं है।

इस बीच कैप्टन विलकिंसन ने माधव दास (सरबराहकार) के साथ जुगत भिड़ा ली और उसे कुछ आश्वासन और प्रलोभन देकर अपने अधीन ले आया। कैप्टन विलकिंसन ने वायदा किया कि सरबराहकार का पहले की तरह भूमि पर अधिकार बरकरार रहेगा। वे उसके और मयूरभंज के राजा के बीच विवाद की पूरी जाँच करेंगे। माधव दास अपने शत्रुतापूर्ण कार्यों को रोककर विलकिंसन की शरण में आ गया और माधवदास सरबराहकार को परवाना भी मिल गया, लेकिन सेना में एक हिंसक स्थिति पैदा हो गई थी, जिस कारण मि. स्टौकवेल को बामनघाटी इलाका छोड़ देना पड़ा। उसने पाया कि माधवदास की इच्छा पूर्ण स्वाधीन होने की है और वह किसी भी नियंत्रण करनेवाली शक्ति की अधीनता में नहीं रहना चाहता है। बामनघाटी के निवासियों की एक सभा हुई और स्टौकवेल ने 22 मई को रिपोर्ट की कि वह सेना को मेदनीपुर की छावनी वापस कर रहा है।

लेफ्टिनेंट कर्नल डोभटोन, इनसिंग मैनिंगफोर्ड और सार्जेंट मैकन मायरा तथा बारह सिपाही बामनघाटी में मारे गए थे। कारण तो बुखार होने का बताया गया था, किंतु कारण जो भी रहे हों, इतनी मौतों से भी सबका मनोबल टूट चुका था। 26 मई को माधव दास कैप्टन विलकिंसन के पास पहुँचा और सरकार ने उसके पुनर्स्थापन के आदेश दे दिए। उसे मयूरभंज के राजा को बकाया लगान अदा कर देने की आज्ञा दी गई। पाँच पीड़ कैप्टन विलकिंसन की अधीनता में रखे गए, जिसके माध्यम से लगान की अदायगी होनी थी। सरकार ने माधव दास को दोषी करार दे दिया और उसकी पूरी जमीन की वापसी के फैसले लिये गए। मयूरभंज के राजा के साथ किए गए अन्याय के प्रतिवाद में मिस्टर स्टौकवेल ने अपना त्याग-पत्र दे दिया।

6 सितंबर, 1836 को कोर्ट ऑफ डायरेक्टर्स को भेजी गई रिपोर्ट को देखने से पता चलता है कि माधव दास, महापात्र श्रेणी के थे। सरायकेला के राजकुमार अजंबर सिंह भी इस झगड़े में एक पक्ष थे। मयूरभंज के राजा यदुनाथ भंजदेव का कहना था कि वास्तव में सरायकेला के राजकुमार अजंबर सिंह कोल लोगों को बढ़ावा दे रहे थे। मिस्टर रिकेट्स ने स्टौकवेल की जगह प्रभार ग्रहण किया था।

उसने सलाह दी कि मयूरभंज के राजा यदुनाथ भंजदेव की वर्तमान स्थिति बनाई रखी जानी चाहिए। उन्होंने इस वायदे पर कि मयूरभंज के राजा सरायकेला के राजकुमार के साथ कोई छेड़खानी नहीं करेंगे, मयूरभंज को अस्त्र-शस्त्र की भी आपूर्ति की। सरायकेला के राजकुमार अजंबर सिंह पर भी यह शर्त लगाई गई कि वे भी माधव दास महापात्र सरबराहकार को उकसाएँगे नहीं और मयूरभंज के राजा यदुनाथ भंजदेव से पैरवी करेंगे कि वे भी माधव दास की उचित व्यवस्था कर दें।

कैप्टन विलकिंसन को राजकुमार की ओर से यह आश्वासन मिला कि उन्होंने माधव दास की सहायता नहीं की है, साथ ही यह भी सूचना दी कि मयूरभंज के राजा और सिंहभूम (चक्रधरपुर) के राजा, दोनों मिलकर खरसवाँ राज्य पर हमला करने का भी इरादा रखते हैं। ब्रिटिश (ईस्ट इंडिया कंपनी) सरकार की ओर से सरायकेला के राजकुमार को चेतावनी दी गई कि माधव दास महापात्र को किसी प्रकार की सहायता न दी जाए। कैप्टन विलकिंसन ने सुनिश्चित कर सरकार को आश्वस्त किया कि सरायकेला के राजकुमार के द्वारा माधव दास महापात्र को कोई सहायता नहीं दी गई है। सरकार को उन्होंने यह भी सूचना दी कि मयूरभंज के सैनिकों ने 'तोतापोसा' नामक स्थान को दखल कर लिया है और यह काम 'लालगढ़' और 'आऊला' पीड़ के कोलों की सहायता से हुआ है। इस कारण पूरी बामनघाटी अब मयूरभंज के राजा की दया पर है। हजारीबाग के कैप्टन विलकिंसन ने सरायकेला के राजकुमार का पक्ष लिया, जबकि उड़ीसा के कैप्टन रिकेट्स ने यदुनाथ भंजदेव का समर्थन किया। सरायकेला और मयूरभंज की पुरानी सीमा फिर से तय की गई।

बामनघाटी के कोल लोगों ने 28 अप्रैल को मयूरभंज राज्य की डाक चौकी को लूट लिया। राजा यदुनाथ भंजदेव ने अभियोग लगाया कि यह काम सरायकेला के राजकुमार और माधव दास महापात्र के उकसाने पर कोलों ने किया है, ताकि मयूरभंज राज्य से ब्रिटिशों की शत्रुता हो जाए। जाँच के दौरान यह बात सामने आई कि लालगढ़ पीड़ के कोलों ने माधव दास महापात्र के रिश्तेदार 'रत्नमणी' के नेतृत्व में सरायकेला के राजकुमार अजंबर सिंह के संलग्न क्षेत्र में जमा होकर यह वारदात की थी। कोलों ने एक सीमा पुलिस चौकी से सहायता कर लौट रहे सिपाहियों पर भी हमला किया और उनमें से तीन सिपाहियों को घायल कर दिया।

राजा यदुनाथ भंजदेव ने रामगढ़ बटालियन का पूरा खर्च उठाने की अपनी रजामंदी दे दी। उन्होंने प्रार्थना की कि रामगढ़ बटालियन बामनघाटी में रखी जाए

और लालगढ़ 'अउला' पीड़ के कोल लोगों का प्रभाव कम करने के लिए उसका उपयोग किया जाए।

माधव दास महापात्र उस क्षेत्र से भगा दिए गए थे और वे दिसंबर के महीने में ही हजारीबाग में बिल्कुल दीन-हीन अवस्था में रह रहे थे। उनका भरण-पोषण विलकिंसन के द्वारा होता था। राजा यदुनाथ भंजदेव और राजकुमार अजंबर सिंह, दोनों को चेतावनी दे दी गई कि जो कोई भी शांति भंग करेंगे, उनके साथ कड़ाई से निपटा जाएगा। डाक चौकी मरम्मत कराने का पूरा खर्च मयूरभंज के राजा यदुनाथ भंजदेव ने चुकता कर दिया, किंतु सरकार का अंतिम फैसला कोर्ट ऑफ डायरेक्टर्स के निर्णय तक स्थगित रखा गया।

इसी बीच भूमिज विद्रोह के नायक गंगानारायण सिंह ने भी मानभूम से भूमिजों, कुड़मी एवं अन्य आदिवासी लोगों को साथ लेकर फिर संघर्ष प्रारंभ कर दिया था। उन्होंने अपने समर्थकों को लेकर ऐसा हंगामा खड़ा किया कि ब्रिटिशों के छक्के छूट गए। नवंबर में किसी तरह चारों ओर से सेना इकट्ठी कर गंगानारायण और उनके बागी साथियों पर अंग्रेजों ने फिर हमला किया। गंगानारायण सिंह को जंगलों-पहाड़ों के रास्ते से होकर अपने साथियों सहित सिंहभूम भाग जाना पड़ा। इधर सिंहभूम में कोल विद्रोह धीमा पड़ रहा था, लेकिन गंगानारायण सिंह के आ जाने से उसमें फिर एक बार उबाल आ गया।

दिसंबर 1832 में जब सेना बराहभूम में व्यस्त थी, तब केरा के बाबू के इशारे पर 'हो' लोगों ने खरसवाँ के ठाकुर चैतन्य सिंहदेव पर हमला कर दिया। गंगानारायण सिंह 'हो' लोगों के साथ मिल गए, लेकिन खरसवाँ के ठाकुर चैतन्य सिंहदेव ने सफलता के साथ मुकाबला किया और गंगानारायण सिंह मारे गए। खरसवाँ के ब्रिटिश चाटुकार चैतन्य सिंहदेव ने स्वाधीनता प्रेमी गंगानारायण सिंह का सिर काटकर सर थॉमस विलकिंसन को भेंट किया। इसी संग्राम के कारण धालभूम, मेदनीपुर से अलग कर दिया गया और उसके आस-पास के इलाकों को मिलाकर एक विशेष ब्रिटिश अधिकारी के अधीन रखा गया, जो कि पद में दक्षिण पश्चिम सीमांत क्षेत्र का एजेंट था।

सिंहभूम राजा की राजधानी चक्रधरपुर में थी। सर थॉमस विलकिंसन ने कोलों के विद्रोही तेवर को देखते हुए सरकार से सिफारिश की कि कोल्हान क्षेत्र को सिंहभूम राजा के अधीन न रखकर सीधे ब्रिटिश प्रशासन के अधीन ले आया जाए। उन्होंने प्रस्ताव किया कि एक सक्षम ब्रिटिश अधिकारी, चाईबासा में पदस्थापित किया जाए, जो कि हमेशा यहीं उपलब्ध रहे। यह विचार ईस्ट इंडिया कंपनी

सरकार द्वारा स्वीकार कर लिया गया। नवंबर 1836 में कर्नल रिचर्ड्स के नियंत्रण में तोपों की एक ब्रिगेड, देशी पैदल सेना की दो रेजिमेंट और रामगढ़ बटालियन को कोल्हान क्षेत्र में भेजा गया। आगलगी से बचे पीड़ों के विरुद्ध काररवाई की गई। फरवरी के अंत तक सभी मुंडा और मानकियों ने आत्म-समर्पण कर दिया। एजेंट और सेना ने सभी महत्त्वपूर्ण इलाकों का दौरा किया। लोगों ने अब जो विरोध किया, वह अति सामान्य था। जिन लोगों पर विद्रोह में शामिल होने का शक हुआ, उन्हें पकड़ लिया गया और जिन्होंने माफी माँग ली, उन्हें छोड़ दिया गया। दूसरों ने प्रस्तावित नई व्यवस्थाओं को मौन स्वीकृति दी। उनसे ब्रिटिश सरकार के प्रति आज्ञाकारी, राजभक्त और निष्ठावान रहने के वायदे लिये गए। उन्हें अनुबद्ध किया गया कि वे अब से पोड़ाहाट के राजा, जमींदार या सरदार, किसी की बात नहीं मानेंगे और न उनके इशारे पर चलेंगे और न उन्हें लगान देंगे। कोल्हान क्षेत्र में कुल 620 गाँव शामिल कर लिये गए, जिनकी कुल आबादी उस समय अनुमानित साठ हजार की थी, जिसमें दो-तिहाई कोल जाति के थे, जिसे बाद में 'हो' कहा गया। इस प्रकार कोल्हान ब्रिटिश शासन के अधीन लाया गया और एक 'कोल्हान अधीक्षक' की व्यवस्था की गई, जिसके अंतर्गत मुंडा-मानकी होंगे। बाकी क्षेत्र पोड़ाहाट राजा को सौंप दिया गया।

कोल लोगों को काबू करने और उन्हें आज्ञाकारी बनाने के लिए सर थॉमस विलकिंसन ने एक प्रशासनिक निर्देशिका बनाई और उसका कड़ाई से पालन करने की व्यवस्था की। सन् 1821 में मेजर रफ्सेज से कोल लोगों का जो समझौता हुआ था और जनता से प्रति 'हल' आठ आने (आज के पचास पैसे) मालगुजारी लेने की बात तय हुई थी, उसे 'मुंडा और मानकी' के माध्यम से वसूलने की बात तय की गई। अन्य वसूलियाँ भी उन्हीं के माध्यम से की जाने लगीं। 'मुंडा और मानकी' की नियुक्तियाँ उनकी जनप्रियता और उनके अपने पीड़ों पर प्रभाव के अनुरूप की गईं। सभी आपराधिक और दीवानी मामलों का विचार अफसर इंचार्ज के द्वारा किए जाने की व्यवस्था की गई, जिसमें मुंडा और मानकी को शामिल कर गठित की गई। पंचायत के माध्यम से उनकी सहायता लेकर ही फैसले किए जाएँगे। इस तरह वे भी सामंतवादी व्यवस्था का अंग मात्र बनकर रह गए और अनजाने में ही ब्रिटिश शासन व्यवस्था को लाभ पहुँचाने लगे। आखिर में होता वही था, जो ब्रिटिश प्रशासन चाहता था, लेकिन इनके विरोध के सारे रास्ते हमेशा के लिए खत्म हो गए थे।

सर थॉमस विलकिंसन ने सरकार को जो सिफारिश भेजी थी, उसमें उन्होंने लिखा था, 'इसकी सफलता प्रथम नियुक्त ब्रिटिश अफसर की निपुणता और व्यक्तित्व

पर निर्भर करेगी। उसमें न्याय करने की शक्ति होनी चाहिए। उसमें कठोर, दृढ़ता, धैर्य और सबसे बढ़कर चतुराई होनी चाहिए, जो स्थानीय लोगों को मैनेज (नियंत्रित) कर ले।' विद्रोही पीढ़ी को रोकने के लिए स्कूल की व्यवस्था की गई और मिशनरियों को ईसाई बनाने के लिए भारत में इतना निरापद विस्तृत क्षेत्र और कहीं नहीं मिला।

भूत-प्रेत उतारनेवाली प्रचलित 'सोखा' प्रथा पर रोक लगाने की व्यवस्था की गई। इस प्रथा के कारण 'सोखा' किसी की ओर 'डायन' होने का इशारा करता था और गाँव के लोग उसकी हत्या कर देते थे, बल्कि कभी-कभी उसके रिश्तेदारों को भी मार दिया जाता था, जिस कारण बदला लेने के लिए मरनेवाले के रिश्तेदार पुनः हत्या करते थे।

ब्रिटिशों द्वारा 1837 में लेफ्टिनेंट एस.के. टिक्केल को प्रथम कोल्हान अधीक्षक (Kolhan Superintendent) नियुक्त किया गया। उसका मुख्यालय चाईबासा में स्थापित किया गया। वह एक प्रकृति-प्रेमी था। ब्रिटिशों के दस्तावेजों में लिखा गया है कि उसके हृदय में कोल लोगों के लिए चरम सहानुभूति थी। अत: 'माँ से मौसी को अधिक दर्द' वाली कहावत इन्हीं पर चरितार्थ होती थी। इन्होंने स्कूल, हाट, मेला और जेल की स्थापना की। ले. टिक्केल ने सिंहभूम के पक्षियों, सामाजिक रीति-रिवाजों तथा संस्कृति का अध्ययन किया। ये अध्ययन सन् 1840 में 'जर्नल ऑफ एशियाटिक सोसाइटी ऑफ बंगाल' में प्रकाशित हुए, जो कि उन्नीसवीं सदी का एक प्रामाणिक दस्तावेज है।

विलकिंसन के नियमों में स्थानीय लोगों से सीधे संपर्क करने को ही अधिक महत्त्व दिया गया है। मुंडा और मानकी की सत्यनिष्ठा और राजभक्ति बनाए रखने के लिए स्थानीय प्रशासन में उनकी सहायता लेकर चलने पर ही अधिक बल दिया गया। रिकेट्स, जो कि 'बोर्ड ऑफ रेवेन्यू' के सदस्य थे, ने पूरे सिंहभूम का दौरा किया। ईस्ट इंडिया कंपनी सरकार द्वारा 1854 में प्रकाशित एक रिपोर्ट में उन्होंने विलकिंसन के निर्देशों को तत्परता से पालन किए जाने की आवश्यकता को दोहराया है। डाल्टन, जो कि चुटिया नागपुर (वर्तमान छोटानागपुर) के कमिश्नर थे, उन्होंने भी सत्तावादी दस्तावेज, जो कि इतिहास और रीति-रिवाजों से संबंधित थे, प्रकाशित किए। बाद में उन प्रकाशनों को उनकी पुस्तक 'इथनोलॉजी ऑफ बंगाल-1872' शामिल कर लिया गया।

विलकिंसन के नियम स्थानीय लोगों के लिए दिल्ली के लड्डू थे, जिन्होंने खाया, वे तो पछताए ही और जिस क्षेत्र के लोगों ने नहीं खाया, वे भी पछताए।

विलकिंसन के नियम से यहाँ के लोगों को उनकी समस्याओं के समाधान का आभास मात्र हुआ, लेकिन समस्याओं का समाधान नहीं हुआ। हाँ, इतना हुआ कि लोगों की एकता टूट गई। कुछ लोग ब्रिटिश सत्ता के समर्थक और भक्त हो गए, बाद में बाकी लोग समस्याग्रस्त ही रह गए। जिन ठीकेदारों, महाजनों, सूदखोरों को भगाने के लिए एक बड़ा आंदोलन हुआ, राजकृपा से वे मजबूत हो गए और जिन आदिवासियों की जमीनें उन्होंने हथिया ली थीं, उनके पास ही रह गईं। विद्रोह में भाग लेनेवाले आदिवासी जब अपने-अपने गाँव लौटकर आए, तो उन्हें उनकी जमीनें नहीं मिलीं और वही आगे चलकर 'सरदारी लड़ाई' का कारण बना, जिसने बिरसाइत-आंदोलन को जन्म दिया।

यह विलकिंसन के मायाजाल का ही असर था कि युद्धस्थल पर या उस स्थान पर जहाँ 'कोल' वीरों ने अपने जन्मसिद्ध अधिकार माना, उनकी अपनी भूमि (कोल्हान) की स्वाधीनता के लिए बड़ा संग्राम किया।

यह स्मरणीय है कि भारत के स्वतंत्र होने के 34 वर्षों बाद 1981 में कुछ वकीलों और नेताओं ने कोल्हान इलाके के आदिवासियों को विलकिंसन रूल का पाठ पढ़ाया और इसी रूल की तलाश में दुनिया का चक्कर लगा रहे थे। 30 मार्च, 1981 को कोल्हान रक्षा संघ नामक संगठन ने चाईबासा के साप्ताहिक बाजार हाट मैदान में आयोजित एक आम सभा में तथाकथित कोल्हान गणराज्य की घोषणा की थी। जैसा कि समाचार-पत्रों से विदित है कि तथाकथित 'कोल्हान गणराज्य' के दो स्वयंभू प्रतिनिधि नारायण जोंको और ख्रीस्ट आनंद टोपनो लंदन कॉमन वेल्थ तथा जेनेवा राष्ट्रसंघ गए। प्रशासन ने 25, 26 अक्तूबर को कोल्हान गणराज्य के कानूनी सलाहकारों श्री ख्रीस्ट आनंद टोपनो (वकील—राँची हाईकोर्ट) तथा श्री अश्विनी सवैंया (वकील—चाईबासा कोर्ट) को गिरफ्तार कर जेल में डाल दिया। कोल्हान रक्षा संघ के सचिव कृष्ण चंद्र हेम्ब्रम भूमिगत हो गए। उन तीनों पर देशद्रोह का अभियोग लगाया गया। विलकिंसन रूल को आधार बनाकर 'कोल्हान गणराज्य' का हौवा खड़ा किया गया। ज्ञातव्य है कि 13 मई, 1837 को विलकिंसन रूल के आधार पर कोल्हान में मुंडा-मानकी शासन व्यवस्था का प्रथम प्रभार लेफ्टिनेंट एस.के. टिकेल को सौंपा गया, जो सर्वथा अंग्रेज साम्राज्यवादियों का षड्यंत्र था।

इतिहास के पन्नों से स्पष्ट हो जाता है कि अंग्रेजों ने जो भी नीतियाँ भारत में अपनाईं, उसका एकमात्र उद्देश्य था शासन तंत्र को चलाना। उनकी शासन नीतियों में प्रमुख था—राज्य के गठन को तोड़ना-जोड़ना, राजा-महाराजाओं, जागीरदारों,

जमींदारों को छोटी-बड़ी उपाधियों से विभूषित कर वश में रखना। उस समय देश के सभी हिस्सों में सामंती व्यवस्था कायम थी, जो अंग्रेजों की साम्राज्यवादी नीति का एक अंग था। कोल्हान-पोड़ाहाट के आदिवासी सर्वथा इस सामंती व्यवस्था से अछूते थे। एक अर्थ में कहा जाए तो कोल्हान में सामाजिक गण-व्यवस्था कायम थी। अंग्रेजों की राह में यह व्यवस्था रोड़ा बनकर आई। सन् 1831-32 के कोल विद्रोह से अंग्रेजों को इस क्षेत्र पर शासन चलाने में काफी कठिनाई पैदा हुई। इस क्षेत्र की सामाजिक गण व्यवस्था को तोड़कर सामंती व्यवस्था कायम करने के लिए कैप्टन विलकिंसन ने कानून बनाकर काफी दूरदर्शिता और कुशाग्रबुद्धि का परिचय दिया। इस कानून को विलकिंसन रूल कहा गया। सन् 1837 में कोल्हान जनजातीय सरदारों को उसी रूल के आधार पर हुक्मनामा दिया गया और मुंडा-मानकी शासन प्रणाली चलाई गई। जो आदिम जाति बाहरी शासन से शासित नहीं हुई थी, वह अब अंग्रेजों के बने-बनाए रूल से शासित होने लगी। अंग्रेजों ने आदिवासियों के बीच मुंडा-मानकी शासन प्रणाली नाम से एक कुलीन वर्ग पैदा किया। एकाध अपवाद को छोड़कर यह व्यवस्था वंश परंपरागत बनी हुई है। अंग्रेजों ने एक तरह से सामाजिक रीति-रिवाजों के आधार पर कोल्हान के आदिवासियों को सामाजिक स्वायत्तता दे रखी थी। दूसरे पहलू पर कहा जाए तो मुंडा मानकी प्रणाली सबसे कमजोर व्यवस्था थी, जिसकी बागडोर अंग्रेजों के हाथ में थी। स्वतंत्रता के बाद भी देखा जाता है कि सिंहभूम में जितने भी प्रशासनिक अधिकारी आते हैं, आदिवासियों की इसी कमजोर व्यवस्था को अपने हाथों में लेने के लिए मुंडा-मानकियों की बैठक बुलाते हैं। अब तो सरकार ने मुंडा-मानकी को वेतन देकर उन पर अपना शिकंजा कस दिया है।

कोल नाम से कोल्हान का नामकरण हुआ है। कोल एक जाति का नाम है, जो अब 'हो' जाति के नाम से जानी जाती है। मूल रूप से कोल्हान का क्षेत्रफल 31.078 कि.मी. है, जिसमें पश्चिम सिंहभूम जिले के चाईबासा सदर, जगन्नाथपुर, नुआमुंडी, मझगाँव, मंझारी, तांतनगर, टोंटो, झींकपानी, कुमारडुंगी, खूँटपानी, हाटगम्हरिया प्रखंड आते हैं। मुंडा-मानकी शासन प्रणाली के तहत कोल्हान के साथ पोड़ाहाट का भी कुछ क्षेत्र शामिल है, जहाँ विलकिंसन रूल का अस्तित्व है। झारखंड राज्य बनने के बाद सिंहभूम जिले को तीन जिलों में विभाजित कर पश्चिमी सिंहभूम, पूर्वी सिंहभूम और सरायकेला-खरसावाँ जिलों का गठन किया गया और तीनों जिलों को मिलाकर कोल्हान प्रमंडल नाम दिया गया।

□

कोल विद्रोह

(1820)

कोल विद्रोह के पूर्व छोटानागपुर महाराजा के आदेश से अपने अधीनस्थ तमाड़, बुंडु, राहे, बारेण्डा, सिल्ली के जमींदारों/जागीरदारों द्वारा बाहर से दिक्कू (शोषक) लोगों को लाकर बसाया जा रहा था, जिससे आदिवासियों का असंतोष आंदोलन में बदल गया। 1807 में तमाड़ के दुखनशाही मानकी और विशुन मानकी ने विद्रोह का नेतृत्व किया। विद्रोह को शांत करने के लिए कप्तान रफ्सेज, लेफ्टिनेंट वेल्स कई साल तक उस क्षेत्र में डटे रहे। 1812 में रुदन और कांता मुंडा के नेतृत्व में पुनः तमाड़ में उपद्रव उठ खड़ा हुआ। अंग्रेजों ने दोनों नेताओं को गिरफ्तार कर जेल में डाल दिया, जिससे आंदोलन शांत हुआ। इसी आंदोलन की अगली कड़ी सिंहभूम का कोल विद्रोह है।

सिंहभूम के कोल्हान क्षेत्र में कोल विद्रोह (1820) आदिवासी हो जाति (जिन्हें लाड़का कोल भी कहा जाता है) के नेता पोटो हो के नेतृत्व में हुआ था। सिंहभूम को न सिर्फ भारत के मुसलिम शासकों, बल्कि मराठों के द्वारा भी वश में कभी न लाया जा सका। वे न तो कभी दखली ले सके, न चौथ वसूल सके, लेकिन पोड़ाहाट के राजा और सरायकेला के कुँवर तथा खरसवाँ के ठाकुर के आपसी कलह ने अंग्रेजों को खुद आमंत्रित कर सिंहभूम को उनकी झोली में डाल दिया और खुशी-खुशी वे उनके गुलाम बन गए।

कोल विद्रोह शोषण, दमन, उत्पीड़न का परिणाम था। 18वीं शताब्दी के पूर्व से ही हिंदू और मुसलमान कोल्हान में लाए जा रहे थे। उसी समय से ही आदिवासियों को अपनी पैतृक जमीन से विस्थापित करने, उनकी खेती की जमीन छीनने का सिलसिला शुरू हुआ। अंग्रेजों ने इस कार्य के लिए बंगाल और बिहार के लोगों को अफसर, कर्मचारी नियुक्त किया। इन अफसरों की शोषक प्रवृत्ति ने आदिवासियों को अंग्रेज विरोधी बनाया। आदिवासी गैर कानूनी ढंग से दबाए जा रहे

थे। उनसे कई प्रकार के टैक्स वसूले जाने लगे, जो आदिवासियों को बिल्कुल ही नापसंद थे। ऐसे तो राजाओं, जमींदारों का दृष्टिकोण उपेक्षापूर्ण था। आदिवासियों के परंपरागत पेय हांड़िया पर भी टैक्स लगाया गया। आबकारी विभाग के अफसर अवैध शराब तलाशी के नाम पर घर में जूते पहनकर घुस जाते थे। भूमि संबंधी मामलों में ब्रिटिश कचहरी उन्हें न्याय नहीं देती थी। इस तरह कोल्हानवासियों पर अन्याय शुरू हुआ।

बिहार सरकार द्वारा प्रकाशित पुस्तक 'बिहार में 1857—छोटानागपुर तथा संथाल परगना' के लेखक पी.सी. रायचौधरी ने पुस्तक के तृतीय परिच्छेद 'सिंहभूमि' पेज नं. 64 में 'ब्रिटिश हस्तक्षेप' में लिखा है—

'1820 ई. में पोड़ाहाट के राजा ने अंग्रेजों की छत्रच्छाया में आने की इच्छा प्रगट की तथा उन्होंने 101 रुपए सालाना सलामी देना कबूल कर लिया। उनका ध्येय, सरायकेला तथा खरसवाँ के सरदारों पर एकाधिपत्य पाना था, जो अस्वीकृत हो गया। वे उन सरदारों से अपनी एक पूज्य पारिवारिक प्रतिमा को भी पुन: प्राप्त करना चाहते थे, जिसमें वे सफल भी हुए और अंतत: हो लोगों को दबाने के लिए सहायता प्राप्त करना चाहते थे, क्योंकि वे उनको अपनी प्रजा समझते थे। अत: व्यावहारिक रूप से यह पोड़ाहाट का राजा ही था, जिसने अंग्रेजों को कोलों की भूमि पर आमंत्रित किया। मेजर रफ्सेज ने हो लोगों के इस दावे की अवहेलना कर दी कि वे किसी सरदार के अधीन कभी भी नहीं रहे हैं और तोपों, घुड़सवारों तथा पैदल सेनाओं को लेकर कोल्हान में प्रविष्ट हो गया। हो लोगों ने डटकर मुकाबला किया, लेकिन अपने तीर-धनुषों से अंग्रेजों के गोला-बारूद का सामना नहीं कर सके। अचानक कत्लेआम किया गया और आधे से अधिक 'हो' लोग जंगलों में जा छिपे। अंतत: संपूर्ण उत्तरी क्षेत्र के कोलों ने आत्म-समर्पण कर दिया और पोड़ाहाट के राजा को सलामी देना स्वीकार कर लिया।'

सिंहभूम राज का पूरा प्रदेश नाममात्र राजा का था, जो पोड़ाहाट (चक्रधरपुर) में रहते थे। तत्कालीन सरायकेला के कुँवर और खरसवाँ के ठाकुर सन् 1818 से वर्षों पहले ही राजा से एकदम स्वतंत्र हो गए थे और उन्हें सिंहभूम के राजा से जितना क्षेत्र मिला था, उससे कहीं अधिक उन्होंने हथिया लिया था। इसके अलावा उन्होंने तमाड़, पातकम, बराहभूम और मयूरभंज के राजाओं की जमीनें भी हथिया ली थीं। पोड़ाहाट के राजा ने धालभूम के राजा के विरुद्ध चलाए गए अभियान में ब्रिटिशों की सहायता की थी और उसी दौरान वे संपर्क में आए थे। अंग्रेजों

की कामयाबी को देखकर सिंहभूम के राजा (चक्रधरपुर) ने सोचा कि यह एक अच्छा मौका है कि अंग्रेजों से संधि कर ली जाए और अंग्रेजों की सहायता से सरायकेला, खरसवाँ के राजाओं और स्थानीय रैयतों से एक साथ ही निपट लिया जाए। सिंहभूम के राजा ने गुप्तचर भेजकर ब्रिटिशों के सामने प्रस्ताव रखा कि वे अपने राज्य क्षेत्र को ब्रिटिश सुरक्षा में रखना चाहते हैं और इसके लिए वे ब्रिटिशों को वार्षिक राजस्व देंगे।

इस प्रस्ताव पर तत्कालीन मिदनापुर के रेजिडेंट ने कलकत्ते में सरकार को अपनी जाँच रिपोर्ट दी, जिसमें उसने लिखा, 'सिंहभूम में पहले 14,000 गाँव थे, लेकिन अब मुश्किल से 500 गाँव राजा के अधीन रह गए हैं और बाद में बाकी सब स्वतंत्र हो गए हैं। बाकी गाँव अब 'कोल' लोगों के हाथ में है। आगे यह भी लिखा कि सिंहभूम (चक्रधरपुर) के राजा की रिश्तेदारी संबलपुर के राजा के साथ है। दोनों के बीच व्यापारियों का अबाध आना-जाना है। सिंहभूम से संबलपुर करीब 90 कोस (लगभग 270 कि.मी.) की दूरी पर अवस्थित है। दोनों के बीच सड़क अच्छी है। अगर आप इस इलाके को कंपनी की अधीनता में लेना चाहें तो सेना की चार कंपनियाँ यथेष्ठ होंगी और आशा है संबलपुर से आसानी से संपर्क हो जाएगा।'

इसके उत्तर में उन्हें सरजमीन पर जाकर सिंहभूम के बारे में पूरी जानकारी प्राप्त करने की सलाह दी गई। प्रदेश की पूरी जानकारी, किले की ताकत, विशेषकर यह जानकारी प्राप्त करना कि उन पर मराठों का कोई दावा है या इस प्रदेश पर कभी कोई दावा था या नहीं। किले में किसी टुकड़ी के मार्च करने के पहले ये बातें स्पष्ट होनी जरूरी थीं, क्योंकि ब्रिटिश मराठों के साथ उस समय उलझना नहीं चाहते थे। सिंहभूम के बारे में जानकारी इकट्ठा करने के लिए दो सिपाहियों को भेजा गया, किंतु उन्हें सीमा के भीतर एक-दो कोस से अधिक आगे नहीं जाने दिया गया और वहीं से उन्हें वापस लौटना पड़ा। फिर भी उन्होंने जानकारी हासिल की कि मराठों का अधिकार क्षेत्र सिंहभूम पर कभी नहीं रहा और न उन्होंने कभी भी सिंहभूम से कोई राजस्व ही प्राप्त करने में कामयाबी हासिल की थी, लेकिन आशा के विपरीत कलकत्ते में कंपनी सरकार के प्रमुख ने इस मामले को लटका दिया। उन्होंने लिखा 'जैसा कि मैं आशा करता हूँ कि जल्दी ही कटक पर अधिकार हो जाएगा। मैं उस समय तक सिंहभूम के किसी भी मामले से अलग ही रहना चाहूँगा।'

16 जनवरी, 1820 को सरायकेला के महाराज और खरसवाँ के ठाकुर ने स्वेच्छापूर्वक अपने को ब्रिटिश सरकार के संरक्षण में रखना स्वीकार कर लिया।

फरवरी के पहले ही सिंहभूम (चक्रधरपुर) के राजा घनश्याम सिंह ने अपनी ओर से 101 चाँदी के सिक्के वार्षिक शुल्क ब्रिटिश सरकार को अदा करने की प्रार्थना की। अपने संबंधों को स्थापित करने के क्रम में सिंहभूम के राजा ने अपनी स्वामीभक्ति का आश्वासन देते हुए ब्रिटिश सरकार से याचना की कि वे उनके गृह देवता की प्रतिमा (पाउड़ी देवी), जिसे सरायकेला के कुँवर ने अपहृत कर लिया था, वापस दिलाने में सहायता करें। सरायकेला के कुँवर और खरसवाँ के ठाकुर ने उनकी जितनी जमीनें हड़प ली हैं, उसे मुक्त करा दें। उनके प्रदेश के बड़े हिस्से पर 'हो' लोगों ने जो कब्जा जमा लिया है, उससे मुक्ति दिला दें।

मेजर रफसेज ने सिंहभूम के महाराज को पहली और तीसरी शर्त को पूरा करने का आश्वासन दिया। दूसरी शर्त के लिए उन्होंने अपनी असमर्थता जाहिर की कि वे कुछ नीतियों से प्रतिबद्ध हैं, अतः इस मामले में वे कोई सहायता नहीं कर सकते। सिंहभूम के सभी गाँवों के प्रमुखों, सरदारों, प्रधानों के साथ व्यवस्था कर लेने और तमाड़ के उभरते विद्रोह को शुरू में ही कुचल देने के बाद मेजर रफसेज ने राजाओं और चाटुकार बाबुओं की टोली लेकर पुनः सिंहभूम के दृश्य पटल पर प्रवेश किया। उन्होंने पूरी टोली के साथ सरायकेला जाकर महाराज विक्रम सिंह से प्रार्थना की कि वे पाउड़ी देवी की प्रतिमा सिंहभूम के महाराज घनश्याम सिंह को लौटा दें और उसने सरायकेला छोड़कर अपनी पूरी टोली के साथ 'कोलों' के गाँव होकर संबलपुर के लिए प्रस्थान किया। उनके साथ रामगढ़ बटालियन और कुछ घोड़े थे।

'हो' जाति के लोग प्राकृत रूप से स्वाधीन रहने के अभ्यस्त थे। उनकी अपनी अलग जीवन-शैली थी। वे किसी दूसरे के जीवन में दखल नहीं देते हैं तो उन्हें भी दूसरों के द्वारा अपनी जीवन-शैली में कोई भी दखलअंदाजी एकदम पसंद नहीं थी। फिर भी राजा और जमींदार उनसे अधीनता कबूल कराने को एकदम व्याकुल थे। ये 'हो' लोगों को, जिन्हें 'लाड़का कोल' भी कहा जाता था, उन्हें गुलाम बनाने, उनकी जमीन हड़पने और उनसे बेगारी कराने अथवा लगान वसूलने को व्यग्र थे। राजाओं और जमींदारों ने 'हो' लोगों पर इल्जाम लगाया कि वे लूटमार करते हैं, उनके अपने गाँवों के रास्ते से होकर पुरी तीर्थयात्रा पर जानेवाले यात्रियों को गुजरने नहीं देते हैं और पड़ोसी राजाओं और ब्रिटिशों की अधीनतावाले क्षेत्र से भागकर आए हुए विद्रोहियों को अपने यहाँ शरण देते हैं।

ब्रिटिशों ने अपने दस्तावेजों में लिखा है कि 'हो' (लाड़का कोल) लोगों

ने उनको युद्ध की स्थिति में फँसा दिया, लेकिन यह बात सहज ही कल्पना की जा सकती है कि निहत्थे, देहाती आदिवासियों ने एक सुसंगठित अंग्रेजी सेना की, जिसकी धौंस में भारत की मुगल सल्तनत, शहंशाह, नवाब, राजे, महाराज और छोटे-बड़े सभी जमींदार आ गए थे, कैसे उस प्रतापी अंग्रेजी सेना पर हमला किया होगा? हाँ, अंग्रेजी सेना के हमलों से आक्रांत होकर भले ही उन्होंने आत्मरक्षार्थ प्रतिरोध किया हो। यह प्रतिरोध इतना भयंकर था कि अंग्रेजी सेना उन जंगलों में चक्कर खाती और मरती रह गई। कुछ 'हो' लोग भी मारे गए और उन्हें भी अचानक आई इस विपत्ति से अनेक कठिनाइयों का सामना करना पड़ा।

मेजर रफसेज दक्षिण के 'हो' लोगों से आत्म-समर्पण करवाने में विफल रहा। उसने सोचा कि यह समझदारी का काम होगा कि रामगढ़ बटालियन को संबलपुर की छावनी में ले जाया जाए। सिंहभूम छोड़ने के पहले उसने राजा घनश्याम सिंह से जैंतगढ़ में एक थाने की स्थापना से होनेवाले फायदे की बात की और कहा कि थाने में एक सौ हथियार बंद बरकंदाज रखे जाएँ और प्रस्ताव किया कि उसे वे संबलपुर से लेते आएँगे। राजा घनश्याम सिंह ने बरकंदाज रखे जाने की बात पर खुशी प्रकट की और उसका पूरा खर्च उठाने के प्रस्ताव पर अपनी स्वीकृति भी दे दी। तदनुसार एक सूबेदार बौरन सिंह की अधीनता में एक सौ बरकंदाज सिंहभूम के महाराज के पास चक्रधरपुर भेज दिए गए।

17 फरवरी, 1821 को मेजर रफ्सेज ने कंपनी सरकार को सूचना दी कि स्थानीय छोटे जमींदारों की रक्षा के लिए जो दस्ता भेजा गया था, उस पर 'हो' लोगों ने हमला कर दिया है, पहले गुमड़ा गाँव में और फिर चैनपुर गाँव में। सूबेदार सहित सात बरकंदाज मारे गए और बाद में बाकी ने भागकर सरायकेला में शरण ली। इस मौके पर सरायकेला के कुँवर ने तत्परता से भगोड़े सैनिकों की सहायता की और दोबारा उनके साथ और भी कुमक (सहायता देकर) चैनपुर में 'हो' विद्रोहियों का मुकाबला करने के लिए भेजी। परिस्थिति की भयंकरता को देखते हुए यह जरूरी समझा गया और सेना भेजी जाए। कर्नल रिचर्ड्स के कमांड में इस नई सेना ने सिंहभूम में प्रवेश किया। 'हो' जनता ने जमकर एक महीने तक संघर्ष किया और इसमें सभी स्थानीय निवासियों ने खुलकर 'हो' लोगों का साथ दिया।

यह नियति का उपहास नहीं तो और क्या था। ईश्वर के अवतार राजे-महाराजे विदेशी षड्यंत्रकारियों के समक्ष अपना राज, देश की गुलामी थाली में सजाकर समर्पित कर रहे थे और भूखी, नंगी, जंगलों में वास करनेवाली निहत्थी निरीह

आदिवासी जनता अपने प्राणों की आहुति देते हुए विदेशी शक्ति का मुकाबला कर रही थी। आखिर एक महीने के बाद निहत्थी जनता निढाल हो गई। इधर अंग्रेजों ने अनेक घोषणाएँ कीं, अनेक वायदे किए, अनेक आश्वासन घोषित कर 'हो' नेताओं का समर्पण करवाया।

'हो' नेताओं ने प्रार्थना की कि उन्हें जमींदारों की अधीनता में न देकर सीधे कंपनी सरकार की अधीनता में ले लिया जाए, लेकिन दुर्भाग्यवश उनकी बात नहीं मानी गई और उन्हीं भेड़िए जमींदारों के साथ समझौता करने और उन्हें ही लगान देने को बाध्य किया गया। समझौते की शर्तें थीं—

(1) हम कबूल करते हैं कि ब्रिटिश सरकार की अधीनता में रहेंगे और अधिकारियों के प्रति स्वामीभक्त और आज्ञाकारी रहेंगे।

(2) हम अपने बच्चों को उड़िया और हिंदी पढ़ने को प्रेरित करेंगे। दूसरे क्षेत्र से आनेवाले सभी जाति के लोगों को अपने यहाँ बसने देंगे और उनकी रक्षा करेंगे।

(3) हम सहमत हैं कि हम अपने प्रमुखों या जमींदारों को प्रति हल आठ आने अगले पाँच वर्षों तक देते रहेंगे। उसके बाद एक रुपया देंगे, अगर हमारी परिस्थिति इसे स्वीकार करें।

(4) हम अपने परगने से गुजरनेवाली सड़क को हमेशा चालू हालत में रखेंगे तथा सभी प्रकार के यात्रियों की रक्षा करेंगे। अगर कोई छिनताई होगी तो चोरों को पकड़कर न्याय के हवाले कर देंगे और चोरी गई संपत्ति की पूर्ति करेंगे।

(5) अगर हम अपने सरदारों अथवा जमींदारों द्वारा सताए गए तो हम हथियार नहीं उठाएँगे, बल्कि सीमा पर निर्धारित कमांडिंग ऑफिसर अथवा अन्य सक्षम अधिकारी के पास इसकी शिकायत करेंगे।

सिंहभूम की सीमा पर स्थित खुंटकरंजिया, बामनघाटी के बोएड़दा और चक्रधरपुर में सेना की टुकड़ियाँ रखी गईं। सेना की ये टुकड़ियाँ सिर्फ 'हो' लोगों के लिए ही नहीं, बल्कि जमींदारों की भी विस्तार प्रचेष्टा की निगरानी करती थीं। इन व्यवस्थाओं को पूरा करने के बाद मेजर रफ्सेज पुनः संबलपुर लौट गया और जनवरी 1822 में ज्वर के कारण उसकी मृत्यु हो गई।

कर्नल गिलवर्ट उसकी जगह आया। 1823 में उसने सिंहभूम होकर दौरा किया और उसे शांत पाया। गिलवर्ट अपने पूर्वाधिकारी मेजर रफ्सेज के द्वारा

किए गए वायदों को पूरा करने की ओर अग्रसर हुआ। सरायकेला के राजघराने ने चक्रधरपुर की 'पाउड़ी देवी' की प्रतिमा को लौटाने में हील-हुज्जत की। कर्नल गिलवर्ट ने रामगढ़ बटालियन लेकर सरायकेला कूच कर दिया और 8 मार्च को कुँवर के गृह में एक बटालियन ने प्रवेश किया। सरायकेला के राजा (कुँवर) ने बिना किसी प्रतिरोध के प्रतिमा निकाल लाने दिया। प्रतिमा सिंहभूम (चक्रधरपुर) के राजा को लौटा दी गई। राजा घनश्याम सिंह ने ब्रिटिशों का बहुत ही अहसान माना।

मई के महीने में जब विलकिंसन एजेंसी का चार्ज लेने हजारीबाग पहुँचा तो उसने पाया कि दक्षिण सिंहभूम के जैंतगढ़ और बड़ाडीहा गाँव के विद्रोही 'हो' लोगों ने जैंतगढ़ के जमींदार 'रघुनाथ विशी' की न सिर्फ संपत्ति लूट ली है, बल्कि उन्हें भी इस इलाके से ही भगा दिया है। लाड़का कोलों का नेतृत्व माथा मुंडा और सुल्तान मुंडा के पुत्र झूमल मुंडा कर रहे थे। 1822 में वीशी ने सुल्तान मुंडा की सारी संपत्ति जब्त कर ली थी और उन्हें संबलपुर जेल भेज दिया था। रास्ते में ही सुल्तान मुंडा की मृत्यु हो गई। अब मौका पाकर झूमल मुंडा और माथा मुंडा ने उसी का बदला लिया था। विलकिंसन ने यह भी पता लगाया कि सिंहभूम के राजा की शह पर 'हो' लोगों ने यह कार्य किया था। राजा घनश्याम सिंह ने ही 'हो' लोगों को उकसाया था कि वे अगर रघुनाथ विशी पर हमला कर उन्हें जैंतगढ़ से बाहर भगा दें तो वे उन पर बहुत कृपा करेंगे और 'हो' लोगों ने वैसा ही किया।

□

ग्रेट कोल विद्रोह

(1831-32)

साम्राज्यवादी अंग्रेज बनिये का रूप लेकर भारत में आए और रीढ़हीन केंद्रीय शासन के कारण तेजी से अपने अवैध साम्राज्य का विस्तार करना शुरू कर दिया। पूर्वी भारत से शुरू हुए ब्रिटिश साम्राज्य ने जितनी तेजी से अपनी लूट-खसोट की प्रवृत्ति को उजागर करना शुरू किया, उतनी ही तेजी से भारत की जनता ने भी उसका विरोध किया, लेकिन यहाँ की सामंती व्यवस्था और विलासी राजे-महाराजों की कुटिल चाल ने जन-विद्रोहों को विफल कर दिया। यहाँ के राजे-महाराजे थाली में परोसकर अपनी स्वाधीनता, साम्राज्यवादियों को अर्पित करते गए और झारखंड की जनता द्वारा अपनी और देश की स्वाधीनता के लिए बहाया गया रक्त धूल में मिलता चला गया। उस जमाने में आज के ये सारे प्रचार के साधन तो थे नहीं, लेकिन फिर भी अनवरत चारों ओर विद्रोहों का विस्तार होना झारखंड क्षेत्र की जनता की स्वाधीन चेतन प्रवृत्ति का परिचायक है।

कोल विद्रोह का इतिहास पढ़ने के पहले जान लेना चाहिए कि कोल कौन थे? दरअसल ब्रिटिशों ने अपने दस्तावेजों में जिसे 'कोल विद्रोह' कहा है, वह यहाँ के कोलों का न सिर्फ संग्राम था, बल्कि उन गाँवों में रहनेवाली पूरी आदिवासी जनता द्वारा किया गया स्वाधीनता आंदोलन था। उल्लेखनीय है कि 11 दिसंबर, 1831 को बंदगाँव क्षेत्र के कुमांग गाँव से विद्रोह की शुरुआत हुई थी।

बिहार सरकार द्वारा प्रकाशित पुस्तक बिहार में 1857 (छोटानागपुर संथाल परगना) के पाँचवें परिच्छेद—राँची, पेज नं. 105 में इतिहासकार पी.सी. रायचौधरी ने लिखा है—कर्नल डाल्टन के मतानुसार 'कोल' जो नाम साधारणत: छोटानागपुर के आदिवासियों के लिए लिया जाता है, गंगा नदी के मैदान में प्रारंभिक अप्रवासी थे और वहाँ से प्रभावित होने के पहले ही सभ्यता के हलके रंग में रंग गए थे।' आदिवासी कौन थे, इसकी गेजेट ऑफ इंडिया (3 मई, 1913, पेज संख्या 471)

में कुल 13 जातियाँ थीं, जिसमें मुंडा, उराँव, संथाल, हो, भूमिज, खड़िया, घासी, गोंड, कांध, कोरवा, कुड़मी, मालसावरिया और पान जाति को ट्राइब (आदिवासी) कहा गया है।

झारखंड में अंग्रेजों के विरोध में कई विद्रोह हो चुके थे। अंग्रेजों को इसकी चिंता नहीं थी कि कौन विद्रोह कर रहा है, उन्हें सिर्फ एक ही चिंता थी कि हमारा साम्राज्य भारत पर कैसे स्थापित होगा और उस मिशन पर कार्यरत थे। सिंहभूम में सन् 1820 में शुरू हुए कोल विद्रोह को दबा दिया गया। विद्रोह में उष्णता तो थी, लेकिन प्रचंडता नहीं थी। असंगठित होने के कारण जनता हार गई। आग पर राख पड़ गई, लेकिन बुझी नहीं। सन् 1831 आने तक खुद अंग्रेजों के अत्याचारों और शोषण ने सिंहभूम और राँची जिले के सीमावर्ती क्षेत्र की हो, मुंडा, उराँव, कुड़मी एवं अन्य सभी स्थानीय आदिवासी जनता भयंकर रूप से संगठित होने लगी। अंग्रेजों के दमनात्मक कदमों से जनता में गुस्से की बारूद भरती गई और जाने-अनजाने में ही छोटानागपुर महाराजा के छोटे भाई कुँवर हरिनाथ शाही ने उसमें चिनगारी डाल दी।

सिंगराई मानकी-बिंदराई मानकी-सुरगा मुंडा

कोल विद्रोह (सन् 1831) के संदर्भ में बिहार सरकार द्वारा 1959 में प्रकाशित पुस्तक 'बिहार में 1857—छोटानागपुर तथा संथाल परगना' पेज नं. 65 में लेखक प्रणय चंद्र रायचौधरी ने लिखा है—

'1831 ई. में हो लोगों ने छोटानागपुर के मुंडा राजद्रोह में भाग लिया, जिसे कोल विद्रोह कहा जाता है। बहुत दिनों से मुंडाओं में असंतोष की आग भीतर-ही-भीतर सुलग रही थी, क्योंकि उन लोगों की बस्तियाँ उनके मुखियाओं को न देकर बाहरी आदमियों के हाथ बंदोबस्त कर दी गई थीं। छोटानागपुर महाराजा के छोटे भाई हरिनाथ शाही ने अपने राज्य के ग्रामों की कुछ भूमि अपने दरबारियों, मुसलमानों तथा सिखों को दे दी तथा इस तरह आदिवासियों के दावे को बेतरह अवहेलना करते हुए सिंहभूमि की सीमा पर बसी हुई बारह बस्तियों को सिखों के हाथ सौंप दिया, जो वस्तुतः पहले से मानकी (सिंगराय) लोगों द्वारा अधिकृत थीं। मानकी लोगों से जमीन छीन ही नहीं ली गई, बल्कि कहा जाता है कि बाहरी लोगों ने उनकी दो बहनों का भी सतीत्व हरण किया। इसी तरह की शिकायत यवन कृषकों के विरुद्ध भी आई। एक के बारे में तो कहा गया कि उसने एक सुरगा नाम के व्यक्ति की स्त्री की बेइज्जती की। इस तरह दो सताए हुए व्यक्तियों ने

अन्य सहपीड़ितों के साथ मिलकर बंदगाँव तथा राँची के आस-पास के हिस्सों के मुंडाओं की सभा की और निश्चय किया कि अग्निकांड, हत्याकांड और लूटपाट के कृत्य किए जाएँ। उक्त निर्णय मात्र धमकी होकर ही नहीं रहा। कुछ हफ्ते बाद सुरगा और सिंगराय के नेतृत्व में सात सौ आदमियों के एक गिरोह ने उन बस्तियों को लूटना शुरू कर दिया, जिनसे वे निष्कासित किए गए थे। ठीक दूसरे महीने में जाफर अली का गाँव भी आक्रांत हुआ और जाफर अली अपने दस आदमियों तथा अपहृत स्त्री के साथ मार डाला गया। राँची और सिंहभूमि की सीमाओं पर भी मुंडा आबादी सामूहिक रूप में विद्रोह कर उठी, जिसमें सिंहभूमि के 'हो' लोग भी आकर सम्मिलित हो गए और इस तरह बलवाइयों का एक भयानक जत्था तैयार हो गया। हजारीबाग की रामगढ़ बटालियन को बैरकपुर और दानापुर की टुकड़ियों और 50वीं बंगाल इन्फैन्ट्री के साथ विद्रोह का सामना करने के लिए भेजा गया। काफी खून-खराबा होने के बाद क्रमशः आंदोलन वश में कर लिया गया।'

छोटानागपुर के महाराजा के छोटे भाई कुँवर हरिनाथ को बतौर 'खोरपोश' कुछ गाँव मिले थे। हरिनाथ शाही ने उन गाँवों के 'मानकी' और 'मुंडा' की अवहेलना कर उन गाँवों का बंदोबस्त कुछ बाहर के मुसलमानों और सिखों के हाथ कर दिया। वे बंदोबस्ती 'ठीकेदारी' थी। इन नए बाहरी लोगों ने आते ही तांडव नृत्य करना शुरू कर दिया। इन नए लोगों को कुँवर और ब्रिटिशों की शह प्राप्त थी। अपने पैसों की गरमी और सत्ता के अभय दान के बलबूते इन ठेकेदारों ने साधारण जनता की कौन कहे, मानकी और मुंडाओं की भी इज्जत उछालनी शुरू कर दी।

राँची जिले में सोनपुर परगना के सिंगराय मानकी के बारह गाँव सिखों को लीज पर दिए गए थे। सिखों ने सिर्फ जमीन ही नहीं, बल्कि उनकी बहनों को भी अपहृत कर अपनी उप-पत्नी बना लिया था। उधर दूसरे ठीकेदार जफर अली खाँ ने भी गाँव की बहू-बेटियों को उप-पत्नी बनाना शुरू कर दिया। जफर अली खाँ के लोगों ने भी चरित्रहीनता का नंगा नाच शुरू कर दिया और इसी के साथ महाजन सीधे मुँह लगाकर खून चूस रहे थे। एक का दस वसूलकर भी संतुष्ट नहीं होते थे। महाजन, आदिवासी लोगों के गाय बैल खोलकर ले जाते। घर के सारे बरतन बंधकी में ही जब्त हो जाते, फिर भी उनका कर्जा नहीं उतरता और अंत में गरीब और ईमानदार गाँव के लोग बंधुआ हो जाने को मजबूर हो जाते। राजा द्वारा शोषण नए-नए कर लगाकर तथा पुरानी मालगुजारी में बढ़ती और तरह-तरह की वसूली के रूप में किया जाता था। उससे भी बढ़-चढ़कर घूसखोरी और सरकारी कर्मचारियों

के द्वारा अवैध वसूली ने लोगों को त्रस्त कर दिया था।

सोनपुर परगना के सिंगराय मानकी और गोविंदपुर गाँव (अब खूंटी जिला) के सोई मुंडा, जिन्हें राजा के ठीकेदारों द्वारा बेइज्जत किया गया था, इन दोनों ने मिलकर हो लोगों, यानी लाड़का कोल से सहायता माँगी और सभी ने एक होकर प्रतिज्ञा की कि वे कुँवर हरिनाथ शाही द्वारा थोपे गए शोषक ठीकेदारों को खदेड़ देंगे। कोल विद्रोह से संबंधित दस्तावेज उस समय की घटनाओं का उल्लेख करते हैं, जब अंग्रेज सत्ता मद में चूर होकर साम्राज्य विस्तार की प्रवृत्ति से झारखंड के जल, जंगल, जमीन और जीवन पर अपना प्रभुत्व कायम करने की चेष्टा कर रहे थे। झारखंड के शूरवीर आदिवासियों ने अपने पारंपरिक हथियारों से ब्रिटिश हुकूमत का सामना किया। जिस सत्ता में सूर्य कभी अस्त नहीं होता था, उस सत्ता को मातृभूमि के वीर रणबाँकुरों ने न सिर्फ ललकारा, बल्कि अदम्य साहस, अभूतपूर्व शौर्य और अद्‍भुत वीरता का परिचय दिया। उल्लेखनीय है कि सिंहभूम के कोल्हान क्षेत्र में 1820 में कोल विद्रोह आदिवासी लाड़का कोल (हो जनजाति के लोग) के नेतृत्व में शुरू हुआ। इसके बाद 1831-32 में छोटानागपुर खास, अर्थात् राँची, सिंहभूम, मानभूम और पलामू का ग्रेट कोल विद्रोह महत्त्वपूर्ण है। महान् कोल विद्रोह—हो, मुंडा, उराँव, चेरो, खरवार और कुड़मी लोगों का सम्मिलित विद्रोह था, जिन्हें अपनी धरती माता से प्रेम था और जल, जंगल, जमीन तथा अपनी अस्मिता को अंग्रेजों और उनके महाजनों एवं जमींदारों से बचाना चाहते थे। सिंगराय मानकी का एक खास सिपहसालार बुली महतो था, जो सोनाहातु प्रखंड का निवासी था। सिंगराय मानकी ने बुली महतो के जरिये तमाड़, सिल्ली, सोनाहातु और मानभूम क्षेत्र के कुड़मी लोगों को विद्रोह में शामिल करने में सफलता प्राप्त की थी। इनके अलावा कोल विद्रोह के नेता के रूप में बुधु भगत, बहादुर सिंह मुंडा, धान सिंह मुंडा, मोहन सिंह मुंडा, चैतन्य महतो (चक्रधरपुर), चोंया मुंडा (चाईबासा) और कई लोग शामिल थे।

कोल विद्रोह के नायक बिंदराय मानकी बंदगाँव क्षेत्र का मानकी पद में था। पुलिस ने इनकी पत्नी की इज्जत लूटी और गाँव की महिलाओं के साथ बुरा व्यवहार किया। घर से मवेशी लूट लिये गए। भाई की निर्ममतापूर्वक हत्या कर दी गई। इस तरह अंग्रेज चमचों ने इस पर काफी जुल्म किया। सिंगराय-बिंदराय ने कोल विद्रोह के नेताओं के साथ बैठक की। फैसला लिया गया कि पंद्रह दिन के बाद तमाड़ के लेंकेया गाँव में हजारों की संख्या में जमा होना है, लेकिन रणनीति का खुलासा नहीं

किया गया। सभास्थल के लिए नेताओं ने लेंकेया गाँव को सटीक और उपयुक्त समझा, जहाँ सैकड़ों वर्षों से मुंडा, कुड़मी, घासी जाति के लोग निवास करते आ रहे हैं।

विद्रोह की शपथ

निर्धारित तिथि के अनुसार लोग लेंकेया गाँव में जुटे। वहाँ विचार किया गया कि पठानों ने हमारा धरम लिया, सिखों ने हमारी बहनों की इज्जत ली, कुँवर हरिनाथ शाही ने हमारे बारह गाँव ले लिये, महाजनों ने गाय, बैल, बरतन, अनाज ले लिया। मुंशी और जमादारों ने घर की इज्जत ले ली। अब गाँव के लोगों का जीना बेकार है। लुटे हुए इस कलंकित जीवन का कोई मोल नहीं है। सभा में उपस्थित लोगों ने प्रतिज्ञा की कि 'अगर जेल होगी तो सबों को, फाँसी होगी तो सबों को। सभी लोगों में एक राय हुई कि अब मार-काट, लूटपाट हत्या और आगलगी शुरू कर दी जाए। विद्रोह···विद्रोह···चिल्लाने लगे।'

11 दिसंबर, 1831 को वर्तमान पश्चिमी सिंहभूम जिला के बंदगाँव क्षेत्र के कुमांग गाँव से महाजनों द्वारा बैलों को खोलकर ले जाने की घटना से विद्रोह का आरंभ हुआ। बदले की भावना जंगल की आग की तरह चारों ओर फैल गई। जिन्होंने उनका धन लिया, धरम लिया, उन्हें चुन-चुनकर काटना शुरू किया। 20 दिसंबर को दोनों सिखों—हरि सिंह और दयाल सिंह से सभी गाँवों को वापस लिया और उनके घरों को जलाकर भस्म कर दिया गया। सिंगराय मानकी और सुरगा मुंडा के नेतृत्व में 700 लोगों ने लूटपाट, मार-काट शुरू कर दी। उधर काले खाँ और सैफुल्ला खाँ को जो गाँव दिए गए थे, उन्हें भी जलाकर राख कर दिया गया। उनके एक नौकर को भी जिंदा आग में झोंक दिया गया। एक गाँव, जो मुहम्मद अली को लीज पर दिया गया था, उसे भी लूट लिया गया। गंगारिया गाँव के निवासी जफर अली खाँ के नाम पर जिस गाँव को बंदोबस्त किया गया था, उसे जला दिया गया और उसी के साथ उसके घर के दस लोगों को भी जिंदा जला दिया, जिन्होंने मुंडा औरतों को उप-पत्नी बनाकर रख लिया था।

सभी दिकू (शोषक), ठेकेदार, महाजन तमाड़, राहे, बुण्डु, बंदगाँव आदि क्षेत्र के सारे जमींदार भी जान लेकर भाग खड़े हुए। प्रतिशोध का उन्माद उन्हीं तक सीमित नहीं रखा, जिन्होंने उन्हें आघात पहुँचाया था, बल्कि पागलपन की हद तक उन्होंने मारकाट मचाई। उनके बदले की भावना इतनी उग्र थी कि जो भी विदेशी

उनके हाथों पड़ जाते थे, उनको शरीर में सात जगहों से काटकर निशान बनाया जाता था' जो कि ब्रिटिश द्वारा लगाए गए सात अप्रिय टैक्सों के प्रतिवाद के प्रतीक स्वरूप थे। अप्रिय टैक्सों में, जैसे—(1) आदिवासियों का पारंपरिक पवित्र पेय, जिसे पूजा के भी काम में लाया जाता है, उसी पेय (हंड़िया) पर टैक्स, (2) डाक टैक्स—सिर्फ प्रशासन की अपनी डाक लाने और भेजने की व्यवस्था की गई, उसका खर्च उठाना पड़ता था गाँववालों को, (3) बट्टा, बड़े नोटों या सिक्कों को भुनाकर छोटे नोट या सिक्के देने के एवज में लगनेवाला कमीशनरूपी टैक्स, (4) सलामी, (5) बेगारी—बिना मजदूरी दिए लोगों से जबरन काम कराते रहना, (6) जुरमाना—बात-बात पर लोगों पर हर सरकारी कर्मचारी या अधिकारियों द्वारा ठोंका गया जुरमाना और उसके साथ ही वसूल की जानेवाली अवैध राशि, (7) अफीम पर लगनेवाला सरकारी टैक्स। जिन लोगों को काटा जाता था, उनके बारे में लोगों की पक्की जानकारी थी कि वे ब्रिटिशों के पक्के दलाल हैं।

जनवरी 1832 में विद्रोहियों की संख्या हजार से बारह सौ थी, किंतु युद्ध का तीर पूरे छोटानागपुर में फैल गया था। 'हो' (लाड़का कोल) और मुंडाओं के साथ उराँव भी मिल गए, कुड़मी भी शामिल हो गए। जनश्रुति है कि 'कोल कुड़मी कोड़ा-कोल विद्रोह छेड़ा।' ब्रिटिश सेना के सिपाही बहुत ही कम थे और विद्रोहियों के हल्ला बोल में भाग खड़े हुए। विद्रोही जनता पागल होकर अपने अपमान का बदला ले रही थी। कोलों ने प्रतिज्ञा की थी कि वे एक भी विदेशी को अपनी भूमि चुटिया नागपुर (वर्तमान छोटानागपुर) में जीवित नहीं रहने देंगे। उन्होंने फैसला किया था कि वे सिर्फ चुटिया नागपुर के महाराज को छोड़कर किसी की बात नहीं मानेंगे।

ब्रिटिश अधिकारी इस तरह के अचानक हमले से एकदम असावधान थे। कैप्टन विलकिंसन सेना की कुछ टुकड़ियाँ लेकर जनवरी के मध्य तक पठार की बाहरी सीमा तक आ पहुँचा। उसकी विद्रोहियों से कई मुठभेड़ें हुईं। 1 फरवरी, 1832 को पिठोरिया, दस फरवरी को बुण्डु, तमाड़, अड़की घाट और सिंहभूम स्थित चक्रधरपुर में मुठभेड़ें हुईं। नागड़ी में भी इन्हें कठिन संघर्ष करना पड़ा। फरवरी के मध्य तक यथेष्ट सैनिक टुकड़ियाँ बुला ली गईं। उन्होंने पूरे क्षेत्र की समानांतर घेरेबंदी कर ली और वे दक्षिण से उत्तर की ओर बढ़े। सेना को सिंहभूम स्थित चक्रधरपुर में कठिन प्रतिरोध का मुकाबला करना पड़ा।

13 फरवरी को बुधु भगत और उनके पुत्रों ने चान्हो प्रखंड के सिलागाईं गाँव

में सेना का जो प्रतिरोध किया था, वह यादगार है और ब्रिटिश दस्तावेजों में उसका विशेष उल्लेख है। यह एक चमत्कार था। ब्रिटिशों की प्रशिक्षित सेना और उसकी बंदूकों का मुकाबला, ये जंगलों और पहाड़ों पर रहनेवाले अप्रशिक्षित लोग, अपने तीरों से कर रहे थे और अपने आखिरी आदमी के मारे जाने तक अविचलित रहे।

छोटानागपुर खास में कोल विद्रोह के खिलाफ सैनिक काररवाई बंद हो गई थी, लेकिन राँची के पूर्वी क्षेत्र बुंडू, तमाड़ और बंदगाँव में सैनिक गतिविधियाँ तेज थीं। विद्रोहियों को पकड़ने के लिए प्रमुख जगहों पर छापेमारी की जा रही थी। मार्च महीने में अंग्रेज सैनिकों को पता चला कि सिंहभूम के विद्रोही तमाड़ के विद्रोहियों से मिलने आनेवाले हैं, जिनमें भविष्य की रणनीति बनाई जाएगी। इन विद्रोहियों का नेतृत्व चेतन महतो कर रहा था। कर्नल बोबेन की सैनिक टुकड़ी को विद्रोहियों पर काररवाई करने के लिए भेजा गया। सिंहभूम से जा रहे विद्रोहियों पर सैनिकों ने तमाड़ में आक्रमण किया, जिसमें चेतन महतो के साथ कई लोग शहीद हो गए और कई विद्रोहियों के गाँव को तहस-नहस कर दिया गया। चेतन महतो ग्राम-दूधकुंडी (चक्रधरपुर) का निवासी था। दर्जनों लोग पकड़े गए, जेल भेज दिए गए। वे कभी फिर अपने घर नहीं लौटे। 19 अप्रैल, 1832 को कोल विद्रोह के नायक सिंगराय मानकी, बिंदराय मानकी और सुरगा मुंडा ने सैनिक काररवाई के सामने आत्म-समर्पण कर दिया।

राँची जिला गजेटियर (1970) के अनुसार 226 हिंदू, 78 मुसलिम मारे गए थे। 4,086 घर जला दिए गए थे। 17,058 बैलों के सर जब्त किए गए और 8,22,992 (आठ लाख बाइस हजार नौ सौ बयानवे) मन अनाज जला दिया गया था। ये ब्रिटिश दस्तावेज के आँकड़े हैं। सच्चाई क्या होगी, यह अनुमान का विषय है।

यह विद्रोह सिंहभूम के तत्कालीन पोड़ाहाट परगना स्थित बदगाँव से शुरू होकर पूरे सिंहभूम, राँची और हजारीबाग तक फैला। इसकी लपटें वर्तमान ओडिशा के तत्कालीन मयूरभंज राज्य, मानभूम, पलामू और सरगुजा के आस-पास के इलाकों तक, यानी करीब-करीब पूरे झारखंड क्षेत्र में कमोबेश फैलीं। आदिवासी कोलों के नेतृत्व में, जिसमें आदिवासी, दलित, पिछड़ी जातियाँ भी शामिल हो गई थीं। झारखंड क्षेत्र के लोगों द्वारा लड़ा गया यह संग्राम इतिहास का एक गौरवमय अध्याय है, जिसे ग्रेट कोल विद्रोह कहा गया।

विद्रोह दबा तो दिया गया, लेकिन ब्रिटिशों की शोषणवादी नीति ने फिर ठेकेदारों, महाजनों, जमींदारों और परजीवी शोषकों को बढ़ावा दिया। जो शांति

लाने का प्रयास कर रहे थे, खुद उन्हीं के कामों ने इस विद्रोह की आग को पूरी तरह बुझने नहीं दिया, किंतु आग सुलगती ही रह गई। विद्रोह के समाप्त हो जाने के बाद जो ठीकेदार, जमींदार, महाजन इत्यादि प्राण बचाकर भागने में सफल हो गए थे, वे लौटने लगे। आदिवासियों के विरुद्ध उन्होंने गुप्त मंत्रणाएँ कीं, प्रतिरोधात्मक उत्तेजनापूर्ण कार्य करने लगे और उन्हें प्रशासन से संरक्षण प्राप्त था। अधिकांश आदिवासी तो अपने-अपने गाँव छोड़कर भाग गए थे। कुछ युद्ध में मारे गए थे। अनेक कैद में थे। इसका फायदा उठाकर शोषकों ने उनकी जमीनों पर कब्जा जमा लिया। कुछ वर्षों के बाद गाँव के लोग घर लौटने लगे तो शोषकों (दिकुओं) ने उन्हें उनकी जमीने वापस करने से इनकार कर दिया।

काते और बिंजी राय गिरफ्तार

कैप्टन विलकिंसन ने देखा कि सीधी लड़ाई में इन गुरिल्ला आदिवासियों को पूरी तरह जीतना मुश्किल है, अत: उसने चालाकी और धूर्तता का रास्ता अपनाया। उसने मुकाबला करने की नीति बदलकर दोस्ती करने का नाटक करना शुरू किया। कुछ आदिवासी सरदारों को अपना मित्र बना लिया और उनकी मदद से दो दुर्दांत कोल नेताओं को पकड़कर, जिनके नाम काते और बिंजी राय थे, उन्हें जंजीरों में जकड़कर कलकत्ता भेज दिया गया। इस तरह मित्र बनाने का नाटक रचकर उसने अपने शत्रुओं का विनाश किया। इसका उल्लेख राँची जिला गजेटियर (1970) के पेज नं. 52 में इस प्रकार है—

"Capt. Wilkinson now changed the policy of confrontation by Government to one of concilation and friendship. He learnt the local language and held a 'Durbar' near Tamar and made friends with some Larka Sardars (Kol leaders) and with their help arrested two turbulent leaders, Katey and Binji Rai and sent them in chains to Calcutta and thus the rebellion of 1832 ended."

सन् 1831-32 के कोल विद्रोह से अंग्रेजों को सिंहभूम क्षेत्र पर शासन चलाने में काफी कठिनाई पैदा हुई। इस क्षेत्र के 'आदिवासी गण व्यवस्था' को तोड़कर सर थॉमस विलकिंसन ने सामंती व्यवस्था को कायम करने के लिए विलकिंसन रूल्स बनाकर काफी दूरदर्शिता और कुशाग्र बुद्धि का परिचय दिया। सन् 1833 में बंगाल विनियम-13 के प्रावधानों के तहत 1837 में विलकिंसन नियमों को लागू करके ब्रिटिश राज्य के दौरान 'कोल्हान सरकार इस्टेट' (Kolhan Government

Estate) स्थापित की गई। विलकिंसन नियमों का उद्‌देश्य सिंहभूम जिले के आदिवासीबहुल आबादीवाले क्षेत्र में सिविल न्याय की व्यवस्था में चुस्ती लाना था। भारत के संविधान की पाँचवीं अनुसूची के पैरा 5 की उपधारा 1 द्वारा राज्य सरकार को प्रदत्त शक्ति का प्रयोग करते हुए बिहार राज्य के राज्यपाल द्वारा 26 अगस्त, 1953 को आज्ञा जारी की गई।

अधिसूचना के तहत कोल्हान क्षेत्र में 'विलकिंसन रूल्स' अब भी लागू होते हैं। अंग्रेजों ने एक तरह से धार्मिक-सामाजिक रीति-रिवाजों के आधार पर कोल्हान-पोड़ाहाट में आदिवासियों को स्वायत्तता दे दी। इतिहास के पन्नों से स्पष्ट हो जाता है कि अंग्रेजों ने जो भी नीतियाँ अपनाईं, उसका एकमात्र उद्‌देश्य था—झारखंड में मनमाने ढंग से शासन तंत्र को चलाना और आदिवासियों को सामाजिक उपाधियों से विभूषित कर वश में रखना।

महान् बुधु भगत

अंग्रेजों के खिलाफ झारखंड क्षेत्र में जितने भी विद्रोह हुए, उनमें कोल विद्रोह को महत्त्वपूर्ण माना जाता है। यह विद्रोह था, जिसने अंग्रेजों, शोषक जमींदारों को तबाह कर रखा था। यह विद्रोह बड़े क्षेत्र में फैला हुआ था। लोहरदगा-राँची-गुमला के आस-पास में इस विद्रोह के प्रमुख नायकों में थे बुधु भगत। यह विद्रोह राँची, सिंहभूम, पंचपरगना, लोहरदगा और गुमला के अलावा इसके आस-पास के क्षेत्रों में फैल गया था। यह कोल विद्रोह हालाँकि 1831-32 में हुआ, लेकिन उसके बहुत पहले से क्षेत्र के आदिवासियों में असंतोष था। इस विद्रोह का बीज बहुत पहले ही बोया जा चुका था। दरअसल अंग्रेजों ने एक रणनीति के तहत लंबे समय से छोटानागपुर के नागवंशी राजाओं को कमजोर करना शुरू कर दिया था। एक-एक कर उनका अधिकार काट दिया था, साथ ही यहाँ के किसानों, आदिवासियों पर अनेक प्रकार के टैक्स लगा दिए थे, उनकी जमीन पर कब्जा किया जा रहा था। जमींदारों द्वारा आदिवासियों का शोषण लगातार बढ़ता जा रहा था। मुंडा-हो समेत अन्य आदिवासियों का धैर्य जवाब दे रहा था। ऐसे माहौल के बीच छोटानागपुर के राजा ने अपने छोटे भाई कुँवर हरनाथ शाही को खोरपोश में सोनपुर परगना दे दिया था। कुँवर हरनाथ शाही ने बगैर मुंडाओं की सहमति के उस जमीन को बाहरी लोगों में बाँट दिया था और उन्हें बसा दिया था। मुंडा इसके विरोध में थे। धीरे-धीरे हो और उराँव समेत अन्य जनजातियों ने भी बाहरी लोगों को जमीन देकर बसाने का

विरोध किया। यह विरोध लगातार बढ़ता गया और बाहरी लोगों पर हमले होने लगे। जमींदारों की शोषण नीति से भी आदिवासी नाराज थे। विद्रोह फैलने के बाद उन जमींदारों को भी निशाना बनाया गया। राँची, लोहरदगा, गुमला के आस-पास के क्षेत्रों में इस कोल विद्रोह का नेतृत्व बुधु भगत ने किया।

बुधु भगत का जन्म राँची जिले के चान्हो प्रखंड के सिलागाईं नामक गाँव में 17 फरवरी, 1792 को एक उराँव परिवार में हुआ था। उनके पिता किसान थे। बुधु भगत का बचपन ठीक वैसा ही गुजर रहा था, जैसा उन दिनों एक आम आदिवासी बालक का गुजरता था। पढ़ाई का माहौल बहुत अच्छा नहीं था। जंगलों और पहाड़ों के बीच जानवरों को चराने में उनका मन लगता था। बचपन से ही बहादुर थे। तीर-धनुष चलाने में माहिर थे। बचपन में हमेशा अपने साथ तीर-धनुष रखते थे, जोखिम लेने में आगे रहते थे। अन्याय को बर्दाश्त नहीं करते थे और विरोध कर देते थे। शिकार करने में उनकी रुचि थी। उनके गाँव के पास से ही कोयल नदी बहती है। उसी नदी में स्नान कर वहाँ एक पत्थर पर बुधु भगत बैठा करते थे। इसी प्रकार उनका बचपन बीता था। जब वे बड़े हुए तो एक दिन नदी के किनारे स्नान कर बैठे थे, उन्हें ऐसा अहसास हुआ कि उनमें कुछ शक्ति आ गई है। उन्होंने आगे बढ़कर टुंगरी में तीर मारा। लोग ऐसा मानते हैं कि उनके द्वारा चलाया गया तीर टुंगरी में धँस गया और वहाँ से पानी की धारा फूट पड़ी। इस जगह को वीर पानी कहते हैं। गाँव और उसके आस-पास यह बात फैल गई थी कि बुधु भगत में कोई दैविक शक्ति आ गई है। यह बात भी फैल गई कि उन्हें एक साथ कई जगहों पर देखा जा सकता है। लोग पहले से बुधु भगत की बहादुरी से परिचित थे। अब उन पर लोगों का भरोसा और बढ़ गया। एक कुशल संगठनकर्ता के तौर पर बुधु भगत ने लोगों को एकजुट करना आरंभ किया। अपना संगठन बनाया। खुद घुड़सवारी भी करते थे।

जब ये सारी घटनाएँ घट रही थीं, अंग्रेजों, जमींदारों और महाजनों के प्रति पूरे क्षेत्र में आक्रोश फैल चुका था। अंग्रेज सरकार की नीति से यहाँ के आदिवासियों में नाराजगी थी। यहाँ के लोगों की जमीन पर बाहरी (दिकू) लोगों को बसाया जा रहा था। इसलिए जब विद्रोह हुआ तो निशाना बनाया गया बाहरी लोगों को। जमींदारों और अंग्रेजों के समर्थन में खड़े लोगों पर हमले किए जाने लगे। अंग्रेजी सरकार चिंतित हो उठी। इस विद्रोह को रोकने के लिए और बुधु भगत के समर्थकों पर काबू पाने के लिए जो सैनिक थे, वे पर्याप्त नहीं थे। बुधु भगत ने पूरी तैयारी कर रखी थी। सिलागाईं से लेकर नगड़ी, टिको, चोरेया और पिठौरिया तक बुधु भगत का प्रभाव

था। हर गाँव में उन्होंने अंग्रेज सैनिकों से मुकाबला करने के लिए टीम तैयार कर ली थी। हर गाँव में उन्होंने एक उपनायक तैयार किया था। पूरे गाँव के लोगों को लड़ाई के लिए तैयार करने की जिम्मेवारी उपनायक पर होती थी। गाँवों में भाला, तीर-धनुष और अन्य पारंपरिक हथियार बड़े पैमाने पर तैयार कर लिये गए थे। उपनायक बुधु भगत के संपर्क में हमेशा रहते थे। खुद बुधु भगत सभी गाँवों को अपने साथ जोड़ने में लगे रहते थे। घोड़े से स्वयं हर गाँव का दौरा करते थे। कहा जाता है कि उनका घोड़ा भी काफी तेज था और लंबी-लंबी छलाँग लगाकर एक गाँव से दूसरे गाँव मिनटों में पहुँच जाता था। उसकी गति इतनी तेज होती थी कि अंग्रेज सैनिक कुछ समझ ही नहीं पाते थे। विद्रोह को दबाने और बुधु भगत को पकड़ने में अंग्रेजों की फौज सफल नहीं हो रही थी। पहाड़ी इलाका था। बुधु भगत के पास एक भारी तलवार थी, जिसका उपयोग वे अपने दुश्मनों के खिलाफ करते थे।

अंग्रेज शासक यह जानते थे कि बुधु भगत को पकड़े बिना इस विद्रोह पर काबू नहीं किया जा सकता, इसलिए अंग्रेजों ने बुधु भगत के सिर पर एक हजार रुपए का इनाम घोषित कर दिया था। उस समय एक हजार रुपए की राशि बहुत बड़ी थी। लोग बुधु भगत पर इतना भरोसा करते थे कि एक हजार के इनाम की घोषणा के बावजूद अंग्रेजों को कोई सफलता नहीं मिली थी। ऐसी बात नहीं कि लोगों को बुधु भगत के ठिकाने का पता नहीं था। वे सब जानते थे, लेकिन कोई बताने को तैयार नहीं था। अंग्रेजों की ओर से बुधु भगत को पकड़ने की अगुवाई कर रहा था कैप्टन इम्पे। उनके पास क्षेत्र की भौगोलिक जानकारी नहीं थी, इसलिए और परेशानी हो रही थी। बुधु भगत के समर्थक जंगलों और पहाड़ियों के बीच से अंग्रेजों पर तीर चलाकर गायब हो जाते थे। पुलिस उन्हें पकड़ नहीं पाती थी। इम्पे ने इसका सामना करने के लिए घुड़सवार दल को भी बुलाया। शेरघाटी से फौज आई। सिंहभूम, वीरभूम और पलामू इलाके में भी विद्रोह हो चुका था, इसलिए कुछ फौज को उधर भी भेज दिया गया था। अंग्रेज सेना को सूचना मिली थी कि बुधु भगत के फौजी (समर्थक-लड़ाकू) टिको में जमे हैं और उनकी संख्या चार हजार के आस-पास है। अंग्रेज सैनिक तोप, भारी गोला-बारूद, बंदूक से लैस थे। उन्होंने पूरे गाँव को घेर लिया। संघर्ष हुआ। अंग्रेजों की ताकत के आगे विद्रोही टिक नहीं सके और इसमें बुधु भगत के कई समर्थक मारे गए। बाकी ने आत्म-समर्पण कर दिया।

बुधु भगत को बाद में बताया गया था कि टिको के युद्ध में उनके दो पुत्र भी मारे गए थे। जब इन विद्रोहियों को अंग्रेज सैनिक चारों ओर से घेरकर ले जा

रहे थे, रास्ते में पहले आँधी आ गई, काले बादल छा गए, भारी बारिश होने लगी। विद्रोही इसे दैविक चमत्कार मान बैठे। अंग्रेज सैनिक कुछ समझ नहीं सके और इसी का फायदा उठाकर विद्रोही अंग्रेज सैनिकों के कब्जे से भाग निकले, जंगलों में घुस गए।

14 फरवरी, 1832 में अंग्रेजों ने सिलागाईं गाँव को चारों ओर से घेर लिया था। बुधु भगत वहीं पर थे। अपने पुत्रों की मौत के बाद वे सदमे में थे। कैप्टन इम्पे के पास भारी संख्या में पुलिस थी, हथियार थे।

बुधु भगत के समर्थक ग्रामीण (विद्रोही) किसी भी कीमत पर अपने प्रिय नेता को बचाना चाहते थे। उन्होंने बुधु भगत के चारों ओर मानव श्रृंखला बना दी, ताकि अंग्रेजी फौजी उनके बीच नहीं आ सकें। अंग्रेजी फौज चारों ओर से करीब आ रही थी और बुधु भगत के समर्थक उन्हें रोक रहे थे। इसी दौरान अंग्रेजी फौज ने गोलियों की बौछार कर दी। चारों ओर से चीख-पुकार मच गई। जब फायरिंग रुकी तो वहाँ चारों ओर विद्रोहियों के शव ही शव पड़े थे। बुधु भगत, उनके भाई और भतीजे के भी शव वहीं पाए गए। अंग्रेज सैनिकों को इसके बाद भी शांति नहीं मिली। उन्होंने पूरे गाँव में घरों को जला दिया। बच्चों और महिलाओं पर भी जुल्म ढाया। बुधु भगत की मौत के बाद अंग्रेजों ने उनके भाई और भतीजे के सिर को काटकर थाली में पिठौरिया में बड़े अफसरों के सामने पेश किया था। इसका पूरा विवरण बंगाल हरकारा के पत्रकार ने अपनी पत्रिका में लिखा था। बुधु भगत की शहादत के बाद विद्रोही कमजोर पड़ गए और अधिकांश या तो मार डाले गए या फिर आत्म-समर्पण कर दिया। अंतिम परिणाम भले ही बुधु भगत के पक्ष में नहीं गया हो, लेकिन उन्होंने कोल विद्रोह द्वारा जिस तरीके से अंग्रेजों और उनके समर्थकों को सबक सिखाया था, इतिहास आज भी उनकी इस बहादुरी को याद करता है।

बुली महतो कोल विद्रोह के अग्रणी नेता

वर्षों के संघर्ष, अनगिनत अश्रु-वेद-स्रक्त मिश्रित कही-अनकही शहादत गाथाओं में महान् कोल विद्रोह के अग्रणी नेताओं में एक नाम बुली महतो का भी है। बुली महतो एक क्रांतिकारी नेता थे, जिन्होंने अंग्रेजों के शोषण और साजिशों के खिलाफ निरंतर लड़ाई का नेतृत्व किया। सन् 1831-32 में महान् कोल विद्रोह छोटानागपुर के राँची, सिंहभूम, पलामू और सीमावर्ती क्षेत्र बंगाल के जंगल-महाल तक फैला हुआ था।

बुली महतो सोनाहातू प्रखंड के कोड़ाडीह गाँव के रहनेवाले थे और उस क्षेत्र के जमींदार एवं समाज-प्रमुख थे। वे हमेशा घोड़े पर सवारी करते थे। बुली महतो राँची जिले के पूर्वी क्षेत्र सिल्ली, तमाड़, सोनाहातू एवं सीमावर्ती जंगल-महाल क्षेत्र में कोल विद्रोह को नेतृत्व दे रहे थे। विद्रोह की लपटें राँची जिले से बंगाल के सीमावर्ती जंगल-महाल की ओर आगे बढ़ रही थीं। इससे उस क्षेत्र का जिला मजिस्ट्रेट एच.पी. रसेल (मुख्यालय बाँकुड़ा) काफी भयभीत हो गया था। रसेल की अनुशंसा पर मिदनापुर से सिल्ली, सोनाहातू और तमाड़ क्षेत्र में कोल विद्रोह को दबाने के लिए कप्तान हॉर्सवर्ग के नेतृत्व में सेना की टुकड़ी भेजी गई। कर्नल बोबेन को सोनाहातू और तमाड़ क्षेत्र में विद्रोह को दबाने के लिए तैनात किया गया था और मेदनीपुर से भेजी गई सेना को कर्नल बोबेन के जिम्मे रखा गया।

बुली महतो और उनके विद्रोही साथियों की कर्नल बोबेन की सेना के साथ कई बार भिड़ंत हुई। बड़ी संख्या में विद्रोही मारे गए। कर्नल बोबेन ने कोल विद्रोह को दबाने में अहम् भूमिका निभाई। उसने तमाड़, बुंडू, राहे, सिल्ली आदि क्षेत्र में सेना की टुकड़ी लेकर कोल विद्रोह के नेताओं को आत्म-समर्पण करने पर मजबूर कर दिया। अंग्रेजी सेना ने कोल विद्रोह में शामिल गाँवों में आग लगाकर तहस-नहस कर दिया था।

कर्नल बोबेन की सेना के अत्याचार के चलते बुली महतो को आंदोलन का क्षेत्र बदलने के लिए मजबूर होना पड़ा। बुली महतो के दर्जनों साथी अंग्रेजी सेना के शिकार हो चुके थे। इस परिस्थिति में वे सोनाहातु, राहे, सिल्ली, तमाड़ का क्षेत्र छोड़कर सीमावर्ती जंगल-महाल में कोल विद्रोह का नेतृत्व करने लगे। मानभूम अंचल कोल विद्रोह के समय जंगल-महाल जिले का हिस्सा था। मानभूम में कुड़मी जाति की बहुलता है। बुली महतो के नेतृत्व में कुड़मी समाज के लोग आंदोलित हो उठे और पुरुलिया, झालदा, मानबाजार, जयपुर, हुड़ा, बाघमुंडी इत्यादि क्षेत्र में कोल विद्रोह की लहर जोर पकड़ने लगी। राजा, जमींदार, साहूकार घबराने लगे। सभी भागकर अन्यत्र शरण लेनेवाले थे। इसी बीच जंगल-महाल में विद्रोह दबाने के लिए सेना भेजी गई। बंगाल सरकार ने जमींदार और राजाओं के महलों की सुरक्षा के लिए सेना की चौकसी बढ़ा दी। अंग्रेजों ने अपनी शासन व्यवस्था सुचारु रूप से चलाने के लिए और विद्रोह को दबाने के लिए दमन एवं बर्बरता का सहारा लिया।

कोल विद्रोह के समकालीन सन् 1832 में जंगल-महाल जिले के बराहभूम क्षेत्र में गंगानारायण सिंह के नेतृत्व में भूमिज विद्रोह शुरू हुआ। इतिहासकार इसे

गंगानारायण सिंह का हंगामा भी कहते हैं। बराहभूम राजपरिवार में उत्तराधिकारी को लेकर झगड़ा था। गंगानारायण सिंह इसके प्रमुख दावेदार थे, लेकिन बड़े होने के कारण सौतेले भाई को गद्दी मिली। गंगानारायण की व्यक्तिगत कठिनाइयाँ बढ़ती गईं और वे साधु की तरह घर छोड़कर जनता के बीच में निकल पड़े। इस दरम्यान गंगानारायण सिंह की बुली महतो से मुलाकात हुई। उस समय बुली महतो जंगल-महाल में कोल विद्रोह का नेतृत्व कर रहे थे। बुली महतो ने गंगानारायण सिंह को वचन दिया कि मैं आपकी लड़ाई में कंधे-से-कंधा मिलाकर साथ दूँगा। इस संदर्भ में इतिहासकार डॉ. बी. वीरोत्तम की पुस्तक 'झारखंड : इतिहास एवं संस्कृति' के पेज नंबर 259 पर कोल विद्रोह और भूमिज विद्रोह का वर्णन आया है। इसमें बुली महतो द्वारा गंगानारायण सिंह को सहयोग करने का जिक्र है, जो इस प्रकार है—

"1832 ई. में विद्रोह का नेतृत्व गंगानारायण द्वारा ग्रहण किए जाने के बाद विद्रोह का स्वरूप राजनीतिक एवं राष्ट्रीय हो गया। कोल विद्रोह में जो लोग पकड़े गए थे, उन पर हिंसा के खास आरोप थे, लेकिन भूमिज विद्रोह में जो पकड़े गए थे, उन पर केवल गंगानारायण, गर्दी सरदार और सूरा नायक की मदद करने का आरोप था। उसी तरह बुली महतो और जदूर भूमिज पर माधव सिंह की हत्या में गंगानारायण की मदद करने का आरोप था। दूसरी बात कि कोल विद्रोह में स्थानीय गैर-आदिवासियों पर हमले हुए, लेकिन भूमिज विद्रोह में दूर-दूर तक हमले हुए। इसकी वजह थी कि गंगानारायण ने आस-पास के सभी जमींदारों से सहायता की याचना की थी।"

अंग्रेज शासकों ने बुली महतो को कोल विद्रोह और भूमिज विद्रोह की कई घटनाओं का प्रमुख अभियुक्त बनाया और उन्हें विद्रोही घोषित कर दिया। बुली महतो पर बराहभूम परगना के दीवान माधव सिंह की हत्या का काफी गंभीर आरोप था। इसके कारण उन्हें जिंदा या मुर्दा पकड़वाने पर इनाम देने की घोषणा की गई थी। ऐसा कहा जाता है कि सन् 1834 के जून महीने की 14 तारीख को बुली महतो अपने साथियों के साथ एक अभियान पर पुरुलिया जा रहे थे। तभी रास्ते में झुंजका गाँव में अंग्रेज पुलिस ने उन्हें गिरफ्तार कर लिया। उन्हें कालापानी की सजा देकर अंडमान-निकोबार जेल भेज दिया गया। बाद में वहीं उनकी मृत्यु हो गई। स्थानीय लोकगीतों में भी बुली महतो की चर्चा है।

□

भूमिज विद्रोह

(1832-33)

शहीद गंगानारायण सिंह

(पुण्य तिथि : 7 फरवरी, 1833)

शहीद गंगानारायण सिंह के विद्रोह को भूमिज विद्रोह के नाम से जाना जाता है। सिंहभूम जिला गजेटियर-1958, पेज नंबर 86 के अनुसार "Owing to pre-occupation of the Government with the Bhumij rebellion, in October, 1832...", उन दिनों बराहभूम, धालभूम और पातकोम का क्षेत्र मिदनापुर जिले में शामिल था। बराहभूम राज परिवार में उत्तराधिकार का झगड़ा चल रहा था। अंग्रेजों ने इसमें दखलअंदाजी करके राजगद्दी के एक हकदार लक्ष्मण सिंह को पकड़कर जेल में बंद कर दिया, जहाँ वह मर गया। गंगानारायण सिंह इसी लक्ष्मण सिंह का बेटा था। राजा की गद्दी को लेकर परिवार में झगड़ा चला। अंग्रेजों की मदद से सौतेला भाई गोविंद सिंह बड़ा होने के कारण राजा बना और अंग्रेजों का कृपापात्र माधव सिंह दीवान बना। माधव सिंह अत्याचारी, सूदखोर और साहूकार भी था। यह स्पष्ट है कि भूमिज विद्रोह विवेकशून्य, आधारहीन नहीं, बल्कि समूचे आदिवासी समाज पर शोषण, दमन, जुल्म का उससे सीधा संबंध था। कहा जाता है कि उन दिनों आदिवासियों की शिकायत थी कि बराहभूम राजा के पुलिस अधिकारी का प्रजाओं के घर से मुरगी-बकरा उठा लेना, राजस्व अधिकारी द्वारा जबरन मालगुजारी की वसूली, गाय-बैल ले जाना और घूसखोरी आम बात थी।

बराहभूम परगना के जमींदार के सौतेले भाई दीवान माधव सिंह की हत्या हो गई। इसी संदर्भ में पुस्तक 'झारखंड : इतिहास एवं संस्कृति' (लेखक—डॉ. बी. वीरोत्तम, पृष्ठ 255 से उद्धृत)

"26 अप्रैल, 1832 ई. को बराहभूम परगना के जमींदार के सौतेले भाई और

दीवान माधव सिंह की क्रूर हत्या हो गई। बराहभूम के जमींदार के ही एक असंतुष्ट चचेरे भाई गंगानारायण सिंह ने यह हत्या की थी। इसी हत्या के साथ इस भूमिज विद्रोह की शुरुआत हुई। गंगानारायण ने भूमिजों को एक अभूतपूर्व नेतृत्व प्रदान किया। गरीबी में अनेक वर्ष गुजारने के कारण वह फौलादी आत्म-विश्वासवाला व्यक्ति बन चुका था। जिस दिन उसके पिता को उसकी पैतृक संपत्ति से वंचित किया गया, उसी दिन से वह सभी लोगों से बदला लेने की तलाश में था। वस्तुत: गंगानारायण का पिता ही गद्दी का वास्तविक हकदार था, क्योंकि वही पटरानी का पुत्र था, लेकिन अंग्रेजों ने उसके हक की यह कहकर उपेक्षा की कि वह अपने भाइयों में सबसे बड़ा नहीं था। स्पष्ट है कि अंग्रेज सबसे बड़े लड़के के उत्तराधिकारी के नियम को मान रहे थे, जबकि गंगानारायण उत्तराधिकारी की जनजातीय परंपरा पर जोर दे रहा था, जिसके अनुसार पटरानी का पुत्र भले ही वह सबसे बड़ा न हो, उत्तराधिकारी बनता था। प्रजा के समर्थन के बावजूद गंगानारायण के पिता और चाचा अपने विरोधियों से हार गए थे, क्योंकि विपक्ष को कंपनी सरकार से सहायता मिली थी। स्वभावत: जब गंगा नारायण वयस्क हुआ तो वह धूर्त एवं क्रूर बन गया। बराहभूम जमींदारी में उत्तराधिकारी के प्रश्न पर जब पुन: विवाद उठ खड़ा हुआ तो गंगानारायण ने अपने विरोधी माधव सिंह के विरुद्ध राजा गंगागोविंद सिंह का समर्थन किया। बाद में जब विरोधी पक्षों में समझौता हो गया, तब माधव सिंह ने अपने व्यक्तिगत शत्रु गंगा नारायण को तरफ पंच सरदारी के राजस्व से वंचित कर दिया। तरफ पंच सरदारी से राजस्व वसूली का अधिकार गंगानारायण को उसके पिता की मृत्यु के बाद दिया गया था। माधव सिंह ने राजा से कहकर गंगानारायण के भरण-पोषण के निमित्त मिलनेवाले खर्च को भी बंद करवा दिया। फलस्वरूप गंगा नारायण की कठिनाइयाँ इतनी बढ़ गईं कि उसने वैष्णव धर्म को स्वीकार कर लिया और एक साधु की तरह निकल पड़ा। स्वयं गंगानारायण ने सरकार के पास जेठ 1239 फसली संवत् में भेजे गए एक आवेदन-पत्र में लिखा था कि बराहभूम राजा के मुख्तार ने एक बार उसे गैर-कानूनी ढंग से नमक लाने के मुकदमे में उलझा दिया था। इन मुकदमे में अंग्रेजों ने उसे बंदी बना लिया, यद्यपि बाद में उसे छोड़ दिया गया। कई बार माधव सिंह झूठे बहाने बनाकर गंगानारायण को पकड़वाकर जंगल महाल के मजिस्ट्रेट के पास भेज चुका था और भी कई तरीकों से उसे परेशान किया गया था। अपने उपर्युक्त आवेदन-पत्र में गंगानारायण ने लिखा था, "मेरे लिए भोजन का अभाव था और यदि मैं बराहभूम में किसी आदमी से कुछ माँगता था तो

जमींदार और माधव सिंह उस आदमी पर एक रुपया चार आने का जुरमाना लगा देते थे और भविष्य में उस आदमी को मुझे कुछ भी देने से मना कर देते थे। माधव सिंह बाबू ने मुझे हमेशा परेशान किया है और मैंने जब परिस्थिति जमींदार के सामने रखी तो उसने कहा कि जब तक माधव सिंह हैं, तब तक जमींदार मेरे लिए कुछ नहीं कर सकता। इसलिए गंगानारायण जीवन भर दीवान माधव सिंह से घृणा करता रहा था। उसे अंग्रेजों से भी घृणा थी, क्योंकि उन्होंने उत्तराधिकार के नियमों की उपेक्षा की थी और बार-बार उसके आवेदन करने पर भी उन्होंने ध्यान नहीं दिया था। उसके पिता और चाचा को बंदी तथा स्वयं उसे दरिद्र बना दिया था। बराहभूम के राजा से भी उसे शिकायत थी। उसे स्पष्ट स्मरण था कि उसके पिता को वर्तमान राजा के पिता ने बंदी बना लिया था और उसकी बेइज्जती की थी। स्वयं इसे अंग्रेज सैनिकों के हाथों अपमानित होना पड़ा था। आश्चर्य नहीं कि उसने राजा और उसके परिवार के विरुद्ध कई इल्जाम लगाए और एक बार राजा के बेटे को पकड़ लेने का भी प्रयास किया।"

गंगानारायण सिंह भूमिज सरदार थे, जिन्हें घाटों (पहाड़ी रास्तों) की रक्षा करने के लिए बराहबाजार की जागीर दी गई थी। माधव सिंह ने धन के लालच में घाटों पर मालगुजारी बढ़ा दी और गंगानारायण सिंह की जागीर छीन ली। इस पर गंगानारायण ने घटवालों (घाट की रक्षा करनेवाले भूमिज सिपाहियों) की एक फौज तैयार की और बराहबाजार पर हमला कर दिया। उसने थाने और कचहरी को जला दिया और बराहबाजार पर फिर से कब्जा कर लिया। अपनी भूमिज फौज के बल पर उसने आस-पास की रियासतों को लूटा और बराहभूम के राजा को मारकर खुद गद्दी पर बैठ गया। तब अंग्रेजों ने गंगानारायण के नए राज्य पर चढ़ाई कर दी। गंगानारायण ने अपनी भूमिज फौज लेकर अंग्रेजों का मुकाबला किया और गुरिल्ला युद्ध चलता रहा। इसी बीच उसने आस-पास की प्रजाओं (हो, संथाल, कुड़मी) से संबंध स्थापित किया। बुली महतो और जदूर भूमिज गंगानारायण सिंह की लड़ाई में साथ थे। यह आरोप था कि बुली महतो और जदूर भूमिज ने दीवान माधव सिंह की हत्या कर गंगानारायण सिंह को मदद पहुँचाई थी।

इससे संबंधित 'झारखंड : इतिहास एवं संस्कृति' पुस्तक के पेज नं. 259 से कुछ अंश का उल्लेख कर रहा हूँ, जो इस प्रकार है, "1832 ई. में विद्रोह का नेतृत्व गंगानारायण द्वारा ग्रहण किए जाने के बाद विद्रोह का स्वरूप राजनीतिक हो गया। कोल विद्रोह में जो लोग पकड़े गए थे, उन पर हिंसा के खास आरोप थे, लेकिन

भूमिज विद्रोह में जो पकड़े गए थे, उन पर केवल गंगानारायण, गर्दी सरदार और सुरा नायक की मदद करने का आरोप मात्र था। उसी तरह बुली महतो और जदूर भूमिज पर माधव सिंह की हत्या में गंगानारायण की मदद करने का आरोप था।"

ज्ञातव्य है कि माधव सिंह एक अत्याचारी, सूदखोर और साहूकार था, जो अंग्रेजों की कृपा से दीवान बना था। बराहभूम से गंगानारायण सिंह के पिता लक्ष्मण सिंह बाँधडीह गाँव में आकर बस गए थे और वे बराहभूम का राजा बनने के लिए कोशिश करते रहे। अंग्रेजों ने लक्ष्मण सिंह को गिरफ्तार किया और उन्हें मेदनीपुर जेल भेज दिया, जहाँ उनकी मृत्यु हो गई। पिता की मृत्यु के बाद गंगानारायण सिंह अंग्रेजों से बदला लेने के लिए लोगों को एकजुट करने लगे और गरीब किसानों पर शोषण, जुल्म का हवाला दिया। गंगानारायण के विद्रोही तेवर से जमींदार और ब्रिटिश पदाधिकारी परेशान थे। इसके कारण 1832 में गंगानारायण सिंह के नेतृत्व में प्रबल संघर्ष का रूप ले लिया। आखिरकार अंग्रेजों को बैरकपुर (कलकत्ता) छावनी से सेना भेजनी पड़ी, जिसे लेफ्टिनेंट कर्नल कपूर के नेतृत्व में भेजा गया। सेना भी संघर्ष में परास्त हुई। वर्धमान के आयुक्त बैटन और छोटानागपुर के कमिश्नर हंट को भेजा गया, किंतु वे भी सफल नहीं हुए और अगस्त 1832 से लेकर 1833 तक पूरा जंगल-महाल क्षेत्र अशांत बना रहा।

सन् 1833 में गंगानारायण सिंह अंग्रेजों के खिलाफ लड़ने के लिए सिंहभूम के हो आदिवासियों से सहायता माँगने आए। आदिवासी उनकी मदद के लिए तैयार हो गए, बशर्ते गंगानारायण भी अंग्रेज और खरसवाँ राजा के खिलाफ संघर्ष में साथ दें। गंगानारायण सिंह अपने दल-बल विद्रोही साथियों के साथ 7 फरवरी, 1833 को खरसवाँ किले पर आक्रमण करने के लिए जा रहे थे। खरसवाँ पहुँचने के पहले ही राजा चैतन सिंह के सैनिकों के साथ भिड़ंत हो गई। गंगानारायण सिंह घटना स्थल पर मारे गए। अंग्रेजों के इशारे पर राजा चैतन सिंह की सेना ने गंगानारायण सिंह का सिर काटकर कप्तान सर थॉमस विलकिंसन के पास राँची भेज दिया। इस तरह से विद्रोह को अंग्रेजों ने कुचल दिया।

इस बात की सत्यता के लिए बिहार सरकार द्वारा प्रकाशित पुस्तक 'बिहार में 1857—छोटानागपुर तथा संथाल परगना', पेज नं. 66, शीर्षक 'भूमिज विद्रोह' से उद्धृत अंश निम्नलिखित है—

"कुछ ही दिनों बाद गंगानारायण के नेतृत्व में भूमिज विद्रोह भी खड़ा हो गया, लेकिन नवंबर 1832 में गंगानारायण को, जो अपने को बराहभूम राज्य का हकदार

बताता था, सांघातिक आक्रमण के फलस्वरूप जंगलों की शरण लेनी पड़ी। वह 'हो' लोगों से सहयोग की आशा रखता था। इस समय हो लोग खरसवाँ के ठाकुर के साथ विवादग्रस्त थे, जो उन लोगों के कुछ क्षेत्रों पर आधिपत्य जमाना चाहता था। उन लोगों ने गंगानारायण की शक्ति की जाँच करनी चाही और सहयोग के पहले उनको खरसवाँ के ठाकुर के ऊपर आक्रमण करने के लिए कहा। गंगानारायण इसी युद्ध में मारे गए और उनका सिर विलकिंसन के पास भेज दिया गया। इस विद्रोह के फलस्वरूप प्रशासनिक पद्धति में कुछ हेर-फेर करना निश्चित हुआ।"

गंगानारायण सिंह की मृत्यु के पहले उन्होंने खरसवाँ राजा के पाँच आदमियों को मारा था और कई लोग घायल हो गए थे। गंगानारायण की मृत्यु से ब्रिटिश सिपाही खुश हुए, यहाँ तक कि कप्तान विलकिंसन ने भी खुशी जाहिर की। आदिवासी लोगों में मातम छा गया। गंगानारायण सिंह एक संघर्षशील इनसान थे। जनश्रुति है कि जब वे किसी को मारने का आदेश देते थे तो उनका एक मुहावरा था—'घाट पार करो।' इतना कहते ही उनकी विद्रोही सेना काम तमाम कर देती थी। गंगानारायण सिंह आदिवासियों में काफी प्रिय थे। बहादुरी और संगठन क्षमता में कोई कमी नहीं थी। लोग इनके आदेश का पालन करते थे, खासकर भूमिजों में उनका प्रभाव अधिक था। गंगानारायण सिंह की मृत्यु के बाद भूमिज विद्रोह का अंत हो गया।

□

कहानी संथाल परगना की

(1854-56)

भाग-1

Santal Pargana District Gazetteer (1910) and revised (1938) Page No.-83 पर इस बात की पुष्टि करता है—

While fighting desparately against the troops equipped with up-to-date weapons of warfare, the Santals showed a certain chivalry... The general character of the struggle has been vividly described by Major Jervis, who commanded some of the troops.

"It was not war, they did not understand yielding. As long as their national drum beat, the whole party would stand and allow themselves to be shot down. Their arrows often killed our men and so we had to fire on them as long as they stood. When their drum ceased, they would move off for a quarter of a mile then their drums began again and they calmly stood till we came up and poured a few volleys into them. There was not a sepoy in the war who did not feel ashamed of himself."

"यह युद्ध नहीं था, वे झुकना नहीं जानते, जब तक उनके नगाड़े बजते रहते थे, सारे लोग खड़े रहते और गोली खाते रहते थे। प्राय: उनके तीर हमारे लोगों को मारते रहते थे, इसलिए हमें उन पर गोलीबारी करनी पड़ती थी और वे खड़े रहते थे। जब उनके नगाड़े बंद होते, वे करीब चौथाई मील दूर तक चले जाते और फिर जब दोबारा नगाड़ा बजना शुरू होता, हम उन तक पहुँचकर पुन: गोलियों की बौछार करते। इस युद्ध में हमारा एक भी सिपाही ऐसा नहीं था, जिसने अपने आप पर शर्मिंदगी महसूस न की हो"... ये उद्‍गार किसी भावुक लेखक के नहीं, बल्कि ब्रिटिश सेना के मेजर जेरविस, जिन्होंने संथाल विद्रोह में कुछ सैनिक टुकड़ियों की कमान सँभाली थी, के द्वारा उस संघर्ष के वास्तविक चरित्र का सजीव वर्णन है, जो

उसके द्वारा लिखा गया है और सरकारी दस्तावेजों में उपलब्ध है।

ब्रिटिशों ने जब भारत पर अधिकार किया, उस समय ब्रिटिश प्रशासनिक सेवा के जितने अधिकारी भारत भेजे गए, उनमें से कई अधिकारी 'मानव विज्ञान' में भी दखल रखते थे, जैसे—कर्नल डाल्टन, स्क्रेफ्सरूड, मिस्टर रिजले, जे. एच. हटन, रेभरेंड जे. फिलिप इत्यादि, जिन्होंने भारत आते ही यहाँ के लोगों का अध्ययन करना शुरू कर दिया, विशेषतौर पर आदिम जाति के लोगों का। उन लोगों ने, जो अध्ययन किया, वह सिर्फ सरकारी फाइलों में ही बंद नहीं है, बल्कि अपनी-अपनी पुस्तकों में प्रकाशित भी किया है। संथालों के बारे में करीब-करीब सबका अभिमत एक रूप ही है कि संथाल लोग नम्र, संकोची और आदत से ही नियम-कानून मानकर चलनेवाले और आज्ञाकारी होते हैं।

संथालों के बारे में एक और अध्ययन में कहा गया है कि 'संथालों के पास' यदि घर में खाने को रहे तो वे मस्ती में बाँसुरी पर टेर लगाना अधिक पसंद करते हैं। काम पर जाने की चिंता उनको उतनी नहीं रहती है, जितनी अपने पारंपरिक बाजों, पारंपरिक नृत्य, गानों अथवा मुरगा लड़ाई, भेड़ा लड़ाई, भैंसा लड़ाई की रहती है। ऊपर से हंड़िया के साथ थोड़ा महुवा रस भी मिल जाए तो कहना ही क्या! ये अपनी मस्ती में हमेशा डूबे रहते हैं। संथाल बेफ्रिक और अलमस्त होते हैं। बुरे दिनों के लिए कुछ बचाकर रखना इन्होंने सीखा नहीं है और इसी अलमस्त जाति को विद्रोह करना पड़ा, यह अपने आप में आश्चर्य का विषय है।

ब्रिटिश सारी दुनिया में अपने प्रचार माध्यमों से भारत में रहनेवाले आदिम जाति के अर्ध-सभ्य लोगों को सभ्य बनाने का दावा कर रहे थे। भारत को अशिक्षा, कुरीतियाँ, अंधविश्वास, टोना-टोटका, भूत-प्रेत, साँप-मदारी की दुनिया से निकालकर आधुनिकता तथा ज्ञान विज्ञान की दुनिया में लाने का प्रचार कर रहे थे, लेकिन खुद उनके अपने हाथ का लिखा इतिहास ही खुद उनके विरुद्ध गवाही दे रहा है। उनका एकमात्र उद्देश्य था—झारखंड की संपदा का दोहन कर अपने यहाँ ले जाना और लोग विरोध न कर सकें, इसलिए हमेशा लोगों को बाँटकर और विपन्न बनाए रखना। ब्रिटिश शासन को मजबूत बनाए रखने के लिए यह भी जरूरी था कि उन्हें भारतीय समर्थक बनाया जाए और उन्हीं समर्थकों को बाँधे रखने के लिए अपने प्रशासन में उन्होंने भ्रष्टाचार के रास्ते भी खुले रखे। उस समय संथाल परगना का क्षेत्र भागलपुर (अब बिहार) और बीरभूम जिला (अब पश्चिम बंगाल) में शामिल था और दोनों ही क्षेत्र बंगाल प्रेसीडेंसी के अंतर्गत थे।

इसी क्षेत्र में संथाल आदिम जाति के लोगों के साथ ही एक जाति रहती है, जिन्हें मलेर, माल पहाड़िया या आम बोलचाल में पहाड़िया ही कहते हैं। ब्रिटिश मानव विज्ञानियों ने अपने अध्ययन से पाया कि यह पहाड़िया जाति उनके शासन के लिए बहुत ही उपयोगी हो सकती है और उन्होंने पहाड़िया लोगें को अपने हित में लाना शुरू किया। वैसे पहाड़िया लोग उस समय खेती-बाड़ी की तरफ जरा भी रुचि नहीं रखते थे। ये पहाड़ों की ऊँचाई पर बसनेवाले लोग शिकार, पेड़ों के फल, कंद, मूल, मधु के अलावा दूसरों की फसल हथियाकर अपने भोजन का प्रबंध कर लेते थे। इसके अलावा लूटपाट द्वारा अपनी जरूरतों को पूरा कर लेना इनकी आदत में उस समय शामिल था। इनके स्वभाव में धीरज की बिल्कुल कमी रहती थी, जिस कारण ये खेती कर तीन-चार महीने तक फसल काटने के लिए इंतजार करना बिल्कुल पसंद नहीं करते थे। इन्हें इनके परिश्रम का प्रतिदान तुरंत चाहिए था। ब्रिटिश प्रभुसत्ता कायम करने में उन्हें यहाँ के आदिवासियों के जो कटु अनुभव हुए थे, उसका खयाल कर अंग्रेजों ने पहाड़िया लोगों को अपने हित में साधना शुरू किया।

सन् 1776 में 21 वर्ष उम्र का आगस्ट्स क्लीवलैंड भागलपुर का कमिश्नर बनकर आया तो उसने एक काम यह भी किया कि इन्हीं पहाड़िया लोगों की एक गैर-सरकारी अथवा कह लीजिए, अर्ध-सरकारी सेना बनाई। उन्हें परेड वगैरह भी कराई जाने लगी। मलेर, यानी माल पहाड़िया लोगों के द्वारा जिस छाया सेना का गठन किया गया, उसमें 50 सिपाहियों के ऊपर 1 सरदार रहता था। पूरी तरह पालतू बनाने के लिए क्लीवलैंड कमिश्नर ने इस गैर-सरकारी सेना के लिए वेतन का भी निर्धारण किया। प्रत्येक माँझी को 2 रुपए, नायक को 5 रुपए और सरदार को 10 रुपए प्रतिमाह का वेतन निर्धारित किया गया। इस सेना में 47 सरदार और 400 माँझी थे। कई हजार मालपहाड़िया लोगों की यह सेना आदिवासी लोगों की सेना थी। शायद यहीं से भारत के इतिहास की धारा, नहीं तो कम-से-कम आदिवासियों के इतिहास की दिशा तो अवश्य ही बदल गई। ब्रिटिश आगमन काल से ही जो झारखंड के लोग अंग्रेजों से संग्राम कर अपनी स्वाधीनता की रक्षा करने की कोशिश कर रहे थे, उन्हीं का एक वर्ग साम्राज्यवादियों की हित रक्षा में मुस्तैद हो गया और इस ब्रिटिश राजभक्त आदिवासी सेना का सेनापति 'डाकू जऊराह' को बनाया गया, जो मालपहाड़िया जाति का था। इसने 'बाबा तिलका माँझी' को गिरफ्तार कर अपनी स्वामीभक्ति का प्रमाण दिया। इसी जऊराह ने बाबा तिलका माँझी को चार घोड़ों में

बाँधकर पूरे भागलपुर शहर में घसीटा था और बड़ पेड़ से उनकी फाँसी का फंदा अपने हाथ से बाँधा था। इन माल पहाड़िया लोगों से कंपनी सरकार को राजस्व अथवा कोई दूसरी आमदनी एक पैसे की भी नहीं होती थी, लेकिन इन हजारों छाया सैनिकों पर वेतन के रूप में एक बहुत बड़ी रकम प्रतिमाह खर्च हो जाती थी। दूसरी ओर संथालों से कंपनी सरकार की कई गुना राजस्व की बढ़ती हो गई। यह बात खुद उन्होंने अपने दस्तावेजों में स्वीकार की है। सन् 1836 में भागलपुर के कमिश्नर डनबर की एक रिपोर्ट के अनुसार, "करीब 427 संथाल गाँव 'दामिन-इ-कोह' जिले में बस गए हैं और संथालों द्वारा राजस्व 6,682 रुपए प्राप्त होते हैं।"

संथालों की वजह से 1855 तक 1218 संथाल गाँव बस गए और सरकारी राजस्व 58,036 रुपए हो गया है। इसी क्रम में भागलपुर जिला विवरणिका से एक उद्धरण, "सन् 1832 में प्रदेश का यह भू-भाग, भागलपुर, मुर्शिदाबाद और बीरभूम जिलों में बाँट दिया गया। नवंबर 1836 में राजस्व प्रशासन का प्रबंधन विकसित हुआ, जिसके लिए एक अधिकारी भागलपुर के कलेक्टर के सीधे निर्देशों के अधीन रखा गया और आपराधिक मामले भागलपुर के एक मजिस्ट्रेट के अधीन रखे गए।

संथाल गाँवों की संख्या चमत्कारिक रूप से बढ़ी है और उससे सरकार के राजस्व में वृद्धि हुई है। यह वृद्धि लगान की दर बढ़ाकर नहीं, बल्कि पूरे तौर पर अधिक खेतों के विकास की वजह से हुई। सुस्त पहाड़िए संथालों की खेती की इस तूफानी प्रगति का बहुत अधिक विरोध न कर पाए और राजमहल पहाड़ियों के मध्य बरहैट घाटी तक बस गए। सन् 1851 आते तक संथालों के लहलहाते खेत और गाय-बैलों से भरे हजारों गाँव बस गए। मालपहाड़िए, पहाड़ों पर चले गए। इन गाँवों के संथाल, भुइयाँ, कुड़मी तथा अन्य जनजाति और अनुसूचित जाति के लोगों ने दिन-रात मेहनत कर जंगलों को काटा और धरती को उपजाऊ खेतों में परिवर्तित कर दिया। साँपों, बिच्छुओं तथा बाघ, भालू, हाथी जैसे जानवरों को खदेड़ दिया था। चारों ओर खेत लहलहाने लगे थे, अब उन्हीं संथाल गाँवों पर लार टपकाते, अपने खूनी पंजे, तेज दाँत और रक्तपिपासा में लपलपाती जीभ लिये, सूदखोर महाजन, बेईमान आढ़तिए, बंगाल के दूसरे जिलों के बनिये, सरकारी प्यादा और अमले तथा भोग-विलास में डूबे जमींदार खूनी पंजे लिये संथाल गाँवों पर टूट पड़े और सीधे मुँह लगाकर उनका खून चूसने और शरीर नोचने लगे। कोढ़ में खाज बने नई-नई बिछाई जा रही रेलवे लाइनों के यूरोपियन ठेकेदार और इंजीनियर।

भारत में रेलों का जाल बिछना अभी शुरू ही हुआ था। बंबई से ठाणे तक

की रेल सेवा 1853 में शुरू हुई थी और अन्य जगहों पर काम चल रहा था। भारत में टेलीग्राफ संचार सेवा भी इसी वर्ष शुरू हुई थी। आज की तरह आधुनिक युग के साधन, दूरसंचार, द्रुतगामी यातायात अथवा छुपे हुए सर्वव्यापी समाचार माध्यम उपलब्ध नहीं थे। पार्टी, दल, संगठन, विचारधारा, लोकतंत्र, श्रमिक, किसान संगठन अथवा राजनीतिक संगठन के बारे में भारत के साधारण लोगों को कोई ज्ञान नहीं था, फिर ये आदिवासी तो उस समय अर्ध-सभ्य कहे जाते थे। उन्हें इन बातों का ज्ञान कहाँ से होता। रूस में भी अभी अक्तूबर क्रांति नहीं हुई थी। अत: विचारधारा, संगठन और परिवर्तन के दिशा-निर्देश का आभास मात्र भी कहीं से अभी तक प्राप्त नहीं हुआ था। फिर इन अर्ध-सभ्य कहे जानेवाले लोगों के द्वारा इतना विशाल और संगठित राष्ट्रीय स्तर का स्वाधीनता संग्राम कैसे संभव हो पाया?

जैसे बीज के अंकुर बीज में ही छुपे रहते हैं, उसी तरह इस आंदोलन के कारण भी तत्कालीन शासन व्यवस्था में ही छुपे थे। आज यह बात ब्रिटिश शासकों के पुराने दस्तावेजों के अध्ययन से ही प्रकट हो जाती है। यद्यपि उनके अपने लिखे दस्तावेजों में अपना पक्ष हमेशा परिष्कृत और दृढ़ रखने की कोशिश की है, लेकिन कई स्वीकारोक्तियाँ भी हैं। न्याय विभाग के पत्र संख्या 42, सन् 1856 'गवर्नर जनरल ऑफ इंडिया इन काउंसिल' को लिखे पत्र से एक उद्धरण—"संथाली अध्यवसायी, परिश्रमी, स्पष्टवादी, शांतिप्रिय, कपटहीन, अनपढ़ तथा सरल प्रकृति के होते हैं, जो किसी विवाद के समायोजन में सरल से सरल उपायों का अवलंबन करना पसंद करते हैं। अपने अधिकारों के लिए हमारे वर्तमान अनियम संहिता के आधार पर वे सफलतापूर्वक लड़ भी नहीं सकते हैं। इन सब परिस्थितियों के बावजूद सन् 1827 ई. का अधिनियम 'पहाड़िया' लोगों की सुरक्षा के अलावा संथालियों का कोई बचाव नहीं करता है।"

पहले संथालियों के झगड़े करीब-करीब बिना पैसे के और शीघ्रता से सुलझ जाया करते थे, किंतु नई सरकारी नीति व्यवस्था के अनुसार उसे एक ओर भागलपुर और दूसरी ओर देवघर दौड़ना पड़ता। इस आवाजाही में उसका सारा समय नष्ट हो जाता। उसके सारे पैसे कचहरी के प्यादे-अमले झटक लेते। खेती-बाड़ी का अलग से नुकसान होता। उस समय के विश्व के सर्वश्रेष्ठ न्याय पद्धति के भंवर में फँसकर सिर्फ संथाल ही नहीं, सभी गरीब-देहाती किसान चक्कर खाने लगे। अगर गलती से किसी ने कभी कोई कर्ज ले लिया तो उसका भगवान् ही मालिक। वे जो फसल पैदा करते, वह सूद में ही चली जाती। मूलधन कभी वसूल ही नहीं होता। मामला

अगर अदालत में जाए, तो वहाँ भी ये आदिवासी एवं अन्य गरीब जनता हार जाते। महाजन तो खाता-बही रखते थे, लेकिन संथाल लोग तो रस्सी में गाँठ बाँधकर हिसाब रखते थे, जिसकी कहीं कोई मान्यता नहीं थी। सीधे-सादे आदिवासियों से महाजन आसानी से कचहरी में जीत जाते और सबकुछ पुलिस से कुर्की-जब्ती करा लेते थे। महाजनों की समृद्धि बढ़ती जाती और मेहनत, मजदूरी करनेवाले लोग गरीब-से-गरीबतर बनते गए।

संथाल, कुड़मी, भुइयाँ तथा दूसरे किसान, जो अनाज पैदा करते, उसमें से बेचकर अपने लिए नमक, तंबाकू, मसाले, कपड़े आदि चीजें खरीदते। बंगाल के दूसरे इलाकों से आए हुए बंगाली बनियों की हालत यह थी कि चौबीस मन अनाज इनकी तराजू पर आठ मन ही होता। ये बंगाली आढ़तिये उन संथाल गाँवों से धान, मकई, सरसों तथा अन्य तिलहन खरीदकर बैलगाड़ी द्वारा भागीरथी तट पर जंगीपुर भेजते थे। वहाँ से वह अनाज दूसरी जगहों पर भेजा जाता था तथा गाँव में नमक, तंबाकू, कपड़े तथा दूसरी जरूरत की चीजें लाते थे, इस तरह वे तिहरा व्यापार करते थे—एक खरीदने का, दूसरा बेचने का और तीसरा बेईमानी करके तौल में हेरा-फेरी करने का। ये आढ़तिए स्थानीय साहब-सुवा, प्यादे-अमले, सिपाही-दारोगा सबको हाथ में रखते। जो जैसा देवता होता, उसकी वैसी पूजा करते। ये लोग पैसा चाहनेवाले को पैसा और दारोगा बाबू को खुश रखने के लिए शराब, मछली, मुरगा आदि चीजों का प्रबंध रखते। फिर किसानों को बचानेवाला था ही कौन, उनकी फरियाद सुननेवाला बचा ही कौन था? जो आदिवासी उत्पादन करता था, राजस्व देता था, मनुष्य के लिए अनाज पैदा कर भूख मिटाता था, उसी का शोषण बनिये और सरकारी अधिकारी मिलकर करते थे। सांत्वना और सहानुभूति दिखानेवाला कोई था ही नहीं। शासन ने तो इस व्यवस्था की बुनियाद ही रखी थी। लुटेरे, बेईमान और भ्रष्टाचारी को शासन हर प्रकार से मदद करता था।

ऊपर से रेल लाइन बिछाने आए यूरोपियन ठेकेदार और ब्रिटिश इंजीनियर, अकसर यहाँ मुफलिस रहते थे। वे फुरसत की घड़ी में जब अपने साथ लाई, शराब पीकर मत्त हो जाते तो उन्हें रेल लाइन में काम करनेवाली महिलाओं का खयाल आता। वे अपने नौकरों पर चीख पड़ते˙˙˙ब्रिंग ब्लैक ब्यूटी˙˙˙गो, एंड अरेंज एनी हाऊ˙˙˙

अगल-बगल के गाँववालों ने सुना कि कान्हू माँझी ने अमुक आढ़तदार और दारोगा को डपट दिया। कौन दारोगा˙˙˙अरे महेश लाल दत्त दारोगा को। कुछ

लोगों ने चर्चा की···अरे कोई नौजवान सिदो माँझी है, जिसने फरसे के बल पर एक कर्जदार माँझी को एक सूदखोर महाजन के हाथ से बचा लिया। वाह···कहाँ रहता है वह? शायद पास के गाँव में···। लोगों ने सुना कान्हू ने रेल कंपनी में उस क्रिश्चियन पहाड़िया मेट को बहुत डाँट दिया···काहे भाई···अरे वह रेल लाइन में काम करनेवाली माँ-बहनों को साहब के यहाँ चलने को कहता था। इतना साहस, कौन है सिदो···कहाँ है कान्हू···वही हमें बचाएँगे···वही हमें भी रास्ता दिखाएँगे··· चलो उन्हें खोजें···उनसे अपना दुःख बताएँ···शायद ईश्वर ने उन्हें हमें बचाने के लिए भेजा है, वही हमारा उद्धार कर सकते हैं।

दूर-दराज गाँव के लोग 'भोगनाडीह' गाँव के नारायण माँझी के घर पहुँचने लगे, किंतु नारायण माँझी तो गुजर चुके थे। उन्हीं के दोनों बेटे हैं—सिदो और कान्हु। नारायण माँझी के तो चार बेटे हैं। बाकी दो बेटों के नाम है—चाँद माँझी और भैरव माँझी। कान्हू माँझी सबसे बड़े हैं और उनकी शादी हो गई है। सिदो उनके बाद का भाई है और बड़े भाई कान्हू सोच रहे हैं कि सिदो किसी को पसंद करे तो इस साल उसकी भी शादी कर दी जाए। दो-चार साल बाद चाँद और भैरव की भी शादी कर देंगे। सिदो-कान्हू खुद अनपढ़ होने का दर्द समझते थे। अतः उन्होंने चाँद और भैरव को साक्षर अवश्य बनवा दिया। दूर-दूर गाँव से झुंड-के-झुंड लोग आकर गुहार करते थे। अतः दोनों भाइयों ने सोचा, सारा देश असहाय हो गया है, अतः कुछ करना ही होगा। सभा हुई और फैसला हुआ कि भागलपुर में कमिश्नर को एक अर्जी दी जाए। अर्जी दी गई, लेकिन छह महीने बाद भी कोई उत्तर नहीं मिला और न ही प्रशासन द्वारा महाजनों पर काररवाई की गई।

इस संदर्भ में बिहार सरकार द्वारा प्रकाशित पुस्तक 'बिहार में 1857—छोटानागपुर-संथाल परगना' के पेज नं. 22 से उद्धृत, "29 अगस्त, 1854 को दो संथाल माँझियों के द्वारा आयुक्त, श्री ब्राउन के पास दरखास्त पेश की गई। यह दरखास्त पहाड़ी भागों में बसे हुए संथालियों के ऊपर महाजनों के अत्याचार का निरूपण करती है। इसे आयुक्त के पास अनुस्मारक के रूप में पेश किया गया था कि लगातार अधिकारियों को ध्यान दिलाते रहने पर भी उनका कुछ निराकरण नहीं हो सका और अंततः आवेदन किया गया कि अगर कानूनी सुरक्षा उनको नहीं मिली तो उन्हें वहाँ से भाग जाने के अलावा कोई रास्ता नहीं रहेगा। उनके द्वारा जिज्ञासा की गई है कि अगर सरकारी सुरक्षा उन्हें प्राप्त न हो तो वे क्या करें। दरखास्त में उपसंहार के तौर पर लिखा गया है कि सरकार के अलावा उनकी रक्षा और कोई

कर भी नहीं सकता है। अतः सरकार परिस्थितियों का अध्ययन करके महाजनों को दामिन क्षेत्र से निष्कासित करे, जिससे संथालियों का कष्ट दूर हो।"

दिनोदिन चाँदनी रातों में सभाएँ होती रहीं। मानभूम, सिंहभूम, हजारीबाग, बीरभूम जाने कहाँ-कहाँ से लोग आते रहे, लोग एक ही बात कहते, "ईश्वर ने हमारी रक्षा के लिए सिदो-कान्हू को भेजा है। तुम हमारे नेता हो। हम तुम्हारे कहने पर अपनी जान दे देंगे।" एक साधु ने शाल वृक्ष के पत्तोंवाली डाल का मुकुट कान्हू के सिर पर रखकर कहा, "तुम ईश्वर के दूत हो। तुम हम लोगों की रक्षा करो। देश की रक्षा करो।" रात भर सभा चली। विचार हुआ और कान्हू ने घोषणा की कि इस साल हम खेती नहीं करेंगे। सिदो ने अपनी टांगी हवा में घुमाते हुए घोषणा की, "एक हो जाओ और अत्याचारियों का मुकाबला करो। जो हमारी माँ-बहनों को गंदी नजर से देखे, उसका सिर उड़ा दो।" सभी लोगों ने एकता की शपथ खाई और एक स्वर में घोषणा की 'खेती बंद...युद्ध शुरू' और वह दिन तय हुआ 30 जून, 1855 ई. का।

भाग-2

वास्तव में संथाल, भुइयाँ, कुड़मी कुछ समय पहले से ही अन्याय, अविचार और शोषण से कराह उठे थे। फसल उगाने के बावजूद वे हमेशा कर्ज में डूबे रहते, भूखों मरते और जो लोग कुछ भी नहीं करते थे, वे धनी और मोटे होते जा रहे थे। विद्रोह फूटने के कुछ समय पहले से ही विभिन्न गाँवों के परगनैत, माँझी, महतो इस समस्या पर राय-विचार कर रहे थे और सिदो-कान्हू को प्रेरित कर रहे थे, लेकिन उनके धीरज का बाँध तब टूटा, जब उन्होंने सुना कि अंग्रेज ठीकेदार और इंजीनियरों ने उनके गाँव की दो लड़कियों का अपहरण कर लिया है। अपहृत लड़कियों को वापस लाने गए लोगों को उन्होंने डाँट-फटकार कर वापस कर दिया। थाने में नालिश करने पर महेशलाल दत्त दारोगा ने उन्हें बुरी तरह गालियाँ दीं और जेल भेजने का भय दिखाया। संथालों को विश्वास हो गया कि अपहरण में दारोगा का भी हाथ है। संथाल लोग सौ अपमान बर्दाश्त कर लेंगे, लेकिन अपनी जाति की स्त्रियों का अपमान वे कभी बर्दाश्त नहीं कर सकते। वे इस अपमान से तड़प उठे।

शाल वृक्ष की पत्तों सहित डालियाँ हर गाँव में भेजी गईं। यह युद्ध शुरू करने के लिए लोगों का आह्वान था। सिदो-कान्हू के गाँव भोगनाडीह में एकजुट होने के लिए एक दिन तय किया गया, उसकी तारीख थी 30 जून, 1855। यह वही समय

था, जिस महीने में किसान धान फसल की बुआई-रोपाई की तैयारी करते हैं। सिदो-कान्हू ने कहा, "इस बार खेती बंद, अब कोई फसल नहीं उगाएगा। यही खेती हमारी दुश्मन है। इसी खेती के चक्कर में सारा अपमान, शोषण और निर्वास छुपा हुआ है।" महाजन इसी खेती की उपज से बेईमानी करते। जमींदार और सरकारी अमले-प्यादे इसी खेती की वजह से आते और हमेशा लूट-खसोट करते, गाली बकते और अपमानित करते, इसलिए अब हम खेती नहीं करेंगे। देखो ये बाबू लोग कहाँ से खाना (भात) खाते हैं। हम लोग तो शिकार कर लेंगे। मछली पकड़ लेंगे। कंदमूल खा लेंगे। साग-पात खा लेंगे, इसलिए खेती बंद। कान्हू माँझी की इस घोषणा का सभी ने समर्थन किया।"

सिदो ने टांगी घुमाते हुए कहा कि जब खेती ही बंद तो फिर माया कैसी? उठाओ तीर-धनुष, उठाओ टांगी और बढ़ो आगे। सबसे पहले उन लालमुँहा बंदरों (अंग्रेज) से बदला लेना है, जिन्होंने हमारी माँ-बहनों की इज्जत पर हाथ डाला है। उस दारोगा से बदला लेना है, जिसने हमेशा हमें सताया है। उन सभी बनियों और महाजनों से बदला लेना है, जिन्होंने हमारा सबकुछ लूटकर हमें कंगाल कर दिया।

उस दिन सारी रात सभा चली और अनेक फैसले सर्वसम्मति से लिये गए। कान्हू माँझी को तो लोग अपना सेनापति पहले ही घोषित कर चुके थे। सिदो-कान्हू लगान इकट्ठा कर सरकार को दे देंगे। अंग्रेजों ने लगान की नई दरें तय कीं। सूद में भी परिवर्तन कर दरें बढ़ाई गईं। यह भी तय किया गया कि अगर युद्ध हुआ तो तब तक नगाड़ा बजता रहेगा, जब तक संथाल, कुड़मी, भुइयाँ लड़ते रहेंगे। मर जाएँगे, लेकिन भागेंगे नहीं। एक गाँव से दूसरे गाँव खबर भेजने के संकेत तय किए गए। रात के समय मशाल के संकेत, नगाड़े के संकेत, शाल पत्र की टहनी और उसमें लगे पत्तों की संख्या के संकेत तय किए गए। लूटपाट करने से लोगों को मना कर दिया गया। महाजनों की औरतों और बच्चों को कोई तकलीफ न देने की बात तय हुई। इन घोषणाओं में सबसे चमत्कारिक घोषणा यह थी कि संथाल सरकार से बेईमानी नहीं करेंगे और लगान इकट्ठा कर सरकार को दे देंगे, लेकिन गुलामी नहीं करेंगे। पूर्ण स्वाधीन रहेंगे, जैसे उनके बाप-दादा रहते आए हैं।

आदिवासियों की अपनी धार्मिक सरना विधि से गीली मिट्टी का एक गोला बनाकर पुजारी ने जाहिरा में पूजा की। सबों ने अपने इष्ट देवता को जोहार (प्रणाम) किया, माथा टेका और फिर एक बार कसम खाई कि कोई विश्वासघात नहीं करेगा। जब तक नगाड़ा बजता रहे, लड़ाई से न भागने की, माँ-बहन और जाति के अपमान

का बदला लेने की और स्वाधीनता प्राप्त करने की कसमें खाईं। फैसला हुआ कि सभी लोग अपने-अपने गाँव लौट जाएँ और लोगों को इकट्ठा कर संघर्ष आरंभ कर दें। कहा जाता है कि 30 जून, 1855 को चाँदनी रात की सभा में दस हजार से भी अधिक लोगों की उपस्थिति थी। एक अनुमान के अनुसार तीन-चार हजार लोग बीरभूम, मानभूम, बाकुड़ा और हजारीबाग आदि जगहों से पहले ही आ चुके थे।

सिदो-कान्हू के नेतृत्व में अभियान शुरू हुआ। चाँद-भैरव को भी जिम्मेदारियाँ सौंपी गईं। लोग पहले रेलवे ठीकेदार और इंजीनियरों से अपहृत महिलाओं को मुक्त कराने के लिए चले, लेकिन सात जुलाई को उन्हें पहले महेशलाल दत्त (दारोगा) ही मिल गए और प्रतिशोध का शुभारंभ करने का मौका मिल गया। ये दारोगा, जो चरम अत्याचारी, जमींदार, सूदखोर और महाजनों के संरक्षक और आदिवासियों के लिए यम के समान थे। दारोगा ने अवैध वसूली का सर्वोच्च कीर्तिमान कायम किया था और गाली-गलौज से तो उन्होंने लोगों के आत्मा तक को लहूलुहान कर दिया था। महेशलाल दत्त दारोगा बनने के बाद दिघी थाने में पदस्थापित था। उसे खबर मिली कि बरहेट से थोड़ी दूर उत्तर पंचकोठिया में आदिवासियों का जमाव हुआ है। वह बरकंदाजों की एक टुकड़ी (बंदूकधारियों का विशेष दस्ता) लेकर वहाँ पहुँचा और पहुँचते ही उसने सिदो-कान्हू को पकड़ लेने के आदेश दिए।

फरसाधारी संथालों ने महेशलाल दत्त (दारोगा) को चारों ओर से घेर लिया और किसी ने फरसे से एक ही वार से उसका सिर धड़ से अलग कर दिया। बाकी बंदूकधारी पुलिसवाले सिर पर पैर रखकर भाग खड़े हुए। आदिवासियों की भीड़ उन्मत्त हो उठी। रास्ते में गोड्डा अनुमंडल के करहरिया थाने के दारोगा प्रताप नारायण की भी सोनार चौक (चूनाचक, गोड्डा अनुमंडल के केरवार के निकट) पर वही दशा की, जो वे दत्त की कर चुके थे। उनका आतंक भागलपुर तक फैल गया। भागलपुर के मजिस्ट्रेट एच.ई. रिचर्डसन और मि. पौन्टेट उस समय राजमहल में थे। विद्रोहियों के बारे में सुनकर वे संगीदलान शाहशुजा के महल, जो कि उस समय एक इंजीनियर का आवास था, उसमें भागकर छुप गए। सहायता के लिए सैनिक दस्तों के पहुँचने तक के लिए उस मकान की रक्षा हेतु चारों ओर बाड़ खड़ी कर दी गई।

8 जुलाई को भागलपुर के कमिश्नर मि. एफ.सी. ब्राउन को जब इसकी सूचना मिली तो उसने डाक द्वारा चारों ओर सूचनाएँ भिजवाई तथा भागलपुर की रक्षा के उपाय किए। इतने दिन से पोसे गए मालपहाड़िया लोगों की सेना अंग्रेजों के

काम में आई। उन्हें आदेश देकर चारों ओर तैनात कर दिया गया। सहायता के लिए जमींदारों, महाजनों और आढ़तियों को भी खबर भेजी गई। बंगाल, बिहार के अन्य कार्यपालक अधिकारियों को भी उचित सहयोग और कारवाई हेतु सूचनाएँ भेजीं।

10 जुलाई को मेजर एफ.डब्ल्यू. बोड्र्स की अधीनता में पहाड़ पर लड़नेवाली एक सैनिक टुकड़ी भागलपुर में विद्रोह के दमन के लिए भेजी गई, किंतु पीरपैंती में संथालों के साथ मुठभेड़ में कुछ सैनिक मारे गए और बाद में बाकी जान बचाकर भाग गए। तीर-धनुष और टांगीवालों से बंदूकवाले हारकर भाग खड़े हुए। अंग्रेजों के देशी सिपाही तनख्वाह के लिए लड़ रहे थे, जबकि आदिवासियों की तीर-धनुषवाली यह सेना अपनी-अपनी माटी को विदेशियों से आजाद करने को लड़ रही थी। सिदो-कान्हू के जयनाद से पूरा प्रदेश ही थर्रा उठा। अब आदिवासी ही मालिक थे। अंग्रेज छुपते-छुपाते परेशान थे। आदिवासी राजमहल के पश्चिम कहलगाँव (कोलगोंग) से लेकर दक्षिण में रानीगंज और सैंथिया तक की भूमि रौंद रहे थे। आदिवासी तीर-धनुष और टांगीधारियों की संख्या बढ़ती ही जा रही थी।

शालपत्र की टहनियों के संदेश चारों ओर जाते और आते रहे। रात-रात भर शाल वृक्षों की फुनगियों पर से बाँसों में मशाल बाँधकर संथाल गाँवों को गुप्त सूचनाएँ दी जाती रहीं, सूचनाएँ आती रहीं। नगाड़े बजते रहे। शालपत्र का मुकुट पहने हुए संथालों के मनोनीत राजा कान्हू के नेतृत्व में एक जत्था एक ओर और सिदो के नेतृत्व में एक अलग जत्था दूसरी ओर आगे बढ़ता रहा। गोड्डा के चानकु महतो के नेतृत्व में तीसरा जत्था भी आगे बढ़ रहा था। इसी तरह कई माँझी, महतो, सरदार भी अलग-अलग जत्थों का नेतृत्व कर रहे थे। युद्ध चारों ओर फैल गया, लेकिन इस संग्राम की एक विशेषता यह थी कि इस युद्ध में शामिल आदिवासी आम जनता को परेशान नहीं करते थे। उनका एक ही लक्ष्य ब्रिटिश पुलिस, यूरोपियन साहब, सूदखोर, ठेकेदार, बेईमान आढ़तिये और सरकारी दलाल, जमींदार से लोगों को मुक्ति दिलाना था।

दूसरी दिशाओं में भी विद्रोह ने भयंकर रूप ग्रहण कर लिया। जहाँ कान्हू भ्रष्ट ब्रिटिश पुलिस से हिसाब चुकता कर रहे थे, वहीं सिदो महाजनों और आढ़तियों से हिसाब चुकता कर रहे थे, जिसमें माणिक राय महाजन का सिर एक ओर और धड़ दूसरी ओर लुढ़क गया। कान्हू माँझी और उनके जत्थे ने बरहेट के बाजार में करीब पचास महाजनों और आढ़तियों का सूद-बट्टे सहित पूरा हिसाब चुकता कर दिया, अर्थात् उनकी पिटाई कर दी। कई यूरोपियन बिना छुट्टी लिये भाग गए, किंतु

टामस नामक ठीकेदार (यूरोपियन) की मुलाकात सिदो के साथ हो गई। संथालों ने अपनी बेटियों के अपहरण का बदला टामस की पत्नी से चुकाया। टामस की पत्नी तो स्वर्गवासी हो गई।

नगाड़े बजते रहे। सिदो-कान्हू ने पाकुड़ की रानी क्षेमा सुंदरी से संथालियों को सहयोग देने की याचना की, लेकिन रानी ने झिड़क दिया। आहत संथालों ने सिदो माँझी के नेतृत्व में पाकुड़ के राजमहल को 12 जुलाई को लूट लिया तथा राजकर्मचारियों के घरों को ध्वस्त कर दिया। संथालों ने राजमहल और भागलपुर के बीच डाक का आवागमन बंद कर दिया। नगाड़े बजते रहे। सिदो-कान्हू अपनी-अपनी दिशाओं में बढ़ते रहे। शालपत्र की टहनी घूमती रही। रात-रात भर मशाल से संकेत भेजे जाते रहे।

पाकुड़ के पूरब और दक्षिण पूरब की ओर कान्हू के नेतृत्व में संथालों का जत्था आगे बढ़ा। झीकरहाटी में अंबर के जमींदार के घर में आग लगा देने के बाद संथाल, मुर्शिदाबाद की सीमा पर अत्याचारी निलहे कोठी के चार्ल्स मजैक के कदमसार स्थित नील के कारखाने में आग लगा दी। चार्ल्स के दो साथियों ने नाव लेकर एक भरे हुए नाले के बीच से संथालों पर फायर करना शुरू किया। चार्ल्स का भाई, जो एक नील के कारखाने का प्रभारी था, उसने तुरंत 160 बरकंदाजों की एक टुकड़ी सहायता के लिए भेजी। गोलियों की बौछार से इस बार यहाँ संथालों को पीछे हटना पड़ा, लेकिन दूसरी नील कोठी के मालिक मि. हेन्स और उनके दो बेटे तीर खाकर काले पड़ गए। नील बनानेवाले कारखाने में आग लगने से काले पड़ गए। नगाड़े बजते रहे, शाल पेड़ की टहनी भेजी जाती रही। पेड़ों पर सारी रात मशाल जलती रही। संथाल आगे बढ़ते रहे।

भाग-3

संथाल जिस गाँव को दखल करते, उस गाँव में संथाल राज का प्रतीक शाल वृक्ष के दो मोटे-मोटे कुंदे गाड़ देते। अगर वहाँ शाल का पेड़ नहीं होता तो फिर वे किसी भी पेड़ का तना गाड़ते। खबर पाकर 11 जुलाई को बरहमपुर के मजिस्ट्रेट मि. टुगड की अधीनता में 7वीं देशी पैदल सेना के 400 सिपाहियों का एक जत्था बरहमपुर से चला। 13 जुलाई को वह जत्था कदमसार पहुँचा, लेकिन वहाँ तो 12 जुलाई को ही खेल समाप्त हो चुका था। संथाल सेना आगे बढ़ चुकी थी। उन्होंने बीरभूम के पालसा तक संतालों का पीछा किया, लेकिन संथाल सेना उससे भी आगे

बढ़ चुकी थी। दोनों सेनाओं की मुलाकात 15 जुलाई को महेशपुर में हुई। संथाल सेना महेशपुर के राजा के घर दखल लेने पहुँची थी, लेकिन देशी पैदल सेना की सातवीं रेजिमेंट से संथालों का मुकाबला हो गया। दोनों में जोरों की झड़प हुई। एक ओर तीर-धनुष, तलवार और टांगी, दूसरी ओर ब्रिटिश सेना के प्रशिक्षित सैनिकों की बंदूकें। 400 सैनिकों के मुकाबले तीन हजार संथालों का जत्था टिक न सका। सिदो-कान्हू और भैरव घायल हो गए और संथालों ने बड़ी चालाकी से उन्हें वहाँ से हटा दिया। करीबन 200 की संख्या में संथाल घायल हुए तथा मृत्यु के भी शिकार हुए।

सिदो के दाहिने हाथ में गोली लगी थी। भाई भैरव के पेट और पीठ में चोट लगी थी, लेकिन गहरी नहीं थी। चाँद उस जत्थे में नहीं था। कान्हू को चोट मामूली थी। जिस समय इन्होंने पाया कि ये सब घिर गए हैं, सिदो ने वीरता और साहस का परिचय दिया। वे दोनों हाथ में तलवारें लेकर युद्ध का संचालन करने लगे। कान्हू और भैरव ने जमकर संघर्ष किया, लेकिन होनी को कौन टाल सकता है। लोग घायल सिदो को खाट की डोली बनाकर भोगनाडीह ले भागे। महेशपुर से भोगनाडीह करीब 60 किलोमीटर दूर है। घायल भैरव को दूसरे जत्थे ने भोगनाडीह पहुँचाया। कान्हू घर जाने को राजी नहीं हुए। मरहम-पट्टी के बाद कान्हू ने दूने उत्साह से अपने लोगों का नेतृत्व करना शुरू किया, नगाड़े बजते रहे, शाल वृक्ष की टहनियाँ घूमती रहीं, जंग चलती रही।

16 जुलाई को बीरभूम के मजिस्ट्रेट ने सरकार को सूचना भेजी कि करीब 10,000 संथाल 'सिउड़ी' की ओर बढ़ रहे हैं। हालत नाजुक है। मेजर बारोज ने अपनी सेना लेकर भागलपुर के बाहर ही संथालों को घेर लिया। पीरपैंती में देशी तीर-धनुष और बरतानवी बंदूकों में जमकर मुकाबला हुआ और बंदूकवाले हारकर भाग निकले। नगाड़े बजते रहे, स्वाधीनता संग्रामी आगे बढ़ते रहे।

17-18 जुलाई तक यह दावानल चारों ओर वीरभूम में फैल चुका था। वीरभूम के दक्षिण-पश्चिम तालडांगा से लेकर ग्रैंड ट्रंक रोड तक दक्षिण-पूरब में सांईतिया से राजमहल पहाड़ियों समेत भागलपुर तक फैल चुका था। भागलपुर में अंग्रेज साहबों के ऊपर संथालों का आतंक फैल गया। एक कोठी में जहाँ अनेक साहब लोग छुपे हुए थे और उसी के आस-पास किसी के यहाँ कोई उत्सव था। उन लोगों ने जोरों से ढोल बजाना शुरू किया। छिपे साहबों ने जब ढोल की आवाज सुनी तो वे समझे कि सिदो-कान्हू आ गए। संथाल आ गए। साहबों के बच्चे रोने लगे, कई औरतें बेहोश हो गईं।

आतंक का माहौल यह था कि बड़े सरकारी अधिकारी अपने बँगले, कोठियों की मोर्चेबंदी कर रहे थे और सेना की एक टुकड़ी उसी में फँसी थी। छोटे अमले-प्यादे बिना किसी को कुछ बताए दूर-दूर के इलाकों में भागकर छुप रहे थे। सूदखोर, महाजन, आढ़तिये, दलाल अपने-अपने परिवारजनों को दूसरी जगह भेज रहे थे। इनके यहाँ लठैतों, पहलवानों, हथियार चलाना जाननेवालों का भाव बहुत बढ़ गया। उन शोषकों की चाहे अपने भोजन की कोई व्यवस्था हो सके या नहीं, लेकिन उन अंगरक्षकों पर सारा घी, दूध न्योछावर था। बादाम और मेवा तो रक्षकों को भात, रोटी की तरह खिलाया जा रहा था। वे हाथ जोड़कर कहते थे कि भैया आपका ही भरोसा है।

सरकार की ओर से विद्रोह का मुकाबला करने के लिए अनेक उपाय चारों ओर से किए गए। बैरकपुर, बरहमपुर, दानापुर से सेना बुला ली गई। कलकत्ते से पुलिस की सहाय़ता मँगाई गई। दुर्गम जंगल और पहाड़ी इलाकों में संथालियों को खदेड़ने के लिए हाथियों की जरूरत महसूस की गई और आस-पास के सभी छोटे-बड़े राजा, नवाब, जमींदार, जागीरदारों के यहाँ से सारे हाथी और घोड़े मँगवा लिये गए। अनेक हाथी, घोड़े और राजे-रजवाड़ों के देशी सैनिक जमा हो गए। अकेले मुर्शिदाबाद के नवाब ने 29 हाथी और 100 सिपाही भेजे थे। इतना ही नहीं, भागलपुर के कमिश्नर मि. ब्राउन ने सिदो-कान्हू को जिंदा या मुर्दा पकड़वाने या सुराग देनेवाले को पाँच हजार रुपए इनाम देने की घोषणा की। उस समय के पाँच हजार रुपयों की कीमत शायद आज के दस लाख रुपयों से भी अधिक हो। इस इनाम के इश्तिहार चारों ओर लगाए गए। जमकर प्रचार किया गया। उस जमाने में पाँच हजार रुपए सुननेवालों के मुँह में पानी ला देता, मगर उन्हें खयाल आता कि सिदो-कान्हू तो देवता हैं और इस तरह उनका उत्साह ठंडा पड़ जाता।

नगाड़ों की आवाज गूँजते-गूँजते हजारीबाग में भी सुनाई पड़ने लगी। शाल की टहनियाँ तेजी से हजारीबाग के गाँव-गाँव में घूमने लगीं। रात को पेड़ों की चोटियों पर जलती हुई आग दिखाई देने लगी। सिदो-कान्हू का संदेश आ गया। ईश्वर का संदेश आ गया। जिनको खतरा था, वे तो नगाड़ों की आवाज पहुँचने के पहले ही भागने लगे थे। हजारीबाग के प्रशासनिक अधिकारियों को काफी समय मिल गया था। उन्होंने संथालों के आने और जाने पर रोक लगा दी थी। अनेक को गिरफ्तार कर बिना किसी सबूत अथवा अभियोग के जेलों में कैद रखा गया था। इसके बावजूद जहाँ-तहाँ ज्वाला फूटती रही। यही हालत बांकुड़ा की भी थी। इन इलाकों

में ब्रिटिशों को मोर्चाबंदी करने का यथेष्ट समय मिला, लेकिन वे इन इलाकों को मुक्त न रख सके। संथालों की स्वाधीनता का ज्वार वे रोक न पाए। शाल की पत्ते लगी टहनी में न जाने कौन सा जादू था कि जहाँ टहनी पहुँच जाती, वहाँ के संथाल स्त्री-पुरुष, बूढ़े-जवान सभी में उन्माद भर जाता, नगाड़े बज उठते और तीर-धनुष, तलवार के साथ संथाल निकल पड़ते। कौन मरेगा, कौन जिएगा, किसी को चिंता नहीं रहती।

उधर भोगनाडीह में जहाँ लोग सिदो का इलाज करा रहे थे, उसके आस-पास मुर्शिदाबाद के मजिस्ट्रेट मि. टुगड कुछ सिपाहियों और कुछ भेदियों को लेकर सूँघते फिर रहे थे। उनकी सहायता के लिए माल पहाड़िया लोगों की ब्रिटिश सेना के भी अनेक लोग तैनात किए गए थे। संथाल इनकी पूरी गतिविधि पर नजर रखते और घायल सिदो को यहाँ-वहाँ छुपाते फिरते। मि. टुगड को पक्की खबर थी कि सिदो माँझी भोगनाडीह लाया गया है, लेकिन घायल होते हुए भी पकड़ में नहीं आ रहा है। टुगुड की झुँझलाहट बढ़ती जा रही थी। उसने संथालों के गाँवों में लूटपाट करने और आग लगा देने की आज्ञा दे दी। सबसे पहले सिदो-कान्हू के मकान में आग लगाई गई और तत्पश्चात पूरा भोगनाडीह गाँव आग की चपेट में आ गया। घरों में मर्द तो थे नहीं, सिर्फ औरतें और बच्चे ही थे। कई घरों में संथाल औरतों ने अदम्य साहस का परिचय दिया। वे टांगी अथवा जो भी लाठी-डंडा, अस्त्र मिले, उसे ही लेकर आग लगाते पहाड़िया या अन्य सैनिकों पर टूट पड़तीं। औरतों के इस साहस को देखकर मि. टुगुड अवाक् था। अनेक संथाल औरतें शहीद हुईं। संथालों के घरों में आग लगाई जाती रही, महिलाएँ मुकाबला कर शहादत देती रहीं। विश्व की सर्वश्रेष्ठ सभ्यता के लोग आदिवासी लोगों के शौर्य और वीरता से झुँझला-झुँझलाकर खुद बर्बर और असभ्य बन गए। उनका जुल्म बढ़ता रहा। लोग घायल सिदो को यहाँ से वहाँ, जंगलों में, पहाड़ों में छुपाते रहे। इससे संथालों का मनोबल कम नहीं हुआ, बल्कि उन्माद और बढ़ता गया। संथाल तो संथाल ही थे, दुनिया में जहाँ कहीं भी जुल्म जितना अधिक हुआ है, विद्रोह ने उतना ही विस्फोटक रूप धारण किया है। परिणाम चाहे कुछ भी हुए हों।

24 जुलाई का दिन संथालों के लिए दुर्भाग्य का दिन था। मेजर शकवर्ग 500 सैनिकों की एक टुकड़ी लेकर भागलपुर की ओर जा रहा था। बरहेट के पास उसने पड़ाव किया। अचानक से एक सूचना मिली, जिसे सुनकर वह उछल पड़ा। तुरंत उसने अपने कुछ सैनिकों को बुलाकर कानों में कुछ बातें कहीं। वे सैनिक आनन-

फानन में तंबू से बाहर चले गए। शकवर्ग ने अपने सभी सैनिकों को तुरंत तैयार होने के निर्देश दिए। शकवर्ग बड़ी बेचैनी से अपने तंबू में टहलता रहा। उनकी व्यग्रता देखने लायक थी। कुछ देर बाद सैनिकों ने एक खाट की डोली उठाए कुछ लोगों को बंदूक की नोक पर चारों ओर से घेरा डालकर प्रवेश किया। शकवर्ग की खुशी का ठिकाना न रहा। खाट से कपड़ा उठाकर उन्होंने देखा, घायल सिदो बँधे हुए थे। सिदो गिरफ्तार हो चुके थे। संथालों के लिए 24 जुलाई दुर्भाग्य का दिन था। सेनापति बंदी हो गए, लेकिन अभी तो कान्हू मुक्त थे। लड़ाई की बागडोर उन्होंने सँभाली। जंग जारी रही। शाल की टहनियाँ घूमती रहीं। पेड़ों पर मशालें जलती रहीं। नगाड़े बजते रहे। संथाल आगे बढ़ते रहे।

भाग-4

मेघों में वज्र छुपा होता है, उसी तरह अपने ही लोगों में कई शत्रु लुका-छिपी का खेल करते थे। जिस मुनिया माँझी ने मेजर शकवर्ग को सिदो माँझी की सूचना दी थी, वह कोई दूसरा नहीं, संथाल ही था। पाँच हजार रुपए की राशि के लोभ ने मुनिया माँझी को गद्दार बना दिया। मुनिया माँझी ने उन पाँच हजार रुपयों से अनेक सुख-सपने देखे होंगे, लेकिन उनका सपना, सपना ही रह गया। वह उन रुपयों के दर्शन भी नहीं कर पाया और उसी मुनिया माँझी को लोगों ने कैदी बनाकर संथालों के राजा 'कान्हू माँझी' के सामने उपस्थित किया। सभी की राय से उसकी (मुनिया माँझी को) ईश्वर के नाम पर बलि चढ़ा दी गई।

सिदो माँझी की गिरफ्तारी के बाद ब्रिटिशों का हौसला बढ़ा। एक आशा की किरण जगी। चारों ओर चौकसी बढ़ा दी गई। 28 जुलाई को सिदो माँझी भागलपुर जेल पहुँचा दिए गए। उन्हें आशंका थी कि संथाल अपने नेता को छुड़ाने की कोशिश करेंगे। बड़े भाई कान्हू अभी आजाद हैं, इसलिए संथालों की उग्रता और भी बढ़ जाने की संभावना थी। नई रणनीति तय कर चारों ओर गुप्त सूचनाएँ भेजी गईं। उधर बरहैट के आस-पास संथाल संग्रामियों के केंद्र भोगनाडीह सिदो-कान्हू के गाँव, जहाँ संथालों की सभाएँ हुई थीं अथवा जहाँ-जहाँ सभाएँ होती थीं, उनकी चारों दिशाओं में 2 अगस्त, 1855 तक करीब 40 संथाल गाँव जलाकर भस्म कर दिए गए। सेना-पुलिस बढ़ा दी गई, लेकिन नगाड़े बजते रहे, शाल पत्ते की टहनियाँ घूमती रहीं, संथाल आगे बढ़ते रहे।

जुलाई के अंत तक जहाँ कहीं, जितने सैनिक उपलब्ध थे, सबको इकट्ठा

कर ब्रिगेडियर जनरल लायड के नियंत्रण में आवश्यक स्थानों पर भेजा गया। इसके तुरंत बाद ही बांकुड़ा और बीरभूम जिले में स्थित सैनिकों के कमांड के लिए कर्नल बर्ड को नियुक्त किया गया। मार्शल लॉ लगाने के भी प्रस्ताव किए गए, लेकिन भारत की कंपनी सरकार ने स्थानीय प्रशासन को उसकी आज्ञा नहीं दी। अगस्त के दूसरे सप्ताह तक किसी तरह भागलपुर के इलाके को विद्रोहियों से मुक्त करा लिया गया और विद्रोहियों को दक्षिण की ओर खदेड़ दिया गया। दक्षिण में भी कुछ भागों में शांति स्थापित कर दी गई, लेकिन फिर भी संथालों के नगाड़े बजते रहे, शाल पत्ते की टहनियाँ आती जाती रहीं। रातों को पेड़ों पर अग्निशिखा हिलती रही। जलती-बुझती रही। अब भी 30,000 हथियारबंद संथाल आगे बढ़ रहे थे। बरसात अपने चरम पर थी और बरसात के मौसम में लोगों को जंगल से खोज निकालना सेना के वश में नहीं था।

जुलाई के अंत में बंगाल सरकार और भागलपुर के कमिश्नर मि. ब्राउन के आपसी संबंध कुछ तनावपूर्ण हो गए। ले. गवर्नर फ्रेडरिक का मत उनके संबंध में कुछ विपरीत हो गया। अगस्त 6 को नदिया जिले के कमिश्नर को संथाल विद्रोह दबा देने हेतु विशेष कमिश्नर के पद पर स्थापित किया गया। 17 अगस्त को बंगाल सरकार की आज्ञा पर विशेष कमिश्नर ने एक घोषणा-पत्र जारी किया। यह इस धारणा पर किया गया कि सितंबर में जब बरसात कम हो जाएगी तो विद्रोह पुनः भड़क सकता है। अगस्त के अंत तक देवघर से लेकर दक्षिण-पश्चिम सीमा तक इनके नियंत्रण में आ गया। अब जिले की एक ही दिशा में संथालों की सेना आगे बढ़ रही थी, जिनमें करीब 3,000 लोग थे। एक और जत्था, जिसमें 7,000 के करीब विद्रोही थे, दूसरी ओर बढ़ रहा था। शीतकाल के आगमन से, ब्रिटिश फौजों को अधिक प्रभावी ढंग से मोर्चा लेने का मौका मिला। नवंबर के महीने में नंगे बदन संथालों को शीत के कारण परेशानी होने लगी, लेकिन उनके नगाड़े थमे नहीं। शालपत्र की टहनियाँ घूमती रहीं। पेड़ों की चोटियों पर रातों को प्रज्वलित अग्निशिखा झूमती रही और संथाल आगे बढ़ते रहे।

इसी प्रसंग क्रम में तत्कालीन कलकत्ता रिव्यू पत्र में प्रकाशित लेख 'संथाल रिबेलियन' से उद्धृत एक प्रसंग, "उस समय के आधुनिक आग्नेयास्त्रों से सज्जित सेना के साथ उद्दंडतापूर्ण लड़ते हुए, संथालों ने विशेष शौर्य दिखाया। कम-से-कम इसका एक उदाहरण है, जब उन्होंने हमला करने के पूर्व चेतावनी दी, जब वे एक डाक हरकारे पर दखल ले रहे थे और उसका थैला छीन रहे थे। उन्होंने इस

शर्त पर उसकी जान बख्श दी कि वह 'सिउड़ी' तक तीन पत्तोंवाली एक शाल वृक्ष की टहनी पहुँचा दे। इन तीन शाल पत्तों में यह संदेश छुपा हुआ था कि वे तीन दिनों के अंदर शहर पर हमला करेंगे। उन्होंने अदम्य साहस का परिचय दिया।" सभ्य लोगों ने ऐसी कोई चेतावनी दी हो, इसका कोई उल्लेख कहीं नहीं मिलता, बल्कि पुराने सरकारी अभिलेखों से इस बात के प्रमाण मिलते हैं कि संथाल औरतों को भी कंपनी सरकार ने गिरफ्तार किया था। अंग्रेजों की बर्बरता एवं संथालियों की विवशता मिलकर अन्य जगहों की भाँति हजारीबाग में भी आंदोलन को शमन करने का कारण बनी। (हजारीबाग ओल्ड रेकार्ड्स)

सितंबर 1855 तक अधिकारी इस फैसले पर पहुँच चुके थे कि विद्रोह का दमन हो चुका है। सरकार की ओर से उद्घोषणा भी कर दी गई कि प्रमुख नेता और जो भी विद्रोही दस दिन के अंदर आत्म-समर्पण कर दें, उन्हें रिहा कर दिया जाएगा, लेकिन उन लोगों का यह अनुमान कि संथाली पर्याप्त संख्या में मारे जा चुके हैं, निराधार निकला।

सितंबर के अंत तक क्रांति की एक दूसरी लहर उठी। देवघर से लेकर दक्षिण-पश्चिम की सीमा तक के सभी गाँवों में संथालियों की विजय के प्रतीक, शाल वृक्ष के कुंदे गाड़े गए। नगाड़े बजते रहे, शाल वृक्ष की टहनियाँ घूमती रहीं। रात-रात भर मशालों के संकेत आते रहे, जाते रहे और विजयी वीर संथाल आगे बढ़ते रहे। राजस्व विभाग, बिहार सरकार के विशेष पदाधिकारी पी.सी. रायचौधरी द्वारा लिखी गई पुस्तक 'बिहार में 1857' के पृष्ठ 17 पर इसी विषय पर किया गया एक मंतव्य, "गत जिला विवरणिका में संथालियों द्वारा की गई हत्या एवं नृशंसता का उल्लेख किया गया है, लेकिन चित्र अतिरंजित है तथा छिटपुट कुछ उदाहरण साधारण प्रचलन के तौर पर लिये गए हैं।

यहाँ इसकी चर्चा अनुपयुक्त नहीं होगी कि जुलाई के बाद बंगाल सरकार तथा भागलपुर के आयुक्त मि. ब्राउन का संबंध कुछ संशयात्मक हो गया, जिसके फलस्वरूप ले. गवर्नर फ्रेडरिक जेम्स हैलिडे ने संथाली राजद्रोह का पूर्णतया दमन करने के लिए ए.सी. विडवेल को विशेष आयुक्त बनाकर भेज दिया। इसी विडवेल के द्वारा 17 अगस्त को की गई उद्घोषणा का उल्लंघन ही नृशंसता और अत्याचार का कारण बना।

एक ओर जहाँ संथालियों के क्रूर कार्यों के प्रमाण मिलते हैं, दूसरी ओर वहाँ उनके बिरले पाई जानेवाली बहादुरी के कार्यों के भी प्रमाण परिलक्षित होते

हैं। संथाली वर्ग उत्तेजना और भावावेश में काम करनेवाले होते हैं। यत्र-तत्र उनके असावधान एवं प्रमत्त साहस के प्रमाण मिलते हैं। उनके द्वारा भाले और तीरों से बंदूक की गोलियों का सामना करना और क्या कहा जा सकता है।"

चार महीने में तथाकथित अर्ध-सभ्य लोगों और विश्व की सर्वश्रेष्ठ सेना के बीच चले इस युद्ध में दोनों की चूलें हिल गईं। ब्रिटिश फौजों को तो खैर राशन, अस्त्र-शस्त्र, दवाइयाँ तथा सभी वस्तुओं की आपूर्ति की व्यवस्था थी, लेकिन संथालों के पास तो ऐसी कोई व्यवस्था नहीं थी और न उन्होंने कोई भंडार जमा कर अपना युद्ध शुरू किया था, फिर भी संथालों के पास अभी भी हौसले थे और ब्रिटिश प्रशासन पस्त होता जा रहा था। आखिर हार मानकर 10 नवंबर को नदिया जिले से बदलकर लाए गए विशेष कमिश्नर ने मार्शल लॉ की घोषणा कर दी। मार्शल लॉ भागलपुर, मुर्शिदाबाद और बीरभूम जिलों के सभी प्रभावित इलाकों में लागू किया गया। अगर किसी की गतिविधि सरकार की नजर में संदेहास्पद हो, अथवा कोई हथियार लेकर अधिकारियों का विरोध करे अथवा कोई विद्रोहात्मक कार्य करे, तो तुरंत उसका कोर्ट मार्शल किया जाए और अगर उसे सजा सुनाई जाए तो तुरंत उसका क्रियान्वयन हो, इसके आदेश जारी किए गए।

एक विशाल सेना लेकर पूरे इलाके को छान लिया गया। इसका कहीं तो बहुत कम विरोध हुआ, जबकि कहीं संथालों ने उसी पुराने ही तेवर से विरोध किया। कहीं कम विरोध का होना ही साबित कर रहा था कि संथाल अब जाकर निढाल हो रहे हैं। उनकी गति धीमी पड़ रही है। संथाल वीरों की हालत भूख-प्यास से दयनीय होती जा रही है। उधर भागलपुर में संथाल सेनापति वीर सिदो के ऊपर मुकदमे का नाटक खत्म हुआ और 5 दिसंबर को उन्हें मौत की सजा सुनाई गई। प्रशासन ने प्रबंध किए कि जहाँ दारोगा महेशलाल दत्त का सिर धड़ से अलग किया गया था, ठीक उसी जगह टिकटिकी गाड़कर वीरनायक सिदो को फाँसी दी जाए। घटना स्थल पर लाकर फाँसी देना ब्रिटिश प्रशासन के द्वारा अपने ही कानून का उल्लंघन और साथ ही सरकारी हताशा का परिचायक है। संथालों और जनता का मनोबल तोड़ने के लिए चारों ओर डुगडुगी बजाकर देश के उस महान् सपूत की फाँसी का प्रचार किया गया, लेकिन सिर पर कफन बाँधकर जो स्वाधीनता संग्राम में कूद पड़े थे, वे टूट तो सकते थे, लेकिन झुक नहीं सकते थे। इस आंदोलन की सबसे बड़ी विशेषता थी, जैसा कि बिहार सरकार के पुरालेखागार में तथ्य उपलब्ध हैं, इस संग्राम में मर्दों के साथ औरतों ने भी समान रूप से भाग लिया। जहाँ मर्द तीर-धनुष,

तलवार, भाले, फरसे, टांगी लेकर चल रहे थे, वहीं औरतें अपने सिर पर टोकरियाँ लिए चल रही थीं। हर सुख-दु:ख में औरतों ने बराबर का साथ दिया और इसी मातृशक्ति के बल पर वे अब भी आगे बढ़ रहे थे। नगाड़े अब भी बज रहे थे।

भाग-5

संथाल हुल के अनुसार—10 नवंबर को मार्शल लॉ की घोषणा और विद्रोहियों के फिर से गतिविधियाँ शुरू करने की स्थिति में भी नागरिक और सैनिक अधिकारियों के बीच संबंधों में तनाव बना ही रहा और अकसर दोनों के बीच गलतफहमियाँ पैदा हो जाया करती थीं। निश्चय ही इससे सरकार के उद्देश्यों के पूरे होने में बाधा पहुँचती थी। 1855 के कलकत्ता रिव्यू में एक लेखक ने इस प्रकार लिखा, "हमारे राज में हमारी प्रजा का विश्वास डिग गया है और इलाकों में इन्होंने काफी तकलीफें भोगी हैं। जनता का एक हिस्सा सरकार के अंदर आपसी मेल की स्पष्ट कमी पर मुखर रूप से झींक रहा है। सार्वजनिक धन खत्म होता जा रहा है। लोक निर्माण कार्य ठप्प है, विशेषकर आशंका व्यक्त की जाती है कि (तत्कालीन प्रिय योजना) रेलवे की प्रगति गंभीर रूप से बाधित हुई है।" संक्षेप में क्रमशः हालात काफी बिगड़ते चले गए और विद्रोह तेजी से विभिन्न इलाकों में फैलता गया। इसलिए सरकार ने 10 नवंबर, 1855 को मार्शल लॉ की घोषणा की—

"इसके द्वारा यह घोषित एवं अधिसूचित किया जाता है कि बंगाल के लेफ्टिनेंट गवर्नर 1804 के विनियम 10 द्वारा उनको प्रदत्त अधिकार का प्रयोग करते हुए तथा काउंसिल प्रेसिडेंट की सहमति से निम्नलिखित जिलों में मार्शल लॉ लागू करते हैं—गंगा नदी की दाहिनी ओर अवस्थित भागलपुर जिले का अंश, भागीरथी नदी के किनारे पर अवस्थित मुर्शिदाबाद जिले का अंश, बीरभूम जिला और यह कि उक्त लेफ्टिनेंट गवर्नर अंग्रेज सरकार के भूभागों में, उसके संरक्षण में पैदा होने या निवास करने के चलते उसके प्रति राजभक्त सभी व्यक्तियों, संथालों और दूसरे लोगों के संबंध में उपर्युक्त जिलों के अंदर न्याय-व्यवस्था के सामान्य फौजदारी अदालतों के कार्यों को भी स्थगित करता है। सभी व्यक्ति अगर इस घोषणा के बाद उपर्युक्त जिलों में उक्त सरकार का खुला विरोध करते हुए या उसकी सत्ता का सशस्त्र विरोध करते हुए या राज्य के खिलाफ प्रकट रूप से विद्रोह का कोई कृत्य करते हुए पाए जाएँगे तो उनको गिरफ्तार कर लिया जाएगा।

"और यह कि वही लेफ्टिनेंट गवर्नर यह निर्देश भी देते हैं कि अंग्रेज सरकार

के प्रति निष्ठ जो सब लोग, संथाल एवं अन्य लोग, इस घोषणा के बाद उपर्युक्त रूप से पाए जाएँगे, उनका कोर्ट मार्शल द्वारा विचार किया जाएगा और यह सूचित किया जाता है कि वैसी अदालत द्वारा अगर किसी व्यक्ति को उपर्युक्त कोई अपराध का दोषी पाया जाएगा, तो उसे 1804 के विनियम 10 के खंड 3 के अंतर्गत मृत्यु दंड दिया जाएगा।"

मार्शल लॉ की उद्घोषणा से अशांत इलाकों के विभिन्न भागों में तैनात सैनिकों को संथाल विद्रोहियों को दंडित करने के काम में जोर-शोर से लगने में बढ़ावा मिला। अब उनको वर्षाकाल के आँधी-पानी की कोई परेशानी नहीं थी और जाड़े का मौसम सक्रिय सैनिक काररवाइयों से उपयुक्त था। बहुत सारी चौकियाँ कायम की गई थीं, जिनमें कभी-कभी बारह से चौदह हजार सैनिक तैनात रहते थे। इन चौकियों ने विद्रोहियों को खुले ग्रामांचल से खदेड़ दिया। सरकार ने तब, 3 जनवरी, 1856 को मार्शल लॉ की काररवाई स्थगित कर दी।

मार्शल लॉ लगने के बाद इन्हीं नगाड़ों की आवाज और पेड़ों के ऊपर जलती मशालों ने अंग्रेजी फौजों को इन्हें खोज लेने में सहायता की। ऊपर से कड़ाके की सर्दी, भूख-प्यास, बीमारी और युद्ध में लगे घावों ने संथालों को इतना कमजोर और अवश कर दिया कि अब वे बारह-चौदह हजार की संख्या में होते हुए भी मुकाबला करने की स्थिति में नहीं थे। सरकारी घोषणाओं की वजह से जो लोग गाँवों से बाहर निकल आए थे, सेना की गतिविधि से पुनः जंगलों में लौट जाने को बाध्य हुए। उनके नेताओं में से कुछ को पकड़ भी लिया गया था।

संथाल अब लगभग टूट चुके थे, लेकिन अब भी वे झुकने को तैयार नहीं थे। इसी प्रसंग के क्रम में एक ब्रिटिश फौजी अधिकारी का एक मर्मस्पर्शी संस्मरण—"एक और घटना में 45 संथालों ने एक मिट्टी के घर में शरण ले ली और आत्म-समर्पण करने से इनकार कर दिया। उन पर गोलियों के बौछारों की झड़ी लगा दी गई और प्रत्येक बौछार के बाद दया दिखाते हुए उनसे क्षमा माँग लेने को कहा जाता, लेकिन उन्होंने क्षमा नहीं माँगी, बल्कि प्रत्येक बार उत्तर में घर के भीतर से तीर आ जाते। आखिर में उनके तीर शांत हो गए, जब उस दस्ते ने झोंपड़ी के अंदर प्रवेश किया और पाया कि सिर्फ एक बूढ़ा आदमी जीवित है। एक सिपाही ने उससे हथियार डाल देने को कहा। जवाब में उस बूढ़े ने चीते की फुर्ती से छलाँग लगाई और सिपाही का सिर जमीन पर था।"

दिसंबर का महीना दुर्भाग्यपूर्ण रहा। संथाल अब जंगल की गहनता की ओर

सरककर नई मोर्चाबंदी की योजना बना रहे थे। स्वाधीनता संग्रामी झारखंड के महानायक 'कान्हू' यद्यपि घायल, श्रांत और क्रांत हो चुके थे। इन पाँच महीनों के लंबे युद्ध ने उन्हें शारीरिक यातनाएँ बहुत दीं, लेकिन उनके उत्साह में कोई कमी नहीं आई थी। वे अपने को बचाते हुए चारों ओर घूम-घूमकर रणनीति बना रहे थे। अपने लोगों का हौसला जगा रहे थे, लेकिन एक दिन जामताड़ा के उत्तर-पूर्व में ऊपर बाँधा के पास कुंजरा ग्राम के एक सरदार घटवाल ने कान्हू माँझी को धोखे से गिरफ्तार कर अंग्रेजों के हवाले कर दिया।

सिदो को तो पहले ही फाँसी दी जा चुकी थी। कान्हू के साथ भी वही सब नाटक किए गए। सिदो-कान्हू और संथाल विप्लवियों से त्रस्त ईस्ट इंडिया कंपनी ने झारखंड के महानायक पर कौन-कौन से जुल्म न किए होंगे, यह सहज अनुमान का विषय है। बिलों में छुपे ब्रिटिश अधिकारी अब बाहर निकल आए और संथालों के ऊपर जुल्मों के पहाड़ तोड़ दिए। आज इस महान् विप्लव के अध्ययन से कई चौंकानेवाले तथ्य प्रकट होते हैं। जैसे जिस पहाड़िया जाति ने हमेशा से संथालों से शत्रुता की थी, उसी पहाड़िया जाति के अनेक लोगों ने संथालों का साथ भी दिया था। दस्तावेजों के अध्ययन से पता चलता है कि अनेक पहाड़िया क्रांतिकारी गिरफ्तार हुए थे और उन्होंने भी कठोर सजाएँ भोगीं। सिदो माँझी को गिरफ्तार करानेवाला एक संथाल ही था और कान्हू को भी गिरफ्तार करानेवाला कोई पहाड़िया नहीं, बल्कि घटवाल था। इस संग्राम में 1856 को कुड़मी (महतो) जाति के चानकु महतो को गोड्डा में अंग्रेजों ने फाँसी दी थी। दस्तावेजों से पता चलता है कि इस आंदोलन में लड़नेवाले और गिरफ्तार होनेवाले लोगों में मुख्य रूप से संथाल और माल पहाड़िया, कुड़मी (महतो), कामार, भुइयाँ, कोल लोगों का भी समर्थन था।

कोर्ट ऑफ डायरेक्टर्स ने अपने 1856 के विवेचन संख्या 42 में संथाल हूल की पृष्ठभूमि का पुनरीक्षण किया, जो अत्यंत ही उत्कृष्ट अवलोकन है। उसी के कुछ चुने हुए अंश—

"···श्री पौन्टेट के अधीनस्थ कर्मचारी, नायब, सिजवाल, लोग काफी अतिरिक्त रकम उगाहते थे, यहाँ तक कि उन्हें कुछ ऐसे नायब सिजवालों का नाम बताया गया था, जो यह नौकरी करते हुए विपुल संपत्ति बटोर चुके थे।"

"हमें अभिलेखों में इस विचार के प्रमाण नहीं मिलते हैं कि संथाल विद्रोह के मूल तत्त्व धार्मिक उन्मत्तावस्था मात्र में उद्भूत थे···।" फिर भी संथालियों द्वारा उत्पादित अनाजों का अगर सुव्यवस्थित बाजार होता तो उनकी तकलीफ कुछ कम

होती, लेकिन महाजनों ने इन सब उलझी परिस्थितियों से काफी नाजायज फायदा उठाया। इन दोनों वर्गों के लोगों का आपसी संपर्क कुछ ऐसा हो गया था कि महाजन खुलेआम बेईमानी के तरीके अपनाकर मनमाना वसूल करते और संथालियों के ऊपर इस अत्याचार के विरुद्ध कोई भी सुननेवाला नहीं था।"

"महाजन कर्ज के तौर पर दिए गए रुपए का ऐसा बही-खाता रखते थे, जो संथाली पूर्णरूपेण समझ नहीं सके···महाजन न्यायालय की दुहाई देते थे और उनके सुव्यवस्थित तथा बेईमानी से दर्ज किए हुए बही-खाते के आधार पर न्याय भी उनके ही पक्ष में होता था। बुद्धिमान बंगाली से सीधे-सादे संथाली कहाँ तक विवाद कर सकते थे? और इस तरह संथाली क्रमशः विनाश की ओर अग्रसर होते जा रहे थे।"

"1838 ई. में महाजनों के अत्याचार के फलस्वरूप तीन ग्रामों के संथाली लोग भाग गए। ···अत्याचारों की शिकायत जिला अधिकारियों के पास की जाती थी, किंतु चलन कुछ ऐसा था कि संथालियों को न्याय कहीं नहीं प्राप्त होता था और अंततः उन्हें अनुभव करना पड़ता था कि उनकी तकलीफों का अंत नहीं है और वे व्यर्थ ही न्याय के लिए भटकते हैं।"

"नायब सिजवाल के विरुद्ध अकसर मामले पेश किए जाते थे, जिसमें एक महेश दत्त के विरुद्ध किया गया था, जिसके अत्याचारों से मुक्ति के लिए अर्ज किया गया था। ···वस्तुतः घटना उसी महेश दत्त का, जो दारोगा हो चुका था, खून करके होती दिखाई पड़ती है।"

"सन् 1854 के मई महीने में दामिन क्षेत्र के महाजनों के यहाँ संथालियों द्वारा छह डाके पड़े। इन डाका-कांडों के आयोजक सब पकड़े गए और उन लोगों ने दोष कबूल करते हुए बताया कि बंगाली महाजनों ने उन्हें भिखारी बना दिया है। ···शीघ्रातिशीघ्र संथालियों के इस असंतोष और उत्तेजना के भावों का निराकरण किया जाए, जो तभी हो सकता है, जब उन्हें पहाड़ी लोगों के समान कानूनी आश्रय मिले, लेकिन मेरे विचार से विवेकहीन बंगाली और विनम्र संथालियों के क्रमिक दूषित होते हुए संपर्क के अंतिम परिणाम को सोचकर इस पर निगरानी रखनी जरूरी होगी।"

"···किंतु मि. पौन्टेट का न्यायालय न्यायाधिकर्ता का ही न्यायालय तो था, जिसकी पुनः सुनवाई किसी उच्च न्यायालय में होती थी तथा जहाँ पहुँचते-पहुँचते संथाली स्वतः दम तोड़ देते थे, क्योंकि वहाँ तक लड़ने के लिए आर्थिक अवलंब उनके पास था ही नहीं। न्याय इसीलिए स्वतः महाजनों के पक्ष में पड़ता था।"

आगे कोर्ट ऑफ डायरेक्टर्स ने लिखा है, "अब हम लोग क्षेत्रीय अधिकारियों की अंतिम कानूनी कारस्वाई के ऊपर, जो विद्रोह होने से पूर्व ही कार्यान्वित की गई, विचार करते हैं।" 29 अगस्त, 1854 को दो संथाल माझियों के द्वारा आयुक्त, मि. ब्राउन के पास दरखास्त पेश की गई। यह दरखास्त पहाड़ी भागों में बसे हुए संथालियों के ऊपर महाजनों के अत्याचार का निरूपण करती है और अनंत आवेदन किया गया था कि अगर कानूनी रक्षा उनको नहीं मिली, तो उन्हें वहाँ से भाग जाने के अलावा कोई रास्ता नहीं रहेगा। उनके द्वारा जिज्ञासा की गई है कि अगर सरकारी सुरक्षा उन्हें प्राप्त न हो तो वे क्या करें?"

"विद्रोह आरंभ होने के दस महीने पहले यह अर्जी दी गई और इस अर्जी से निश्चित आभास मिलता है कि संथाली अभी तक सरकार से आशान्वित थे कि वह तकलीफों को दूर करने के लिए कोई निश्चित कदम उठाएगी और उनका विक्षोभ दूर होगा। आयुक्त का आदेश इस दरखास्त पर 19 अप्रैल, 1855 का है, जो आठ महीने दरखास्त पेश करने की अवधि के बाद होता है। आयुक्त इस अर्जी को जिलाधीश के पास उचित कारस्वाई के लिए भेज देते हैं और जिलाधीश उसे दंडाधिकारी के पास और इस तरह इधर चक्कर में फँसकर संथालियों ने खुलेआम विद्रोह शुरू कर दिया था।

महिलाओं के प्रति संग्रामी संथालों का व्यवहार कैसा था? इसका गहन अनुसंधान करने पर भी दुर्व्यवहार के कोई सबूत नहीं मिलते हैं। उपर्युक्त कोर्ट ऑफ डायरेक्टर्स के विवेचन की कंडिका 10 का पाठ—"···संभवत: रेलवे अधिकारियों तथा ठीकेदारों के कुछ दुराग्रहपूर्ण कार्यों ने संथालियों को चोट पहुँचाई होंगी और विद्रोहाग्नि कुछ इससे प्रज्वलित हुई होगी और शीघ्र ही फूट पड़ी होगी। रेलवे अधिकारियों की स्त्रियों और बहनों का मार डाला जाना, इन छिटपुट दुराग्रहों का परिणाम भले ही हो, लेकिन क्रांति का बीज रेलगाड़ियों के आगमन से भी बहुत पूर्व ही खोज निकाला जा सकता है।"

पूरे संथाल विद्रोह का पुनरीक्षण और कोर्ट ऑफ डायरेक्टर्स के पूरे विवेचन में उपर्युक्त दो प्रसंग ही आए हैं और दोनों ही प्रसंगों में दुर्व्यवहार की संख्या भी सीमित ही है। सिदो के बयान तथा कान्हू के बयानों में अथवा अन्य लोगों के बयानों या अभियोगों में संथाल स्त्रियों के अपहरण के प्रमाण मिलते हैं और पाँच महीनों की इतनी बड़ी लड़ाई में सिर्फ चुनकर उन्हीं लोगों की स्त्रियों से प्रतिशोध स्वरूप बिल्कुल सीमित कारस्वाई की गई। इसके अलावा कहीं भी किसी महिला के साथ

कोई दुर्व्यवहार न किया जाना क्या संथालों की सच्चरित्रता का प्रमाण नहीं है? अगर उपर्युक्त विषय की तुलनात्मक विवरणी बनाई जाए तो क्या संथाल भद्रता की सूची में सबसे ऊपर नहीं रहेंगे?

संथालों के इस संग्राम से ईस्ट इंडिया कंपनी की बुनियाद हिल गई। ब्रिटिशों ने संथालों की दृढ़ता और वीरता को देखते हुए संथालों को फौज में भर्ती करने का फैसला किया और उनके लिए ऊँचाई इत्यादि में कई छूट दी। यह उनके आत्म-बलिदान का ही फल था कि दामिन-इ-कोह कहे जानेवाले क्षेत्र का नाम भारत में पहली बार एक आदिम जनजाति के नाम पर रखा गया, 'संथाल परगना।' प्रशासनिक परिवर्तन तो किसी भी शासक का स्वाभाविक धर्म है, अतः अनेक प्रशासनिक परिवर्तन किए गए। संथाल परगना में लोगों का मत है कि 'सिदो-कान्हू' अपने परगने की रक्षा करते हैं। उनका विश्वास है कि अगर यहाँ आदिवासियों को कोई मिटाना चाहेगा, तो फिर रातों में पेड़ों के ऊपर अग्निशिखा जल उठेगी। शालपत्र की टहनियाँ घूमने लगेंगी और नगाड़े बज उठेंगे। लोगों का विश्वास है कि सिदो-कान्हू मरे नहीं हैं। सिदो-कान्हू को कोई मार ही नहीं सकता। सिदो-कान्हू अमर हैं।

□

संथाल विद्रोह

(1854-56)

सिदो-कान्हू जनक्रांति के अगुआ

30 जून, 1855 ई. का वह महान् संघर्ष संथाल विद्रोह या संथाल हूल की याद दिलाता है। इसी संदर्भ में यह कथन उल्लेखनीय है कि सिदो-कान्हू भारत में जनक्रांति की शुरुआत करनेवालों में अगुआ थे। जमींदारों, महाजनों के सामंती जुल्म से मुक्ति पाने के लिए अंग्रेजी शासन के राजनीतिक, आर्थिक, सामाजिक, सांस्कृतिक शोषण के खिलाफ अपने अस्तित्व की रक्षा, खोई हुई जमीन पुनः प्राप्त करने के लिए आदिवासियों ने अनेक सशस्त्र संग्राम किए, जिसमें संथाल विद्रोह मुख्य है।

झारखंड की वन से सुशोभिता रत्नगर्भा इस महान् धरती ने अपने स्वाभिमान की रक्षार्थ अनेक वीर पुत्रों को जन्म दिया, जो इस धरती की आततायियों-आतंकियों से रक्षा करते रहे। इन्हीं महान् सपूतों में एक ही माँ के चार बेटे सिदो-कान्हू-चाँद-भैरव हुए। विश्व के इतिहास में झारखंड का सानी मिलना मुश्किल ही नहीं, असंभव होगा कि एक ही माँ के चार बेटे अपने जातीय गौरव, स्वाभिमान और मातृभूमि की रक्षा के लिए शहीद हुए हों। झारखंड में अपनी सांस्कृतिक विरासत के प्रति एक गौरव और स्वाभिमान का भाव रहना स्वाभाविक ही है, क्योंकि यही वह धरती है, जिस पर कभी न अस्त होनेवाले ब्रिटिश साम्राज्य को सर्वाधिक गतिरोध का सामना करना पड़ा। यह आश्चर्य नहीं तो क्या कि पूरे भारत में अपना आधिपत्य स्थापित करनेवाली ब्रिटिश हुकूमत को इस भूखंड में अपनी सत्ता स्थापित करने में कठिनाई ही नहीं, असफलता भी प्राप्त हुई।

बिहार सरकार द्वारा प्रकाशित पुस्तक 'बिहार में 1857—छोटानागपुर तथा संथाल परगना' पेज नं. 10-11 से उद्धृत—

"...ऐसा कहा जाता है कि विद्रोहाग्नि में विभिन्न प्रतिकूल परिस्थितियाँ आहुति का काम कर रही थीं, जैसा कि संथालियों के स्वयं स्पष्टीकरण से पता चलता है कि असत्य का प्रचलन, अंग्रेजों की उपेक्षा नीति, महाजनों की स्वेच्छाचारिता, कार्यकर्ताओं में भ्रष्टाचार, आरक्षियों की नृशंसता आदि कुछ ऐसे तत्त्व काम कर रहे थे, जिससे निरंतर वहाँ के बाशिंदों के अंदर असंतोष और घृणा के भाव भर रहे थे। अंग्रेज अफसरों का अभाव तथा बंगाली और दूसरे 'दिक्कू' अर्थात् दूसरे जिलों या प्रांतों के आदमियों का सारा व्यापार हथियाए रहना ही संथालियों की खास शिकायतें थीं। यह जिला पहले भागलपुर और वीरभूमि में विभक्त था और आवासी दंडाधिकारी केवल देवघर में ही रहते थे। दामिन-इ-कोह का राजस्व-प्रशासन एक अधीक्षक के अधीन था, जिन्हें सहायतार्थ चार नायब सिजावाल प्राप्त थे तथा जो भूमि संबंधी विवादों को मिटाने और कर उगाहने के उद्देश्य से घूमा करते थे। अधीक्षक ही एकमात्र अंग्रेज पदाधिकारी था, जो दामिन इलाकों का निरीक्षण किया करता था, पर उसे दीवानी और फौजदारी मुकदमों को देखने का अधिकार नहीं था। अत: संथालियों को देवघर और भागलपुर के न्यायालयों में ही शरण लेनी पड़ती थी और इस तरह न्याय पाना कुछ कठिन था, किंतु बंगाली महाजन उनके सिर पर सवार थे। अदूरदर्शी तथा अमितव्ययी संथाली शीघ्र ही ऋण-ग्रस्त हो जाते थे और एक बार ग्रसित होने पर इस शिकंजे से निकलने की संभावना ही उन लोगों के लिए नहीं रहती थी। अगर महाजन द्वारा नालिश की जाती थी तो संथालियों के पास उस नालिश के विरुद्ध केवल रस्से की बँधी हुई गाँठें पाई जा सकती थीं, जिसकी गाँठें रुपए की द्योतक थीं तथा गाँठों के बीच की जगह साल का प्रतिनिधित्व करती थी। दूसरी ओर सूदखोरों के पास सुव्यवस्थित बही-खाते होते और समय पड़ने पर वे लोग जाली दस्तावेज तथा रेहननामे या बेचीनामे भी पेश करते थे। बहुधा उन्हें अपने मूलधन एवं ब्याज की वसूली के लिए न्यायालय नहीं जाना पड़ता था। साधारणत: वे अपने कारिंदों को भेजकर कर्जदारों के माल-मवेशी भी भगा ले जाते थे। भीरु तथा भोले संथालियों को इन धनवानों के दमन-चक्र से मुक्ति पाना असंभव था। वे नालिश नहीं कर सकते थे, क्योंकि उनकी जुर्रत ही क्या थी, केवल थोड़े से माल-मवेशी आदि। इतनी दिक्कत को झेलकर भी अगर वे नालिश करते, तो उसकी जाँच फिर पुलिस के सुपुर्द की जाती थी, जो महाजनों के हाथ की कठपुतली थीं। इस तरह दामिन-इ-कोह में सरकार न तो कार्यपालिका और न न्यायालयों के द्वारा ही अपने स्पष्ट रूप में प्रकट हो सकी। दूरस्थ न्यायालय जनसमूह की पहुँच के बाहर

थे तथा उनका आदेश भ्रष्ट अमलों तथा चपरासियों द्वारा संपादित होता था। दारोगा या नायक सिजावाल ही कार्यपालिका का प्रतिनिधित्व करते थे, जो अत्यंत खुदगर्ज होने के नाते महाजनों के ही हथकंडे थे। अत: संथाली अपने को केवल उपेक्षित ही नहीं पाते थे, बल्कि अपने ही पड़ोसी पहाड़ियों के साथ सरकारी भेदनीति तथा उनके लिए अलग आरक्षी नियम तथा साधारण न्यायालयों के अधिकार क्षेत्र से बाहर होने से संथालियों को क्षोभ होता था।" (जिला विवरणिका, संथाल परगना, ओ मेली द्वारा लिखित तथा श्री एस.सी. मुखर्जी द्वारा 1938 में पुनरीक्षित)।

उस समय दामिन-इ-कोह क्षेत्र में संथालियों का आप्रवासन बड़े पैमाने पर चालू था, जो लगातार 5 या 6 दशाब्दियाँ पहले से ही उड़ीसा, धालभूमि, बांकुरा और वीरभूमि आदि क्षेत्रों से जारी था। बुचैनन हैमिलटन ने भागलपुर जिले के अपने 1810-11 के विवरणों में इसका दिग्दर्शन कराया है। भागलपुर के जिलाधीश के अनुसार 1836 ई. तक दामिन-इ-कोह में करीब 427 ग्रामों की स्थापना हो चुकी थी। 1851 में शेरविल ने दामिन-इ-कोह में संथालियों की बहुत बस्तियों को पाया और उसकी पुस्तक 'मुर्शिदाबाद, वीरभूमि और राजमहल पहाड़ियों के भ्रमण' के अनुसार, "जटिल समाज के विषाक्त वातावरण से दूर पहाड़ी घाटी के अंतर्गत प्रकृति के उन्मुक्त प्रांगण में संथाली लोग अपना सीधा-सादा जीवन व्यतीत करते थे। वे लोग साधारण तथा अनुशासित वर्ग के थे। उनके शासकों को कर-संग्रह तथा मर्यादित जीवन-यापन के अतिरिक्त कुछ नहीं करना था।"

सरकारी दस्तावेज में उपर्युक्त कथन उल्लिखित है। इससे समझा जा सकता है कि संथालों की क्या हालत थी ? संथाल हूल में सशस्त्र संग्राम का रास्ता अपनाने के पूर्व संथालों ने दारोगा, कलेक्टर, कमिश्नर और कुछ जमींदारों को पत्र लिखकर अपनी समस्याओं से अवगत कराया और उनके समाधान के लिए कहा, परंतु किसी ने ध्यान नहीं दिया। असंतोष बढ़ता ही गया, जन आक्रोश उभरता ही रहा। इसी बीच 1854 ई. में बीर सिंह माँझी के नेतृत्व में संथालों ने महाजनों पर हमला करके अपनी संपत्ति छीन ली। परिणामस्वरूप इलाके के जमींदार ने बीर सिंह माँझी को खूब मारा-पीटा। इस घटना ने संथालों को उत्तेजित कर दिया। असंतोष की स्थिति में भोगनाडीह ग्राम के कुलु संथाल के चार पुत्रों—सिदो-कान्हू-चाँद-भैरव ने विद्रोही संथालों का नेतृत्व किया। इनके बारे में एक लोककथा प्रचलित है कि स्वयं मरांग बुरू (ईश्वर) ने सिदो और कान्हू को स्वप्न में आदेश दिया कि वह संथालों को जुल्म और अत्याचार से मुक्त कर स्वाधीन संथाल राज की स्थापना

करें। मुक्ति की चाह में 30 जून, 1855 ई. में लगभग दस हजार संथाल तीर-धनुष और अन्य हथियारों से लैस होकर भोगनाडीह ग्राम में जमा हुए। सिदो और कान्हू ने सभा में गुलामी और शोषण से मुक्ति पाने के लिए तथा अपने अधिकार प्राप्त करने के लिए सशस्त्र संघर्ष का आह्वान किया। संथालों ने एक स्वर से शपथ ली कि वे अब जमींदारों, महाजनों, अंग्रेज शासकों, पुलिस, मजिस्ट्रेट आदि का अन्याय और अत्याचार बर्दाश्त नहीं करेंगे।

सभा के आदेश से सिदो, किरता, भादु और सुन्नो माँझी ने अंग्रेज सरकार, भागलपुर के कमिश्नर, कलेक्टर और मजिस्ट्रेट, दीघी थाना के दारोगा तथा कुछ जमींदारों के पास पत्र भेजे। यह इन सबको संथालों का अल्टीमेटम था। दारोगा और जमींदारों से पंद्रह दिन के अंदर जवाब देने की माँग की गई थी। 'भारत का मुक्ति संग्राम' पुस्तक के अनुसार 30 जून, 1855 की सभा में ही कलकत्ता अभियान की घोषणा की गई और सभा के बाद से ही यह अभियान आरंभ हो गया। इस अभियान में केवल नेताओं के अंगरक्षकों की सेना प्राय: तीस हजार थी। घर से लाया गया भोजन जब तक रहा, तब तक अभियान शांतिपूर्ण चलता रहा, लेकिन जब खाद्य सामग्री समाप्त हो गई तो दो ही रास्ते रह गए थे—लूट या जबरदस्ती खाद्य सामग्री इकट्ठा करना। नेताओं ने दूसरा रास्ता अपनाया, लेकिन साधारण संथालों ने पहला रास्ता बेहतर समझा। पंचखेतिया बाजार में मानिक चौधरी, गोरा चाँद सेन, सार्थक, निमाई दत्त और हीरू दत्त नामक पाँच बदनाम महाजन रहते थे। ये संथालों पर बड़ा अत्याचार करते थे। विद्रोही संथालों ने आकर इन पाँचों महाजनों की हत्या के बदला चुकाया। इसी समय महाजनों से घूस खाकर दीघी थाने का दारोगा महेश लाल दत्त विद्रोहियों के नेता सिदो, कान्हू आदि को गिरफ्तार करने पंचखेतिया बाजार आया। सिदो और कान्हू ने कहा, "अगर हमारे खिलाफ कोई अभियोग हो तो हमें गिरफ्तार कर बाँध लो।" दारोगा परिस्थिति को भाँप न सका। उसने सिदो और कान्हू को गिरफ्तार करने का आदेश दे दिया। दारोगा का आदेश होते ही उसे और उनके साथ के सिपाहियों को पकड़कर बाँध दिया गया और वहीं संथालों की अदालत बैठी। अदालत के फैसले के अनुसार, "संथालों के प्रधान नेता सिदो ने दारोगा की हत्या कर दी और नौ पुलिसवालों को भी मौत के घाट उतार दिया गया।"

विद्रोह का वर्णन करते हुए इतिहासकार हंटर ने लिखा, "अंत में जब विद्रोह का आघात आरंभ हुआ, उस वक्त इस अंचल में नियुक्त बारह सौ सैनिकों को अस्सी मील में फैले विद्रोहांचल में कहीं खोजे भी नहीं पाया गया। पंद्रह दिन तक

संथाल विद्रोही पश्चिम के जिलों में ध्वंस और अत्याचार चलाते रहे। जुलाई महीना समाप्त होने के पहले ही सैकड़ों गाँवों को जलाकर खाक कर दिया गया। कई हजार गाय, भैंस संथाल हाँककर ले गए। सेना विभिन्न स्थानों में पराजित हुई और दो महिलाओं समेत कई अंग्रेज कर्मचारी मारे गए। अंग्रेजों की बहुत सी नील कोठियाँ लूट ली गईं और जला दी गईं। बीरभूम के सदर शहर की हालत भयंकर हो उठी थी। एक उच्च पदाधिकारी दिन-रात अपने घोड़े को तैयार किए बैठा रहता था। जेलखाने को सुरक्षित किया गया था और खजाने की अधिकांश रकम एक कुएँ में छिपाकर रख दी गई थी।

गोड्डा महकमे के थाने का दारोगा प्रताप नारायण था। विद्रोह दमन करने के लिए उसने विद्रोहियों में फूट पैदा करने की कोशिश की थी। एक दिन थाना वापस आते समय वह विद्रोहियों के हाथ पड़ गया और मारा गया। खान साहब कहलानेवाला एक अन्य दारोगा कान्हू के हाथ मारा गया। बहुत से अत्याचारी महाजन मारे गए। इस तरह बहुत से महाजन घर-द्वार छोड़कर भाग गए। विद्रोही संथालों ने बीरभूम जिले के प्रायः आधे हिस्से पर अधिकार कर लिया था। 21 जुलाई, 1855 को पुलिस, जमींदारों और महाजनों की सम्मिलित सेना को विद्रोहियों ने पराजित किया। अगस्त महीने में बहुत बड़ी सरकारी सेना ने आक्रमण आरंभ किया तो विद्रोही बीरभूम छोड़कर चले गए।

अंग्रेज सरकार की ओर से घोषणा की गई कि अगर संथाल आत्म-समर्पण कर दें तो नेताओं को छोड़कर सभी को माफ कर दिया जाएगा। शांति स्थापना के बाद संथालों की शिकायत पर विचार किया जाएगा, जो आत्म-समर्पण न करेंगे, उन्हें कठोर दंड दिया जाएगा। इस धमकी के बावजूद किसी संथाल ने आत्म-समर्पण नहीं किया। विद्रोही लड़ते-लड़ते मर जाना चाहते थे, किंतु आत्म-समर्पण नहीं। 10 नवंबर, 1855 को ब्रिटिश शासकों ने अविभाजित बंगाल के संथाल अंचलों को सेना के हाथ सौंप दिया। सरकार ने घोषणा की कि जिस संथाल के हाथ में हथियार देखा जाएगा, उसी को अंग्रेज सरकार का दुश्मन माना जाएगा, उस पर सामरिक अदालत में मामला चलेगा और मृत्युदंड दिया जाएगा। इसके बाद ब्रिटिश शासकों की सेना का नंगा नाच शुरू हुआ। हजारों संथाल जवान, बूढ़े, औरतें, बच्चे मारे गए। संथालों की बस्ती उजाड़ दी गई। इस प्रचंड आक्रमण के सामने विद्रोहियों को पीछे हटना पड़ा। फरवरी 1855 में सिदो अंग्रेज सेना के हाथों पड़ गए और उन्हें 5 दिसंबर को फाँसी दी गई। इस तरह संथाल विद्रोह के सबसे बड़े नेता का अंत

हुआ। दिसंबर के तीसरे सप्ताह कान्हू जामताड़ा के पास कुंजरा ग्राम के घटवाल सरदार द्वारा कैद कर लिये गए और उन्हें गिरफ्तार कर लिया गया। इन्हें भी फाँसी की सजा हुई। चाँद, भैरव भागलपुर के पास भयंकर युद्ध में मारे गए। इसी तरह संथाल विद्रोह के दूसरे नेता भी लड़ते-लड़ते शहीद हो गए, किसी भी संथाल ने आत्म-समर्पण नहीं किया।

1855 में इतिहास प्रसिद्ध संथाल विद्रोह (हूल) के महान् नायक कान्हू द्वारा गिरफ्तारी के बाद विशेष सहायक आयुक्त इशले ईडेन के समक्ष दिया गया बयान यहाँ प्रस्तुत है, जिससे कुछ महत्त्वपूर्ण जानकारियाँ मिलती हैं—

"महाजनों ने दारोगा से शिकायत की कि सिदो और कान्हू एक डकैती करने के लिए लोगों को जमा कर रहे हैं और महाजनों ने आकर हमें पकड़ने के लिए उसको एक सौ रुपए दिए। दारोगा बाबूपाड़ा में बैठा हुआ था। उसने पहले मेरे पास एक गनमैन को भेजा। उसने आदमियों को गिना। तब मैंने गनमैन को यह कहते हुए परवाना दिया कि ठाकुर आया है और हम शिकायत करने के लिए जमा हुए हैं, तुम क्यों दखल देते हो? दारोगा दो दिन रहा और तब चला गया। ...तब मैंने उसे बुलाया और वह महाजनों को लेकर मैदान में आया। उसने मुझसे पूछा, 'तुम कहाँ जा रहे हो?' मैंने कहा, 'मैंने तुमको जो परवाना भेजा है, उसी के सिलसिले में मैं यहाँ आया हूँ।' उसने कहा कि उसने परवाना देखा है, लेकिन ऐसी बात नहीं कि वह डरकर आया है और महाजनों ने उसे मेरे पास आने से मना करता हुआ एक परवाना दिखाया और उसे अपने साथ सिपाहियों को ले जाने को कहा, नहीं तो संथाल उसका सिर काट देंगे, तब मैंने कहा कि मैंने वह परवाना नहीं भेजा है, महाजनों ने मेरे परवाने को बदलकर उसे उसके पास भेजा है। मैंने कहा, 'तुम क्यों आए हो?' उसने कहा, 'मैं सर्पदंश से हुई एक मौत की छानबीन करने आया हूँ।' तब उसने कहा कि तुम डकैती करने के लिए आदमियों को जमा कर रहे हो। मैंने उससे यह साबित करने को कहा कि क्या मैंने चोरी या डकैती की है। अगर तुम ऐसा कुछ साबित करते हो तो मुझे जेल में डाल दो। महाजनों ने कहा कि अगर एक हजार रुपया लगे तो वे उसे कैद करने के लिए वैसा करेंगे। महाजन और दारोगा बहुत गुस्सा हो गए और उन्होंने मुझे बाँधने का आदेश दिया। महाजन मेरे भाई सिदो को बाँधने लगे, तब मैंने अपनी तलवार निकाली, तब उन्होंने मेरे भाई को छोड़ दिया और मैंने मानिक की मुंडी (सिर) काट दी और सिदो ने दारोगा को मार दिया और मेरी सेना ने 9 आदमियों को मार डाला, जिनके नाम मैं नहीं जानता हूँ। तब हम सब भगुवाड़ी लौटे।"

दिसंबर 1855 में संथाल विद्रोह से संबंधित जिला बीरभूम के सेशंस जज द्वारा विभिन्न मियादों के लिए कैद की सजा से दंडित किए गए बाईस अभियुक्त, जिनको सरकारी आदेश तारीख 3 दिसंबर, 1855 को बीरभूम से हजारीबाग भेजा गया, उनमें (1) सिंगराय माँझी, (2) नफरलाल कुमार, (3) शामलाल पहाड़िया, (4) पारस माँझी, (5) चंद्र माँझी, (6) सालखो माँझी, (7) सिंगराय, (8) कांचन माँझी, (9) लखन माँझी, (10) कालू माँझी, (11) धूनी माँझी, (12) रूरू माँझी, (13) मोटा माँझी, (14) बांगुड़ माँझी, (15) विशु माँझी, (16) करन माँझी, (17) राज माँझी, (18) दोलेल माँझी, (19) शीतल माँझी, (20) बीर सिंह माँझी, (21) कतर माँझी, (22) रामन माँझी शामिल थे।

जिला बीरभूम के सेशंस जज द्वारा विभिन्न मियादों के लिए कैद की सजा से दंडित बीस अभिशंसितों का विवरण, जिन्हें सरकारी आदेश से तारीख 3 दिसंबर 1855 को बीरभूम से बांकुड़ा भेजा गया—(1) जगु मनी, (2) दुलभ, (3) विशु, (4) सलोर, (5) दीनू मोनी, (6) बलराम, (7) मरिया मंगी, (8) चुंडरी, (9) रंजीत, (10) मंगल, (11) सोना, (12) गोपाल, (13) सुरजी माँझी, (14) निमाई माँझी, (15) मंगल माँझी, (16) श्याम, (17) मेघराय, (18) डोमन माँझी, (19) राम माँझी, (20) वर्षा।

संथाल परगना जिले की स्थापना

संथाल विद्रोह के बाद ब्रिटिश सरकार इन आंदोलनकारियों के लिए अलग से एक गैर-नियमन इलाका एक जिला दामिन-इ-कोह व अन्य जिले बनाने को मजबूर हो गई, जिनमें संथाल नामक आदिवासी जातियाँ रहती थीं। यह गैर-नियमन इलाका संथाल परगना के नाम से जाना गया। इसके पहले संथालों को अपनी शिकायतें दूर कराने की कोई सुविधा प्राप्त नहीं थी। वैसे तो ब्रिटिश ईस्ट इंडिया कंपनी की सभी जनता के लिए कचहरियाँ व अदालतें थीं, लेकिन संथाल के दरवाजे पर महाजन मौजूद थे, तो दूसरी ओर ये कचहरियाँ व अदालतें मीलों दूर भागलपुर और देवघर में थीं। उस समय आने-जाने का साधन नहीं था। अगर इन अदालतों के चपरासी से लेकर दारोगा तक, अमला से नायब तक, सभी अधिकारी इन शिकायतों को दूर करने के लिए अपनी माँगे पेश करके इनका कोई भी फायदा इन संथालों तक न पहुँचने देते और अगर लेते-देते कोई मामला अदालत तक पहुँच भी जाता तो संथाल का बयान महाजन के बही खातों के सामने गलत साबित होता

और इन सभी अड़चनों को पार करते हुए अगर मामले पर सुनवाई शुरू की जाती तो संथालों के पास अपना मामला लड़ने के लिए वकील को देने के लिए पैसे नहीं होते थे और इन सबके अलावा वह पूरी तरह से विदेशी और भ्रष्ट कानून व्यवस्था संथालों की समझ के बाहर की बात थी।

फिर संथाल लोग एक बार फिर हमेशा की तरह पीछे हटकर और गहरे जंगलों में क्यों नहीं चले गए, जहाँ उनकी बाँसुरी की धुन और अच्छी तरह निकलती मालूम होती, उनके मांदरों की आवाज और तेज होती और वे अपने तीरों और कमानों को फिर से इस्तेमाल में लाते? इसका सीधा सा उत्तर यह है कि अब कोई जंगल ही नहीं बचा था, जहाँ वे पीछे हटकर चले जाते। डब्ल्यू.टी. डाल्टन ने लिखा है—दुर्भाग्यवश यह क्षेत्र घटवालों तथा दूसरों के कब्जे में था, जिन्हें हमने सुरक्षा के तौर पर कुछ अधिकार दे दिए हैं। संथाल एक तरह से फँस से गए हैं, उनके पीछे हटने की गुंजाइश खत्म हो चुकी है। अगर उन पर दबाव डाला जाएगा, तो वे अब और पीछे हटने की हालत में नहीं हैं। वे मध्य भारत की पहाड़ियों व जंगलों के बिल्कुल आखिरी छोर पर पहुँच चुके हैं और अब वे गंगा के मैदानी भाग के पास आ गए हैं, जहाँ वे लोग जमीन पर बहुत अधिक निर्भर हैं और लगान की दरें आसमान को छू रही हैं।

दामिन-इ-कोह के संथालों ने आस-पास के जमींदारों व महाजनों पर हमला करके अपने असंतोष की पहली चेतावनी दी। उन्होंने गलत तरीके से कमाई गई संपत्ति को लूट लिया। पाकुड़ के एक वकील दिगंबर चक्रवर्ती द्वारा दिए गए एक विवरण के अनुसार मोरिया व लछीमपुर में राजबीर सिंह के नेतृत्व में होनेवाली गुप्त आदिवासियों की बैठकों से डरे हुए थे। महाजनों व स्थानीय अधिकारियों ने पाकुड़ राजा की राजधानी अंबाह परगना की जमींदार रानी केसम सुंदरी की मदद माँगी। उनके दीवान बाबू जगबंधु दास ने आदिवासी नेता राजबीर सिंह को जमींदारी कचहरी में बुलवाया। उस पर भारी जुरमाना किया गया और उसको उसके साथियों के सामने जूतों से बुरी तरह पीटा गया। इस तरह बेइज्जत होकर वे वहाँ से चले गए। इसके बाद जो शांति स्थापित हुई, उससे सरकार, बड़े जमींदारों, छोटे जमींदारों, घटवालों, दारोगाओं, महाजनों, दिकुओं तथा यूरोपियों को काफी राहत मिली। विद्रोही समझे जानेवाले आदिवासियों को समाज में उनकी क्या वैधानिक स्थिति है, यह बता दिया गया। शिकायतों को दूर करने के लिए उनके द्वारा दायर की गई अपील एक दफ्तर से दूसरे दफ्तर में घूमती रहती थी, जिस पर कोई कारर्वाई नहीं होती थी।

यह इन अत्याचारियों के लिए एक दुर्भाग्य की बात थी कि एक संथाल परंपरा, जिसमें लोगों की भलाईवाली बातों का प्रचार, विशेष तौर पर कटाई और अगली बुनाई के मौसम के बीच के समय में इलाके में इतनी तेजी के साथ फैलता है कि शांति की यह अवधि, जिसे पुराने दब्बूपन की आदत कहा गया, एक प्रकार से आनेवाले तूफान की तैयारी थी, जो 1855 में निश्चिंत बैठे प्रशासन और महाजनों पर आ पड़ा।

फरवरी 1856 के अंत में कान्हू को विशेष आयुक्त आशले ईडेन के समक्ष बयान देने के बाद फाँसी पर चढ़ा दिया गया। बड़ी तादाद में लोगों को बंदी बना लिया गया। उन पर मुकदमा चलाया गया, उन्हें लंबी-लंबी सजाएँ दी गईं या फिर फाँसी पर लटका दिया गया। बंदियों में बहुत कम उम्र के लड़के भी थे, लेकिन इसके बाद तुरंत संथाल परगना बनाए जाने तथा बनाए गए कानूनों, अनेक पुलिस चौकियों के बनाए जाने तथा इलाके में दो बटालियन रखने से यह साफ जाहिर होता है कि इस विद्रोह से ब्रिटिश हुकूमत की इज्जत खतरे में पड़ने से भी कुछ ज्यादा ही बात हो गई थी।

संथालों की कोई जन सेना नहीं थी। उनको कोई सैनिक प्रशिक्षण नहीं दिया गया था, फिर भी उनकी शक्ति तथा चालें मजबूत थीं। अप्रत्याशित संख्या में उनका जमा हो जाना, उनका सुनियोजित रूप से फैल जाना बेजोड़ था। ब्रिटिश ईस्ट इंडिया कंपनी यकायक इस बात की ओर से चौकन्नी हो गई कि सभी प्रकार के शोषणों के शिकार संथाल लोगों द्वारा चुपचाप यह सबकुछ सहन किया जाना बड़े पैमाने पर उनके अशांत हो उठने के खतरे से खाली नहीं था और इस इकट्ठी होती जा रही अशांति के व्यापक हिंसा के रूप में फूटकर बाहर आने के अलावा कोई रास्ता नहीं था। इस बात को ध्यान में रखकर ब्रिटिश लोगों ने संथालों को संतुष्ट करने का काम शुरू किया, लेकिन उसके साथ-साथ इस नीति की आड़ में उन्होंने अपनी सुरक्षा प्रणाली को भी मजबूत बनाने का काम शुरू कर दिया। एक ओर उन्होंने अपने शासन कानून में संथाल परगना के लिए 1856 में विशेष पुलिस कानून का निर्माण किया, जिसके अंतर्गत संथाल खुद पुलिस में भर्ती हो सकते थे। ब्रिटिश लोग संथाल परगना को गैर-नियमन इलाका बनाकर तथा अलग करके संथालों को दिकुओं और विदेशी कानूनों से राहत दिलाने के साथ-साथ इस इलाके में संचार साधनों को और बेहतर बना रहे थे। नई सड़कें बना रहे थे और रेल सेवा में भी विस्तार कर रहे थे। इस विद्रोह के बाद हजारों उजड़े दुःखी तथा भूखे संथाल असम और बंगाल

में बन रहे चाय-बगानों की ओर चले गए। इस तरह कोई भी व्यक्ति इस आंदोलन को बेरहमी के साथ दबाए जाने के बाद हुए नए परिवर्तन की असलियत को अच्छी तरह समझ सकता है। यह बात साफ हो जाती है कि विद्रोह के दौरान हुई लड़ाइयों का शोरगुल तो शांत हो गया था, लेकिन उनकी गूँज वर्षों तक बनी रही है।

इस विद्रोह को कोई महत्त्वहीन स्थानीय बलवा मात्र नहीं माना जा सकता है। वर्षों तक यह विद्रोह सरकार, जमींदारों और प्रभावित इलाकों की जनता के लिए एक खतरा बना रहा। विद्रोह के दमन में फौज कोलकाता, बरहमपुर, रानीगंज, देवघर, भागलपुर, पूर्णिया, मुंगेर, बाढ़ और पटना के सरकारी अफसरों पर काफी जोर रहा। विभिन्न इलाकों के जमींदारों ने कई प्रकार से सरकार को सहयोग दिया। विद्रोह से सरकार के राजस्व की गंभीर क्षति हुई, लेकिन कभी-कभी बुराई से अच्छाई भी निकल आती है। इस घटना ने बंगाल और बिहार के इतिहास में एक नए अध्याय का सूत्रपात किया। इससे सरकार की समझ में आया कि संथाली इलाकों को असरदार प्रशासनिक नियंत्रण में लाने के लिए तत्काल कुछ काररवाई करने की जरूरत है। ज्ञात हो कि अभी जो संथाल परगना है, वह पहले भागलपुर और बीरभूम जिलों में बँटा हुआ था और एकमात्र आवासी मजिस्ट्रेट देवघर में रहता था।

विद्रोह के बाद 1856 में पुलिस नियम बने, जिनमें गाँवों की मुखिया व्यवस्था को मान्यता दी गई। इस प्रणाली के तीन मुख्य केंद्र बिंदु थे—(1) संथालों और असिस्टेंट कमिश्नर के बीच कोई बिचौलिया नहीं रहेगा, (2) बगैर लिखित अर्जी या अफसरों की मौजूदगी के मौखिक रूप से शिकायतें की जा सकेंगी, (3) तमाम फौजदारी काम खुद संथालों की मदद से चलाया जाएगा। वे लोग मुलजिमों और गवाहों को लेकर कोर्ट आएँगे। प्रथम डिप्टी कमिश्नर आशले ईडेन और कमिश्नर जॉर्ज यू.सी.बी. के अधीन इस व्यवस्था में इतना काम हुआ कि 1857 के सैनिक विद्रोह के दौरान संथालों ने आंदोलनों में कोई भाग नहीं लिया, बल्कि उनमें से कई लोगों को पुलिस कर्मियों के रूप में भर्ती करना भी संभव पाया गया। ऐसा सोचा गया कि अब संथालों में अपने पैरों पर खड़ा होने की पर्याप्त क्षमता नहीं है और सामान्य कानूनों एवं नियमों के कार्यान्वयन से उन पर बहुत बुरी बीतती है। संथाल लोग प्रशासनिक अधिकारियों, महाजनों, जमींदारों और अन्य लोगों के अपराधों, दोषों एवं चूकों से उत्तेजित थे। उनको यह बात समझ में नहीं आती थी कि उनके और ईश्वर की देन इस भूमि के बीच आखिर किसी बिचौलिये की जरूरत ही क्या है? वे चाहते थे कि उनके वे पुराने दिन वापस लौट आएँ, जब जंगल और जंगलों

को साफ करके बनाई गई जमीनें उनकी अपनी होती थीं और उनकी अपनी प्रथाएँ लागू थीं। वे उस स्थिति को वापस चाहते थे। देखा गया कि प्रशासन की आमतौर पर चीजों को लटकाकर रखने और देरी करने की प्रवृत्ति के चलते शिकायतों को दूर करने के लिए पेश की गई उनकी अर्जी को एक साल से अधिक समय तक रख दिया जाता था। वे हाकिमों, सरकारी अफसरों और वकीलों के तौर-तरीकों को नहीं समझते थे। उनके विद्रोह को तो कुचल दिया गया, लेकिन यह सोचा गया कि बंगाल प्रेसीडेंसी में लागू किए गए सामान्य नियमों और कानूनों को संथाल लोगों के ऊपर लागू नहीं किया जाना चाहिए और इसलिए दामिन-इ-कोह कहे गए जिले और जिन अन्य जिलों में संथाल लोगों की बहुलता है, उनमें वैसे कानूनों को लागू न करना समयोचित होगा।

बिहार सरकार द्वारा प्रकाशित पुस्तक 'बिहार में 1857 (छोटानागपुर-संथाल परगना) के पृष्ठ 31-32 से उद्धृत—

"संथाल परगने में 1857 के गदर से पहले भी अधिकारियों का ध्यान संथालियों को फौज में भर्ती करने की ओर गया था। 1855 के आंदोलन में तो संथालियों की युद्ध कला भी समुचित रूप में प्रकाश में आई। संथालियों के बारे में 63वीं राष्ट्रीय सेना के सेनापति लेफ्टिनेंट कर्नल हैनिंगटन और छोटानागपुर के उपायुक्त ने निम्न आशय के विचार व्यक्त किए हैं। 'संथालियों से फौजी दस्ते बहुत जल्द ही आयोजित किए जा सकते हैं। ये लोग छोटे कद के होते हुए भी कार्यक्षम और बहादुर होते हैं। बहुत कम अस्त्र-शस्त्रों के साथ छोटी-मोटी लड़ाइयों में वे अपने को पूर्णतया उपयोगी सिद्ध कर सकते हैं। मैं उनकी स्थिरता, ईमानदारी और दूसरे गुणों के बारे में पूरी जिम्मेदारी के साथ कह सकता हूँ।' उक्त आशय का पत्र 5 अगस्त, 1857 को भारत सरकार के सचिव तथा बंगाल सरकार के सचिव को लिखा गया (सैनिक संमंत्रणा, 7 अगस्त, 1857, नं. 390)। बंगाल सरकार के सचिव ने 31 अगस्त, 1857 को 1549 के पत्र में भारत सरकार के सचिव को लिखा कि लेफ्टिनेंट गवर्नर, गवर्नर जनरल-इन-काउंसिल की अनुमति से दामिनी क्षेत्र के संथालियों की लगभग तीन फौजी टुकड़ियाँ तैयार करना चाहते हैं।"

संथाल विद्रोह के महत्त्वपूर्ण परिणामों में से एक यह था कि बंगाल और बिहार के समतल इलाकों और शहरों के सभ्य लोगों की तुलना में आदिवासी जातियों में ईसाई मिशनरी गतिविधियाँ चलाने पर अधिक जोर दिया जाने लगा। इस समय से झारखंड और उससे सटे बंगाल के पहाड़ी जिले ईसाई मिशनरियों से भर

गए। इस काम का राजनीतिक पहलू यह है कि अनपढ़ आदिवासियों को अंग्रेजों का संपर्क और सभ्यता का मूल्य सिखाया गया। आदिवासियों के प्रति एवं ईसाई बने आदिवासियों के प्रति, जो अनुकूल और विशेष व्यवहार किया गया, उससे आदिवासियों में असंतोष की संभावना बहुत कम हो गई। यह बात दिलचस्प है कि भारतीय सुधारक पंथों ने तथा सनातन हिंदुओं और मुसलमानों ने भी यूरोपियों के उदाहरण का अनुसरण करते हुए आदिवासियों का धर्म-परिवर्तन करने का तरीका अपनाया, जिसके फलस्वरूप आदिवासी हिंदुओं या अन्य समुदायों में लगातार शामिल होते रहे हैं।

सिदो, कान्हू, चाँद, भैरव ने झारखंड में इनकलाब की जो ज्योति जगाई, वह ब्रिटिश हुकुमत के खिलाफ थी। वह हर शख्स, ताकत या प्रवृत्ति, जो आदिवासियों की जल, जंगल, जमीन की भौगोलिक अस्मिता, झूमर, मांदर की थाप पर उन्मुक्त हृदय से थिरकनेवाली झारखंडी सांस्कृतिक अस्मिता, समरस सामाजिक मान्यताओं पर आधारित प्राचीन परंपरागत आध्यात्मिक अस्मिता पर कोई कुठाराघात करने का प्रयास करेगा तो उसका भी वही हश्र होगा, जो अंग्रेजों का हुआ था। सिदो-कान्हू का आंदोलन कोई तात्कालिक प्रतिक्रियावाद नहीं था, बल्कि आदिवासी समाज की अंतर्तम प्रकृति एवं स्वभाव का प्रकटीकरण था। सीधा-सादा, भोला-भाला सा दिखनेवाला आदिवासी नम्र जरूर है, किंतु कमजोर नहीं। वह सुदूर पर्वत गुफा वन प्रदेश में रहता है, उसको भी क्रांति-इनकलाब के बारे में वस्तुनिष्ठ व्यावहारिक ज्ञान है। व्यक्ति-आधारित विरोध एक अलग बात है और सामूहिक विरोध को आंदोलन का रूप देना एक अलग बात है। वास्तव में, ब्रिटिश साम्राज्यवाद के विरोध में सामूहिक विरोध आंदोलन और अंततः क्रांति का अंकुरण इसी झारखंड की वीर प्रसूता भूमि झारखंड में ही हुआ था। मार्क्स, लेनिन की साम्यवादी विचारधारा बाद में प्रतिपादित हुई। उसका व्यावहारिक प्रयोग काफी वर्ष पूर्व झारखंड की भूमि में क्रांतिकारी सिदो-कान्हू के द्वारा हुआ था। यह जीवन वृत्तांत आनेवाले हजार युगों तक शोषित-पीड़ित, अपमानित मानवजाति को अपने अधिकार, संस्कृति और अस्मिता की रक्षा हेतु सतत संघर्ष करने की प्रेरणा देता रहेगा।

शोषण के खिलाफ लड़ने में, देश की स्वतंत्रता को बचाकर रखने में तथा समाज को एक कदम आगे बढ़ाने में आदिवासियों ने बहुत कुरबानी दी है। हजारों की संख्या में लोग शहीद हुए, विशेषकर इन शोषित जातियों की महत्त्वपूर्ण भूमिका भारत में अंग्रेजी साम्राज्यवाद के खिलाफ आंदोलन में दिखाई पड़ती है। भारत

को आंदोलन की दिशा देने में चुआड़ विद्रोह, कोल विद्रोह, संथाल विद्रोह जैसे आदिवासियों का संघर्ष एक मजबूत आधार बना, जिस पर 1857 के सिपाही विद्रोह ने भारत मुक्ति संग्राम को खड़ा किया, लेकिन भारत के शासक वर्ग और उसके दलाल बुद्धिजीवी वर्ग ने इन तथ्यों को बराबर छिपाने की कोशिश की।

आज झारखंडी आर्थिक, शैक्षणिक रूप से शोषित हैं। सिदो-कान्हू जैसे ऐतिहासिक व्यक्तियों का दिवस मनाते हैं। इन बड़े-बड़े संघर्षों, सामाजिक मूल्यों तथा सामाजिक भावनाओं के जरिये एक भारतीय इतिहास को ढूँढ़ निकालें। सिदो-कान्हू के भूले हुए प्रगतिशील चिंतन परंपराओं को फिसले लोगों के सामने ला रखें। यह नया इतिहास। झारखंडी लोगों की यह प्रगतिशील चिंतन परंपरा ही एक शोषण मुक्त भारत का आधार बनेगी।

संथाल विद्रोह : चानकु महतो को फाँसी

संथाल विद्रोह के दौरान 1856 में चानकु महतो को अंग्रेज शासकों ने गोड्डा में सरेआम फाँसी के फंदे पर झुला दिया था। चानकु महतो जैसे एक प्रमुख शहीद का नाम सरकारी दस्तावेज में उपलब्ध है। भारत सरकार के Anthropological Survey of India द्वारा प्रकाशित पुस्तक 'PEOPLE OF INDIA' के (Bihar including Jharkhand, Volume XVI, Part-2, Page 584) में उल्लिखित है—"During the Santal rebellion in the Santal Parganas and Manbhum the Kudmis participated under the leadership of Chanku Mahto, Whowas hanged in Godda in 1856."

ज्ञातव्य है कि 1594 में मानसिंह को बंगाल का सूबेदार बनाकर भेजा और उन्होंने राजमहल में नई राजधानी बसाई। यह क्षेत्र अगम्य होने के कारण मुगल यहाँ शासन स्थापित नहीं कर सके। फिर भी मुगल शासक फौज की टुकड़ियाँ भेजा करते थे। उल्लेखनीय है कि मुगल आने के काफी पूर्व संथालों के साथ-साथ कुड़मी जाति के लोग वर्तमान गोड्डा जिला में बसने लगे थे। गोड्डा, पोड़ेयाहट, महगामा, जामताड़ा आदि कई क्षेत्रों में इनकी बड़ी आबादी है। चानकु महतो का जन्म 9 फरवरी, 1816 ई. गोड्डा स्थित रांगामाटिया गाँव में हुआ था।

मैंने काफी सारी कड़ियों, संभावनाओं व साक्ष्यों के आधार पर संताल परगना की एक गुमनाम हस्ती की जीवनी पर प्रकाश डालने का प्रयास किया है। चानकु महतो गोड्डा क्षेत्र के रांगामाटिया गाँव के निवासी थे। वे अपने आदिवासी स्वशासन व्यवस्था के प्रधान थे। उस गाँव के बुनियादी निवासी होने के कारण

सामूहिक गतिविधि का नेतृत्व भी करते थे। वे कुड़मी समाज के परगनैत थे, जो कई गाँवों का प्रधान होता है। अंग्रेजों द्वारा मूल रैयतों से जमीन छीनकर बाहर से लाए गए महाजनों के नाम पर स्थानांतरण करना व उनके परंपरागत अधिकारों का हनन करना जैसी गतिविधि जारी थी। यही वजह था कि चानकु महतो ने मूल रैयतों को संगठित किया। ठीक यही परिस्थिति राजमहल पहाड़ी के पूर्वी भाग में बसे संथाल जनजाति के मध्य भी थी। वहाँ सिदो-कान्हू के नेतृत्व में संथाल आदिवासी रैयत काफी संख्या में अंग्रेजों, महाजनों के खिलाफ एकत्र होकर मजबूती के साथ आवाज बुलंद कर रहे थे। चानकु महतो ने सिदो-कान्हू के नेतृत्व को मानते हुए अपने आंदोलन को संथाल विद्रोह के साथ जोड़ा और जगह-जगह सभा आयोजन कर अंग्रेज शासकों को ललकारने लगा। चानकु महतो 30 जून, 1855 को भोगनाडीह की सभा में उपस्थित थे और उसी दिन सिदो-कान्हू ने अंग्रेजों के खिलाफ विद्रोह की घोषणा की थी।

इसी बीच उन्हें एक आंदोलनकारी साथी बैजल सोरेन (गाँव—कालाझोर, सुंदर पहाड़ी) का साथ मिला। बैजल सोरेन के पिता द्वारा महाजन से लिया गया लोन वापस करने के बावजूद खत्म ही नहीं हो रहा था। उसे जबरन वसूला जाता था। इसलिए एक दिन उस महाजन को लोन वापस करने के बहाने बुलाकर बैजल सोरेन और चानकु महतो ने मिलकर उसकी हत्या कर दी। अंग्रेज शासक सचेत हो गए। दस्तावेजों से पता चलता है कि इस आंदोलन में लड़नेवाले, फाँसी में लटकनेवाले, गिरफ्तार होनेवाले क्रांतिकारियों को मुख्य रूप से संथाल, घटवाल, कुड़मी, पहाड़िया, कोल लोगों का समर्थन प्राप्त था। जमींदारों को टैक्स न मिलने के कारण ईस्ट इंडिया कंपनी सरकार की बेइज्जती हो रही थी, स्थानीय राजाओं व अधिकारियों की मुश्किलें बढ़ी हुई थीं। ऐसी परिस्थिति में बैजल सोरेन को आजीवन कारावास की सजा दी गई। चानकु महतो अंग्रेजों की पकड़ से बाहर थे। ब्रिटिश सैनिक विद्रोहियों से मुकाबला करने का उपाय करने लगे, लेकिन सैनिकों ने गोड्डा के इर्द-गिर्द गाँवों को नष्ट कर दिया था। कई गाँव जल रहे थे, लोग नजर में नहीं आ रहे थे। चानकु महतो बागी करार दिए गए, कई लोग पकड़े गए। इसके बाद भी गोड्डा में फौज आती रही। चानकु महतो के नेतृत्व में 1855 के आश्विन महीने में गोड्डा के बारकोप स्टेट के सोनारचक में एक बड़ी सभा हुई थी, जिसमें खेतौरी जाति के नेता राजबीर सिंह समेत कई प्रमुख नेता शामिल हुए थे। गोड्डा के नायब प्रताप नारायण द्वारा अंग्रेज शासकों को सभा की सूचना दी गई। ब्रिटिश सेना,

घुड़सवार और नायब के सिपाहियों ने सभा स्थल पर पहुँचकर पूरी भीड़ को घेर लिया, जिससे युद्ध का वातावरण पैदा हुआ। एक तरफ ब्रिटिश सेना की बंदूक से गोली और दूसरी ओर से आंदोलनकारियों के तीर बरसने लगे। भीषण संघर्ष हुआ। दोनों तरफ से कई लोग मारे गए और आंदोलनकारियों ने नायब प्रताप नारायण पर चढ़ाई कर दी, जिससे वह मारा गया। इस युद्ध में राजबीर सिंह समेत कई आंदोलनकारी ब्रिटिश सेना के हाथों मारे गए। चानकु महतो को सोनारचक रणक्षेत्र से दो किलोमीटर दूर बाड़ीडीह नामक गाँव से गिरफ्तार किया गया और उन्हें 15 मई, 1856 को गोड्डा के राजकचहरी स्थित कझिया नदी किनारे सरेआम फाँसी पर लटका दिया गया। कहा जाता है कि चानकु महतो की फाँसी के बाद इतनी जबरदस्त दहशत थी कि बाड़ीडीह गाँव के निवासी कुड़मी (महतो) लोग अपना पुश्तैनी गाँव छोड़कर पंद्रह किलोमीटर दूर डुमरिया, मोहनपुर के नजदीक सरैया नाम का नया गाँव बसाकर रहने लगे। उल्लेखनीय है कि आज भी सरैयावासियों (कुड़मी जाति के लोग) की बाड़ीडीह गाँव में जमीन है, जिसका प्रमाण भूमि दस्तावेज 1932 के गेंजर परचा में दर्ज है, लेकिन उस गाँव में किसी का मकान नहीं है।

चानकु महतो के विद्रोह की कहानी का खास कारण यह था कि गोड्डा इलाके में ब्रिटिश कंपनी सरकार द्वारा न्याय के रास्ते बंद कर दिए थे। कृषक असंतोष, व्यापक एवं प्रबल था। कृषकों द्वारा उत्पादित वस्तु धान, सब्जी, तिलहन-दलहन एवं जानवरों का वास्तविक मूल्य नहीं मिलता था। हाट-बाजार में महाजनों द्वारा जबरन मुँहमाँगे दाम से खरीद लिया जाता था या लूट लिया जाता था। अराजकता की स्थिति बनी रही। सरकार के बढ़ते करों और महाजनों के शोषण-दमन से मुक्ति पाने के लिए चानकु महतो ने गोड्डा क्षेत्र के असंतुष्ट किसानों को एकत्र कर संथाल विद्रोह की हर कदमताल में अपने को कुरबान कर दिया। उसका उद्‌देश्य कृषक एवं आदिवासी समाज की स्वतंत्रता स्थापित करना तथा ब्रिटिश हुकूमत का उन्मूलन था। चानकु महतो के आंदोलन से सिदो-कान्हू को काफी बल मिला था। ☐

1857 का सिपाही विद्रोह : झारखंड की भूमिका

मंगल पांडेय एक भारतीय स्वतंत्रता सेनानी थे, जिन्होंने 1857 में सिपाही विद्रोह में महत्त्वपूर्ण भूमिका निभाई थी। वे ईस्ट इंडिया कंपनी की 34वीं बंगाल इन्फैन्ट्री के सिपाही थे। तत्कालीन ब्रिटिश शासन ने उन्हें बागी करार दिया, जबकि भारत के लोग उन्हें स्वाधीनता संग्राम के एक नायक के रूप में मानते हैं। सिपाही विद्रोह की इस कड़ी में झारखंड ने भी अपनी भूमिका निभाई थी।

बिहार में सन् 1857 के स्वाधीनता आंदोलन से झारखंड का आंदोलन कुछ भिन्न था। इन दोनों क्षेत्रों में ब्रिटिश शासकों और साधारण जनता के बीच एक गहरी खाई थी। ब्रिटिश शासकों ने अपने मनोबल तथा शासन तंत्र के विस्तारीकरण की प्रेरणा से बड़े-बड़े नेताओं को कुचल दिया। छोटानागपुर-संथाल परगना में आदिवासियों के प्रति जो व्यवहार किया गया, उसमें इन इलाकों की सभी प्रमुख संस्थाओं, परंपराओं एवं रीति-रिवाजों के प्रति एक घोर उपेक्षा का भाव दिखाया गया। अंग्रेजों का एक ही उद्‌देश्य रह गया और वह था पूर्ण रूप से अपना राज स्थापित करना। इसी उद्‌देश्य की पूर्ति के लिए वहाँ एक खास किस्म की प्रशासनिक व्यवस्था लाद दी गई तथा इसे पनपने नहीं दिया गया। आदिवासी समाज को मृत्यु स्तर तक ले आया गया। उन्हें अपने शासकों पर ही अब निर्भर करना पड़ता, जो पहले ईश्वर की दया का सदैव भरोसा रखते थे। छोटानागपुर-संथाल परगना (1857) का आंदोलन इन्हीं दुःखों का पर्यवसान था।

परिवेश

भारत में ब्रिटिश राज के स्थापना काल से ही अंग्रेजों का विरोध करते आए झारखंड क्षेत्र के लोग अभी संथाल विद्रोह की विफलता की पीड़ा और ग्लानि से उबर भी न पाए थे कि सिपाही विद्रोह आ खड़ा हुआ। सन् 1765 में धालभूम (अब झारखंड

का पूर्वी सिंहभूम जिला) के लोगों ने जो ब्रिटिश प्रतिरोध की लड़ाई शुरू की थी, वह क्रमश: फैलती ही गई। 1769 में इस लड़ाई ने क्रांतिवीर रघुनाथ महतो के नेतृत्व में चुआड़ विद्रोह का रूप ले लिया। झारखंड के लोग लड़ते रहे, कटते रहे, मरते रहे, गाँव-के-गाँव उजाड़ दिए गए, जलाकर भस्म कर दिए गए, जेलखाने बनते रहे और भरते रहे, लेकिन ब्रिटिश प्रतिरोध का क्षेत्रफल बढ़ता ही रहा और करीब-करीब सारा झारखंड क्षेत्र झुलसकर रह गया था, लोग घायल और अधमरे हो चुके थे।

झारखंड का यह क्षेत्र उस समय बंगाल प्रेसीडेंसी के अधीन था, इसलिए पुराने अभिलेखों तथा सरकारी दस्तावेजों में बंगाल का उल्लेख मिलता है। बंगाल में उस समय वहाबी संप्रदाय का आंदोलन विफल हो चुका था। सन् 1831 में तीन-चार हजार हथियारबंद वहाबियों ने बारासात जिले में एक छोटे से कस्बे पर कब्जा कर लिया और इसके बाद उन्होंने कोलकाता की ओर बढ़ना शुरू कर दिया। एक भयंकर लड़ाई के बाद ही अंततः उन्हें तोपों की गोलाबारी से तितर-बितर कर दिया गया, लेकिन वहाबियों के हौसले पस्त नहीं हुए। फरायजी पंथ के नाम से विज्ञात नया संप्रदाय वहाबियों की ही एक शाखा थी। फरायजी भी इसलाम की पवित्रता को बनाए रखना तथा खुदा के समक्ष सभी लोगों की समानता को स्थापित करना चाहते थे। वे कहते थे कि उनके संप्रदाय के सभी लोग बराबर हैं, जमीन खुदा की संपत्ति है और किसी को भी अपने लाभ के लिए किसानों से लगान माँगने का अधिकार नहीं है। 1852 में पटना के वहाबियों ने अंग्रेजों के खिलाफ जिहाद की घोषणा कर दी थी। शहरी आबादी और विशेषकर बंगाल की फौज के सिपाहियों ने उनका भरपूर समर्थन किया।

भारत में उस समय एक दूसरा आंदोलन भी विकसित होने लगा था। इसके नेता ऐसे लोग थे, जो यह महसूस करते थे कि भारत एक पिछड़ा देश है और जो अनेक परंपरागत प्रथाओं और रीतियों के विरोधी थे। इन लोगों ने पाश्चात्य शिक्षा पाई थी और वे सामंती प्रथाओं की तर्कवादी, मानवतावादी दृष्टिकोण से आलोचना करते थे, लेकिन हिंदू धर्म में सुधार के लिए आंदोलन चलाते हुए उन्होंने अंग्रेजों के साथ इस आशय से सहयोग किया कि प्रबुद्ध होने के नाते वे जनता में शिक्षा का प्रसार करने और युगों-युगों पुराने पूर्वग्रहों से संघर्ष करने में सहायता करेंगे। बंगाल में इस नए आंदोलन के सदस्य मुख्यतया जमींदार और कंपनी के कर्मचारी, बंबई के धनी पारसी और मद्रास के व्यापारी थे। अकसर औपनिवेशिक प्रशासन की कारवाइयों की आलोचना तो करते थे, लेकिन भारत में अंग्रेजों के प्रभुत्व के खिलाफ आवाज नहीं उठाते थे।

राजा राममोहन राय (1772–1833) एक बंगाली जमींदार उस आंदोलन के पहले प्रमुख प्रतिनिधि थे। उन्होंने 1828 में 'ब्रह्म समाज' की स्थापना की। वह भारत में आधुनिक किस्म का पहला सामाजिक संगठन था, जो एक निर्वाचित नेतृत्व आदि के साथ यूरोपीय ढर्रे पर गठित था। 1821 में उन्होंने बाँग्ला भाषा में प्रकाशित प्रथम भारतीय साप्ताहिक पत्रिका 'संवाद कौमुदी' और फिर 1822 में फारसी में प्रकाशित 'मिरातुल अखबार' की स्थापना की।

1851 में कोलकाता में 'ब्रिटिश इंडियन एसोसिएशन' नामक एक परिपक्व संस्था कायम हुई। इस तरह की घटनाएँ मुंबई में घट रही थीं। मुंबई में ऐसे आंदोलनों के प्रमुख नेता धनी और सुसम्मानित फारसी, जो औपनिवेशिक कंपनी प्रशासन के साथ सहयोग कर रहे थे और युवा उदीयमान महाराष्ट्रीय बुद्धिजीवी थे, जो यूरोपीय पद्धति पर संचालित स्थानीय शैक्षणिक संस्था, एलफिन्सटन कॉलेज से जुड़े हुए थे। 1852 में स्थापित बंगाल की एसोसिएशन से मिलती-जुलती बंबई एसोसिएशन में तब फूट पड़ी, जब युवा छात्रों ने सभी भारतीयों के लिए अंग्रेजों के समान अधिकारों की माँग की और नरमपंथी उच्चवर्गीय व्यापारी इससे अलग हो गए। अकेले मद्रास एसोसिएशन ने ही भारतीय जमींदारों द्वारा किसानों का शोषण बंद करने के प्रश्न को उठाया। उस समय ईस्ट इंडिया कंपनी के चार्टर का फिर पुनरीक्षण हो रहा था। इसलिए तीनों एसोसिएशनों ने भारत में औपनिवेशिक प्रशासन के अन्यायों के बारे में लंदन में संसद् को याचिकाएँ भेजीं।

उदीयमान पूँजीवादी राष्ट्रीय आंदोलन झारखंड के लोगों, जैसे किसानों तथा शहरी असंगठित मजदूरों से एकदम कटा हुआ था। यही कारण था कि 1857 के जन-विद्रोह के दौरान प्रभावशाली पूँजीवादी हलकों ने अपने आपको उस महान् अखिल भारतीय स्वाधीनता संग्राम से एकदम अलग रखा और उसमें अपरोक्ष रूप से भी भाग नहीं लिया, लेकिन 1856 में भारतीय आकाश में एक ऐसे नक्षत्र का उदय हो चुका था, जो आगे चलकर भारत के स्वाधीनता आंदोलन के लिए युगांतकारी साबित हुआ। 23 जुलाई, 1856 को महान् स्वतंत्रता सेनानी 'बाल गंगाधर तिलक' का जन्म हो चुका था, जिन्होंने आगे चलकर स्वतंत्रता आंदोलन और राष्ट्रीय कांग्रेस को एक नई दिशा दी। सन् 1856 में ही गवर्नर जनरल लॉर्ड डलहौजी के जाने के बाद लार्ड कैनिंग भारत के गवर्नर जनरल बनकर आए, जो अंतिम गवर्नर जनरल साबित हुए और इनके समय में ही ईस्ट इंडिया कंपनी का खात्मा हुआ।

भारत में ब्रिटिश राज की स्थापना काल से ही राजे-महाराजे, नवाबों से तो कई झड़पें हुईं, लेकिन शीघ्र ही अंग्रेज उन पर काबू पाने में सफल होते गए। झारखंड

क्षेत्र में 'कोल विद्रोह' और 'संथाल विद्रोह' के सिवा कहीं भी अंग्रेजों का अब तक सारे भारत में किसी भी जन-विद्रोह से सामना नहीं हुआ था। इस बार 1857 के विद्रोह की बागडोर सिपाहियों के हाथ में थी, लेकिन यह भारत का दुर्भाग्य था कि उन्हें एक सेनापति या नेता का नेतृत्व न मिल सका अथवा आज भारत का इतिहास कुछ और ही होता। तांत्या टोपे, नाना साहब पेशवा, मंगल पांडे, झाँसी की रानी लक्ष्मीबाई आदि शक्तिशाली नेता तो थे, लेकिन आंचलिक थे। केंद्रीय नेता बहादुर शाह जफर बूढ़े और अस्वस्थ थे। इतनी बड़ी सेना को वे संगठित न रख सके।

कंपनी सेना के ये सिपाही बंगाल (कलकत्ता), बंबई और मद्रास प्रेसीडेंसी में विभाजित थे। इनमें 170 हजार में से 140 हजार भारतीय सैनिक थे और अंग्रेज कुल 30 हजार ही थे। बंगाल प्रेसीडेंसी की सेना सामाजिक दृष्टिकोण से सर्वाधिक समरूप थी। बंगाल फौज के सिपाही लगभग पूर्णतः अवध बिहार और उत्तरी पश्चिमी प्रांतों के थे और लगभग हिंदुस्तानी बोलते थे। भारतीय सेना के असंतुष्ट होने के यों तो कई कारण थे, लेकिन प्रमुख कारण था कि भारतीय सिपाही हवलदार के पद के आगे पदोन्नति नहीं कर सकते थे, जबकि ब्रिटेन से आनेवाले रंगरूटों को उनके ऊपर रख दिया जाता था। फौजी छावनियों में अंग्रेजों के लिए अलग से मेस (भोजनालय) का इंतजाम रहता था। सिर्फ नस्ल की वजह से अंग्रेज रंगरूट भी बँगलों में रहने के हकदार होते थे, जबकि भारतीयों को वरिष्ठ होते हुए भी छावनियों में रहना पड़ता था। भेदाभेद की इस नीति ने उन्हें बुरी तरह से असंतुष्ट कर दिया था, सिपाहियों को पहले ही पता चल गया था कि कारतूसों के ऊपर गाय और सूअर की चर्बी लगे खोखे चढ़े हुए हैं और उन्हें दाँत से खोलना पड़ता है। उन्हें यह भी पता चल गया था कि हिंदुओं और मुसलमानों का एक साथ धर्म नाश करने के लिए अंग्रेजों ने ऐसा जानबूझकर किया है। आग में घी का काम वहाबियों ने भी किया।

10 मई, 1857 को मेरठ में सिपाही विद्रोह भड़क उठा। 11 मई को सिपाहियों ने दिल्ली की ओर प्रस्थान किया। संदेश चारों ओर तेजी से भेजे जाने लगे। उस काल में आज की तरह संचार साधन तो थे नहीं। हाँ, प्रशासन के पास टेलीग्राम के रूप में अपना द्रुतगामी संचार माध्यम अवश्य मौजूद था। टेलीग्राम की व्यस्तता बढ़ गई। मुसलमान उलेमाओं ने अंग्रेजों के खिलाफ जिहाद की घोषणा करते हुए फतवा जारी किया। इस फतवे ने मुसलिम जनता का समर्थन बागी सिपाहियों को कर दिया।

झारखंड की भूमिका : भाग-1

आजादी के बाद जो इतिहास लिखा गया है, उसमें झारखंड क्षेत्र के साथ सरासर बेईमानी की गई। अति आवेश में कई इतिहासकार इसे 'जन-विद्रोह' न कहकर सिर्फ राजे-महाराजे, नवाबों-सुल्तानों की ही व्याख्या करते रह गए। असली जन-विद्रोह जहाँ हुआ, उसका तो उल्लेख भी नहीं है। राजे-रजवाड़े और दरबारी संस्कृति में पले लोग शायद सपने में भी यह कल्पना नहीं कर सकते थे कि इन जंगलों और पहाड़ों में बसनेवाले लोग राष्ट्रीय आंदोलन में अपनी इतनी बड़ी हिस्सेदारी देंगे।

इतिहास में जो तथ्य उपलब्ध है, उसमें इस बात का कोई प्रमाण नहीं है कि उस महान् संग्राम की योजना बनाते समय इस क्षेत्र को कभी याद भी किया गया हो। विचार-विमर्श तो दूर रहा। झारखंड क्षेत्र में कभी कोई संदेश आया हो, इस बात का कोई स्पष्ट प्रमाण लिखित रूप में नहीं है। लोग बताते हैं कि राँची में संदेश आया था। राँची में रामगढ़ बटालियन का मुख्यालय था। यहाँ काफी संख्या में पैदल सेना, घुड़सवार और अत्यधिक मात्रा में युद्ध सामग्रियाँ थीं। झारखंड क्षेत्र में भारतीय सैनिकों का संग्राम राँची के मुख्यालय से शुरू नहीं हुआ, बल्कि सुदूर संथाल परगना से शुरू हुआ। झारखंड में आंदोलन की चिनगारी फैल गई। इस क्षेत्र में यह सिर्फ सैनिकों का संग्राम न होकर जन-विद्रोह भी था। इसने विकराल जन-विद्रोह का रूप धारण कर लिया कि अंग्रेज सिपाहियों के क्रियाकलाप गौण होकर रह गए। झारखंड महादेव की नगरी बैद्यनाथधाम देवघर के बगल में स्थित है रोहिणी ग्राम, जहाँ से सन् 1857 में सिपाही विद्रोह की ज्वाला फूटी। झारखंड में यह आंदोलन की शुरुआत थी।

झारखंड में संथाल परगना जिला स्थित देवघर के पास रोहिणी नामक गाँव में अंग्रेजों की एक फौजी छावनी थी। 12 जून, 1857 को तीन फौजी अधिकारी कमांडेंट मेजर मैकडोनाल्ड, एडजुटेंट सर नॉर्मन लेस्ली और डॉक्टर ग्रांट एक बँगले के अहाते में बैठकर दार्जिलिंग की खुशबूवाली उत्तम चाय की चुस्कियाँ ले रहे थे। अचानक तीन लोगों ने उन पर तलवार से हमला कर दिया। सर नॉर्मन लेस्ली को एक ही झटके में दो भाग कर दिया। मेजर मैकडोनाल्ड और डॉ. ग्रांट घायल होते हुए भी भागने में सफल हुए। ये तीनों अधिकारी रोहिणी स्थित पाँचवीं अस्थायी अश्व सेना (Fifth Irregular Cavalry) के अधिकारी थे। 12 जून को इसी टुकड़ी ने बगावत कर दी। जिन लोगों ने फौजी अधिकारियों पर हमला किया

था, वे घुड़सवार दस्ते के लोग थे। पाँचवीं अस्थायी अश्वसेना में खासकर देहात के लोग होते थे। इनके पास कोई संदेश भी नहीं पहुँचा था, लेकिन स्वाधीनता संग्राम के लिए सिपाही विद्रोह शुरू हो जाने की उड़ती खबर मिली थी। जिन लोगों पर संदेह हुआ, उन्हें शीघ्र ही पकड़ लिया और फौजी अदालत में मुकदमें चलाकर फाँसी पर चढ़ा दिया गया।

मेजर मैकडोनाल्ड ने चरम क्रूरता का परिचय दिया। उसने एक रिपोर्ट भेजी थी, उसी से उसकी क्रूरता का परिचय मिलता है। उन्होंने खुद लिखा, "कैदियों में से एक उच्च जाति का प्रभावशाली व्यक्ति था। उसे एक निम्न जाति के आदमी द्वारा मरवाकर मैंने उसका अपमान करने का निश्चय किया। सच तो यह है कि मुझे कभी भी यह उम्मीद नहीं थी कि मैं जीते-जी फाँसी देकर वापस लौटूँगा, लेकिन फिर भी मैंने क्रूरतापूर्ण फाँसी के प्रभाव को सोचते हुए फाँसी का सारा इंतजाम स्वयं पूरा करवाया, यहाँ तक कि रस्से का बाँधा जाना भी स्वयं देखा। दो अपराधी आश्चर्य और भय से स्तंभित हो गए। उन्हें उम्मीद नहीं थी कि बिना सरकारी आदेश के मैं उन्हें फाँसी पर चढ़ाने का साहस करूँगा। तीसरा अपराधी पुरोहित था, उसने अपने साथियों का मदद के लिए आह्वान किया और बोला कि उसे फाँसी नहीं होगी। यह एक अत्यंत भयानक मुहूर्त था। मात्र क्षणों की असावधानी, मेरी धज्जियाँ उड़ाने का कारण हो सकती थी। मैंने एक पिस्तौल उठाई तथा उस आदमी के कानों तक सटाकर निश्चित मुद्रा में उससे बोला, 'तुम्हारे मुँह से दूसरा शब्द निकलते ही तुम्हारा सिर टुकड़े-टुकड़े होकर भूमि पर बिखर जाएगा।' वह डर से काँप गया और जीभ थाम ली। हाथी आया और उस आदमी को उसकी पीठ पर बैठाया गया, रस्से ठीक किए गए, हाथी को बढ़ाया गया और वह आदमी फाँसी के रस्से में झूलता रह गया। क्रमशः दूसरों की भी यही गति हुई और कुछ समय बाद मैंने दस्ते के आदमियों को जब अपने शिविर में जाने का आदेश दिया तथा अपना सिर सही जगह पर अनुभव किया तो मुझे विश्वास ही नहीं होता था।"

पुराने पत्राचार के अध्ययन से पता चलता है कि फौजी अधिकारियों में बेहद घबराहट फैल गई थी। अधिकारियों की रातों की नींद गायब हो गई थी। 12 जून की रात 9 बजे देवघर के आयुक्त को खबर भेज दी गई। वहाँ तीन दफादार संवाद वाहक बनकर गए थे। उन लोगों ने यह नहीं बताया कि आक्रमणकारी दो अफसरों को घायल तथा एक की हत्या कर चुके हैं, वे 32वीं टुकड़ी के थे या 5वें अस्थायी घुड़सवारों के। सिउड़ी के सिखों के अफसर कमांडिंग के पास रोनाल्ड ने खबर भेजी थी कि मेजर मैकडोनाल्ड के विचार में हमलावर बरखास्त किए हुए सिपाहियों

में से थे तथा पाँचवीं अस्थायी घुड़सवारों के ऊपर संदेह का कोई खास कारण निश्चित नहीं किया जा सकता था। रोनाल्ड ने 14 जून, 1857 के अपने विवरण में लिखा है कि हमलावरों का पता लगाना असंभव है, जो संभवत: बरखास्त सिपाहियों में से थे, लेकिन फिर भी 16 जून, 1857 को पाँचवीं अस्थायी टुकड़ी के तीन सवारों को, जिसमें सलामत अली, अमानत अली और शेख हारून थे, पकड़ लिये गए।

मेजर मैकडोनाल्ड ने उनकी जाँच की और उनको फाँसी पर चढ़ा दिया गया। ऐसा आभास पाया जाता है कि फाँसी पानेवाले व्यक्तियों में एक ऐसा भी आदमी था, जिसने अपने घाव को डॉक्टर को दिखाया था। इसी आधार पर शक किया गया कि उसको भी आक्रमण में चोटें आई थीं। इस तरह जिन निर्मम परिस्थितियों में उन लोगों की हत्या की गई थी, उसकी चर्चा की जा चुकी है।

22 जून, 1857 को रोनाल्ड ने अपने स्थानापन्न आयुक्त को लिखा कि "मेरा विश्वास है कि लोगों ने अपना अपराध स्वीकार नहीं किया, लेकिन इस विषय पर मैं कुछ भी निश्चित रूप से नहीं कह सकता हूँ, क्योंकि उन लोगों की जाँच फौजी ढंग से हुई और वहाँ अन्य पदाधिकारियों का प्रवेश निषेध था, केवल मेजर मैकडोनाल्ड तथा देशी अधिकारी ही वहाँ थे। अत: मैं इन सारे मामलों से अवगत नहीं हूँ।"

भागलपुर में पंचम अस्थायी सेना के ब्रिटिश सरकार के विरुद्ध सिर उठाने तथा उनका रोहिणी जाकर उनकी एक टुकड़ी से मिलने के समय तक संथाल परगना में कोई उथल-पुथल नहीं हुई, किंतु अगस्त महीने की 16 तारीख को रोहिणी की सम्मिलित फौजी टुकड़ियाँ, 32वीं राष्ट्रीय पैदल सेना के प्रधान दफ्तर 'बौंसी' की ओर बढ़ीं, परंतु वहाँ उन्हें कोई सहयोग नहीं मिला। बौंसी के सेनापति बर्नी को आधे घंटे पहले खबर मिली थी और बाकी टुकड़ियों की गतिविधि इसी तरह देवघर के भी सैनिक अधिकारियों के पास भेज दी गई थी। खबर देनेवाले आदमी ने 30 घंटे में 80 मील (132 कि.मी.) की दूरी तय कर अपना कर्तव्य पालन किया था। इस सिलसिले में एक श्यामलानंद नामक ब्रिटिश दलाल ने दुमका सरकारी खजाने के चार हजार रुपए लूटपाट से बचाकर सिउड़ी भेज दिए थे तथा कैदियों को भी सिउड़ी भेजने की व्यवस्था कर दी थी।

9 अक्तूबर तक कुछ शांत होते वातावरण में अचानक भूचाल आ गया। 32वीं नेटिव इन्फैंट्री देवघर में उन्मत्त हो उठी। उन्होंने अपने सेनापति लेफ्टिनेंट कूपर तथा सहायक आयुक्त रोलैंड का खून कर दिया, बाजार में लूटपाट मचाई गई और तब से रोहिणी होते हुए पाँचवीं अस्थायी सेना का अनुसरण करते हुए वे आगे बढ़े। लेफ्टिनेंट गवर्नर सर फ्रेडरिक हैलिंड ने लिखा है कि "गदर में संलग्न सिपाहियों ने

लेफ्टिनेंट कूपर, लेफ्टिनेंट रैनी तथा रोलैंड को एक ही बँगले में घेर लिया। ले. कूपर और रोलैंड को मार दिया गया और ले. रैनी भागने में सफल हो गया।"

16 अक्तूबर, 1857 के मिलिटरी कनसलटेशन संख्या 439 के अध्ययन में पाया गया कि 12 अक्तूबर, 1857 को कर्नल कैंपवेल ने बूढ़ी से तार द्वारा संवाद भेजा कि संथाली दस्ता ट्रंक रोड के आस-पास था। कर्नल वर्कले ने 4 अक्तूबर, 1857 को डुमरी से सूचित किया कि संथाल अनेक गाँवों को लूट-खसोट रहे थे, जो ग्रैंड टंक रोड के आस-पास थे तथा वहाँ की डाक का आवागमन अवरुद्ध किए हुए थे। उसने यह भी खबर भेजी कि सड़क से एक मील दूर गाँव में उसने बागियों को आक्रमण करके अचंभित कर दिया तथा उनके 20 आदमियों को कैद कर लिया।

उक्त घटनाक्रम ही कुछ ऐसा था, जिससे सम्मिलित आयोजन का आभास होता है। फिर भी कुछ दिनों तक वातावरण शांत रहा, लेकिन पाँचवीं अस्थायी सेना के बागी होने की खबर से बवंडर आ गया। बागी सिपाही रोहिणी के भी सिपाहियों को साथ लेकर आगे बढ़े। कुछ धनवान लोगों से बारह हजार रुपए वसूल करने के बाद आगे बढ़े। देवघर के विद्रोही 'गया' की ओर बढ़ते हुए वजीरगंज तक पहुँचने के बाद अकस्मात् आरा की ओर मुड़ गए एवं पटना जिले के थाना अतासराय में प्रविष्ट हुए। उसके बाद उन्होंने शीघ्रतापूर्वक पश्चिम की ओर मुड़कर जहानाबाद की दक्षिण ग्रैंड ट्रंक रोड को पार किया। अरबल के पास फिर वे महातुल्लूपुर में सोन के उस पार गए। इसके बाद वे लोग पुरू के समीप रूपसागर और धुनसोली होते हुए कर्मनाशा की ओर बढ़े। विद्रोहियों का यह जत्था गूदर सिंह के नेतृत्व में आगे बढ़ रहा था। यद्यपि संथाल परगना का 1857 का आंदोलन कुछ हद तक सैन्य विद्रोह तक ही सीमित रहा, फिर भी यह सोचना गलत होगा कि ग्रामीण क्षेत्र इससे प्रभावित नहीं था। उन लोगों को भी अधिकारियों के प्रति गहरा विक्षोभ था और उन्होंने विद्रोह के सफल होने की मंगलकामना की।

29 मई, 1858 को विदेशी गुप्त विभाग की समंत्रणा में 23 अप्रैल, 1858 को आजमगढ़ के जिलाधीश का सेनापति एफ.वी. गोविंस के नाम लिखे हुए एक पत्र का संकेत मिलता है, जिसमें सर ई. लुगार्ड की फौज का आजमगढ़ (यू.पी.) पहुँचने के समय से लेकर बाबू कुँवर सिंह के गंगा पार कर भागने तक के घटनाक्रम का निरूपण किया गया है। सर ई. लुगार्ड अफवाह सुनते थे कि बाबू कुँवर सिंह विद्रोह के लिए कमर कसे हुए संथालियों से संपर्क कर रहे हैं।

एक विवरण से पता चलता है कि घटवालों में प्रचुर असंतोष व्याप्त था और

वे भी गदर में अपना सहयोग देने की तैयारी करने लगे। कहीं-कहीं झुंड बाँधकर लोग लूटपाट भी मचाने लगे। देवघर से बंगाली घर छोड़कर भागने लगे थे। अगर प्रशासन द्वारा तत्परता नहीं दिखाई जाती तो भयंकर मार-काट होती। अपराधों के विचारों को तेजी से निपटाया गया। फाँसी पानेवालों के मामले में तो भीषण तत्परता दिखाई गई, जबकि उनके बारे में खुद न्यायकर्ता ही संशय में थे, लेकिन बेतहाशा फाँसियाँ देकर आतंक पैदा कर दिया गया।

जैसा कि पहले वर्णन किया जा चुका है, क्रांति की लहर भी आई और उसमें देवघर के सहायक आयुक्त रोनाल्ड और लेफ्टिनेंट एच.सी. कूपर मार डाले गए। एन.आर. लेस्ली, जिसकी मृत्यु 12 जून, 1857 को हुई थी, की कब्र के पास ही रोनाल्ड और कूपर की भी कब्रें बनीं, जो आज भी अनुमंडल पदाधिकारी के बँगले के बाहर देखी जा सकती हैं।

झारखंड की भूमिका : भाग-2

इस राष्ट्रीय आंदोलन में झारखंड क्षेत्र ने अपनी हिस्सेदारी 12 जून, 1857 को संथाल परगना के रोहिणी नामक स्थान से शुरू की थी। अंग्रेज अधिकारी सिर्फ संदेह पर भारतीय सिपाहियों को क्रूरतापूर्वक फाँसी पर चढ़ा देते थे, वहीं भारतीय सिपाही भी समाधियाँ बनवाने में सहायक होते जा रहे थे। अंग्रेज जहाँ भारतीयों को बेतहाशा कैद कर रहे थे, वहीं विद्रोही सिपाही भी जेलों से कैदियों को आजाद कराते जा रहे थे। संथाल परगना के रोहिणी से चले हुए भारतीय सिपाहियों ने सिर्फ गया में ही 100 कैदियों को जेल का फाटक तोड़कर रिहा किया। सिपाही रास्ते में पड़नेवाले ब्रिटिश प्रशासन की घाटियों को ध्वस्त करते हुए बढ़ते ही जा रहे थे। शायद वे बिहार के नायक बाबू कुँवर सिंह की तलाश में थे।

झारखंड क्षेत्र में 30 जुलाई, 1857 को हजारीबाग में इस आंदोलन की दूसरी ज्वाला फूटी, जिसने न सिर्फ हजारीबाग, बल्कि सिंहभूम, लोहरदगा (राँची) और मानभूम (पुरुलिया और धनबाद) को भी लपेट लिया। आतंक का यह आलम था कि ब्रिटिश अधिकारी यद्यपि ऊपर से तो दृढ़ता दिखा रहे थे, लेकिन ज्यादातर जान बचाने की फिराक में रहते थे।

30 जुलाई को दूसरे दिन शाम से विद्रोही सिपाहियों ने अपना स्वाधीनता समर शुरू करने का फैसला किया। उप-आयुक्त कप्तान सिंपसन को अपने एक नौकर से अभियान शुरू होने के सही समय की जानकारी मिल गई। अब उन अंग्रेज

अफसरों को सिर पर पैर रखकर भाग जाने के सिवा दूसरा कोई रास्ता दिखाई नहीं दे रहा था। कप्तान सिंपसन, डॉ. डैलप्रैट और मि. लीवर्ट तीनों पाँव-पैदल ही भागते हुए रात को 'इचाक' पहुँचे। वहाँ एक मठ के ब्राह्मणों ने उनकी बड़ी आवाभगत की। वहाँ उन्हें घोड़े दिए गए और तनिक सुस्ताने के बाद वे 'बगोदर' की ओर जान बचाकर भागे।

30 जुलाई, 1857 को 8वीं राष्ट्रीय पैदल सेना के दो दस्तों ने अपराह्न 3 बजे बगावत कर दी। उन्होंने 800 कैदियों को मुक्त कर दिया, जो बंदी सुधार गृह (Penitentiary) मंडल कारा में थे। उन्होंने रुपयों का खजाना, सरकारी कागजात तथा बैंकों द्वारा जारी किए गए नोटों को मिलाकर लगभग 74,000 रुपए ले लिये। तीन बँगले और कुछ बाजार, कचहरी के कागजात जला दिए गए। जेल उद्योगशाला को कैदियों ने जी भरकर लूटा। सभी यूरोपियन लोग ग्रैंड ट्रंक रोड पर बगोदर की ओर बदहवास भागे। एक अंग्रेज अधिकारी मि. मुने सभी यूरोपियनों के चले जाने के डेढ़ घंटे बाद भागा और 31 जुलाई को दिन में 11 बजे बगोदर पहुँचा। वहाँ उसकी मुलाकात उप-आयुक्त मि. सिंपसन, सहायक आयुक्त मि. विल्सन, 'बूढ़ी' के मजिस्ट्रेट जनकार्य विभाग के 4 शस्त्र चिकित्सक तथा टेलीग्राम कार्यालय के अधिकारियों से हुई। हजारीबाग के इस विद्रोह की खबर जब राँची के आयुक्त कैप्टन डाल्टन को मिली तो उसने जल्दी-से-जल्दी रामगढ़ लाइट इन्फैंट्री की एक टुकड़ी कुछ घुड़सवार और बंदूकों के साथ लेफ्टिनेंट ग्राहम को हजारीबाग के विद्रोही सिपाहियों से हथियार छीनने के लिए भेजा। रास्ते में उस फौज ने भी बगावत कर दी और वे सिपाही शीघ्रता से 'बादम' तथा पुरानी 'राँची रोड' होते हुए राँची की ओर लौटे। कैप्टन डाल्टन ने राँची को बचाना असंभव समझकर सभी यूरोपियनों को राँची से हजारीबाग होते हुए बगोदर जाने की आज्ञा दे दी। कुछ समय तक जितना भी संभव हो सका, बगोदर से ही शासन का काम चलाया जाता रहा।

लोहरदगा प्रमंडल के वरीय सहायक आयुक्त मिस्टर जे.एस. डेभिस ने कुछ समय के लिए 4 अगस्त, 1857 को हजारीबाग प्रमंडल का अस्थायी भार लिया तथा 7 अगस्त को कप्तान डाल्टन को सूचित किया कि 31 जुलाई को हजारीबाग की सेना ने विद्रोह कर दिया है और वह अब राँची की ओर बढ़ रहा है। डेभिस ने सरकारी खजाने को एकदम खाली पाया और सभी अभिलेखों को ध्वस्त पाया। विद्रोहियों ने खजाने को पूरी तरह से लूट लिया था। वहाँ के बंदी सुधार जेल के अस्पताल पर भी हमला कर और वहाँ के डॉक्टरों और दवाओं को लेकर वे चलते बने थे। कैदी सारे भाग निकले थे। विद्रोही एक महीने से अधिक राँची में रुके रहे

और उसके बाद 'शाहाबाद' जिले के बाबू कुँवर सिंह से मिलने के लिए उत्तर की ओर बढ़े। वे सब जब 'चतरा' में थे तो 2 अक्तूबर, 1857 को मेजर इंगलिश ने उन पर आक्रमण किया। बागियों में 150 भारतीय सिपाही मारे गए और बाकी बचे हुए लोग 'शेरघाटी' की ओर भाग गए।

'चतरा' लड़ाई बहुत ही रोमांचकारी थी। दोनों पक्षों में भयंकर रक्तपात हुआ। विद्रोहियों ने अपना एक सुदृढ़ शिविर चतरा के पश्चिमी भाग में बना लिया था। उनके सामने पूरब की ओर पूरा शहर पड़ता था, जिसकी तंग गलियों से होकर गुजरना किसी छोटी फौजी टुकड़ी के लिए खतरे से खाली नहीं था। शहर में प्रवेश करनेवाली सड़क पर एक पुल था, जिसके उत्तरी भाग में धान के गहरे खेत हैं, जिससे होकर तेजी से निकलना मुश्किल है। मेजर स्मिथ के सरसरी तौर पर लिये गए शहर के नक्शों को देखकर मेजर इंगलिश ने यह तय किया कि दक्षिण की ओर शहर पर धावा बोला जाए, जिससे पुरानी जेल के पास विद्रोहियों से सीधी मुठभेड़ हो।

जेल से पश्चिम की तरफ सावधानी से बढ़ते हुए कुछ ऊँचाई पर भारतीय सैनिक नजर आए। मेजर इंगलिश ने उपर्युक्त सिपाहियों को शीघ्रतापूर्वक उत्तर की ओर धान के खेतों से होकर हमला करने के लिए भेजा। युद्ध छिड़ गया। सबसे पहले 900 गज की दूरी से गोले दागे गए और अंदाज किया गया कि उसका असर भी पड़ा। विद्रोही सिपाहियों ने भी जवाबी गोले फेंके, किंतु ब्रिटिश और सिख सेना का मुख्य भाग धान के खेतों को पहले ही पार कर चुका था। यूरोपियन फौज धान के खेतों को पार कर 'कुल्लोटी' और 'लियूट' नामक ग्रामों में पूरब से होकर गुजरी। सिंपसन के साथ अर्ल सिख सेना का नेतृत्व कर रहे थे। वे अपने साथ के आदमियों को लेकर आगे बढ़े। बस्ती के बाहर अचानक विद्रोही सेना से सामना हो गया। दोनों सेनाएँ आमने-सामने होकर भिड़ गईं।

पुरानी जेल की ओर से भी विद्रोही सेना के लोग बड़ी तेजी के साथ ब्रिटिश फौज की ओर बढ़ रहे थे। सिख सेना के लोगों का ध्यान आकृष्ट हुआ तो वे एक अमराई (आम के बागान) में स्थान बनाकर विद्रोही सेना पर अनवरत गोले बरसाने लगे। कुछ जवान मरे और घायल भी हुए। मृत व्यक्ति में एक पूर्व जमादार और एक सिपाही थे, जिनके शवों को आगामी सुबह को पहचाना जा सका।

जब सिख सेना ने दक्षिण पूर्व के बागियों के आक्रमणों को असफल कर दिया तो बचे-खुचे विद्रोही दो अन्य गोले छोड़े जानेवाली जगहों में अपने विद्रोही साथियों से जा मिले। इन्हीं बाकी दोनों जगहों से आम बाग के बीच से गुजरते हुए अंग्रेजी

सेना पर निशाना लगाया जाता था और यहीं बहुत ज्यादा सिख और यूरोपियन सिपाही मारे गए। ऐसा तब तक चलता रहा, जब तक कि ले. डाउन्ट ने बाएँ भाग से तेजी से घूमकर विद्रोही की बंदूक को जब्त नहीं कर लिया। विद्रोहियों ने बंदूक चलाना बंद कर दिया, क्योंकि उनमें बहुत सारे जवान मृत या घायल हो गए थे। फिर भी कभी-कभी ब्रिटिश फौज पर गोले चलाए जाते थे, जिनमें पेड़ों की डालियाँ टूट पड़ती थीं या कोई गोला आकर कुछ मिट्टी खोद जाता था। पेड़ों की ओट में होने का फायदा ब्रिटिश फौज को मिला, वरना उनका सफाया ही हो जाता। प्रधान सहायक आयुक्त जे. सिंपसन के प्रतिवेदन के अनुसार, "ब्रिटिश सेना के मृतक और घायल मिलाकर 56 थे, जिनमें 10 सिख और 46 यूरोपियन लोग थे। कुछ लोगों के घाव बहुत ही गहरे हैं और निश्चित रूप से उनके अंगों को काटना पड़ा।"

अंग्रेजों ने अपना शिविर हटाकर शहर से दो मील दूर पश्चिम की ओर लगाया। पुरानी जगह पर लाशों की बदबू से टिकना मुश्किल हो गया था। 3 अक्तूबर को एक ही गड्ढे में भारतीय विद्रोही सैनिकों की 70 लाशें गाड़ी गईं। बहुत से घायलों तथा फरारों को, जिनमें देशी अफसर और अन्य व्यक्ति थे, देहाती पुलिस और ग्रामीणों ने पकड़कर मि. सिंपसन के पास उपस्थित किया। लड़ाई बंद होने के बाद विद्रोहियों ने अपने हथियारों को फेंक दिया था, जिन्हें इकट्ठा कर मि. सिंपसन के पास लाया गया था। प्रशासन ने भरपूर चेष्टा की कि इस इलाके की खबरें दबी ही रह जाएँ। आज की तरह उन दिनों संचार के साधन तो थे नहीं, ऊपर से जंगलों-पहाड़ों से भरा यह झारखंड क्षेत्र भारत के अन्य महानगरों से सार्वजनिक तौर पर एकदम कटा हुआ था। यहाँ की घटनाएँ खबरों में स्थान न पा सकीं और भारतमाता के लिए आत्म-बलिदान करनेवालों की कहानी ब्रिटिशों की फाइलों में ही कैद होकर रह गई। उस समय लिखे गए इतिहास में स्थान न पा सकी। यह तो स्वाधीनता प्राप्ति के बाद पुराने अभिलेखों और पत्राचारों के अध्ययन से जाहिर हुआ कि इन जंगलों और पहाड़ों में भी कितनी बड़ी जनक्रांति हुई थी और इस क्षेत्र के जंगली और अर्ध-सभ्य कहे जानेवाले लोगों ने सबसे बढ़-चढ़कर स्वाधीनता आंदोलन में भाग लिया था, बल्कि यह कहना गलत न होगा कि सही मायनों में जन आंदोलन की भूमि झारखंड ही थी। यहाँ के राजा और जमींदार अंग्रेजों की ताबेदारी और दलाली कर रहे थे और जनता स्वाधीनता आंदोलन में अपना सर्वस्व होम कर रही थी।

'संथाल विद्रोह' के दौरान अंग्रेजों ने हजारीबाग में भी निर्मम अत्याचार किए थे। संथाल विद्रोह के दौरान पूरा संथाल परगना फरवरी 1856 तक घायल और

लहूलुहान होकर पस्त हो चुका था, लेकिन हजारीबाग तब भी लड़ता रहा। 1856 के अप्रैल महीने में हजारीबाग में संथाल विद्रोह जवान हुआ। महान् नेता सिदो-कान्हू की फाँसी ने जैसे हजारीबाग के लोगों में उन्माद भर दिया हो। हजारीबाग की जेल पर भयानक आक्रमण किया गया और उसमें आग लगा दी गई। विद्रोहियों ने सभी बैलगाड़ियों को रोककर सरकारी सामान की तलाशी लेनी शुरू की। मि. सिंपसन ने सभी रास्तों को सील कर दिया। सैनिक टुकड़ियों से संथाल क्षेत्रों को घेर लेने की कोशिश की गई। चारों ओर संथालों की गिरफ्तारी होने लगी। आतंक का साम्राज्य कायम हो गया।

राजा और जमींदारों के नाम आज्ञा पत्र भेजे गए। रामगढ़ के राजा ने अंग्रेजों की भरपूर मदद की। संथाल विद्रोहियों को दबाने के लिए बड़े निष्ठुर तरीके अपनाए गए। उनका पीछा किया जाता था और घायल करने के बाद तड़पा-तड़पाकर मारा जाता था। जिन्हें गिरफ्तार किया जाता, उन्हें हथकड़ियों और बेड़ियों में जकड़ दिया जाता। स्त्रियों के साथ भी व्यवहार यही होता। संथालों के गाँव जला दिए गए। कामारों (लोहार) के तीर बनाने अथवा टांगी, तलवार सहित किसी भी प्रकार के औजार बनाने पर रोक लगा दी गई। कामारों पर रोक लगाना ही इस बात को प्रमाणित करता है कि जनक्रांति कितनी व्यापक और अधिकारी कितने परेशान थे।

हजारीबाग में इस चरण के आंदोलन का नेतृत्व लुबिया माँझी, बैरू माँझी तथा अर्जुन माँझी ने किया। पुराने पत्राचारों में प्रमाण मिलता है कि एक नेता रूपु माँझी का घर जला दिया गया था। अन्य छोटे-छोटे नेताओं के घर भी जला दिए गए। जो गिरफ्तार हुए, उन्हें तुरंत फाँसी दे दी गई। एक और नेता लट्टा माँझी को 14 वर्षों की डंडा-बेड़ीयुक्त सश्रम कारावास की सजा दी गई। दूर-दराज के इलाकों में तो गोली मारकर शव यों ही चील-कौवों और जंगली जानवरों के खाने के लिए छोड़ दिए जाते थे। विश्व में अपने को सर्वश्रेष्ठ सभ्य होने का दावा करनेवाले अंग्रेज ने अपने चरम बर्बर होने का प्रमाण दिया।

लेकिन उनके ये अत्याचार स्वाधीनता प्रेमियों के मनोबल को तोड़ न सके, बल्कि उन्हें और भी स्फूर्ति दी। 1856 के भारतीय सिपाहियों के स्वाधीनता संग्राम में हजारीबाग की जनता ने भी सिपाहियों के साथ कंधे-से-कंधा भिड़ाकर संग्राम किया और अपनी शहादतें दीं। झुंड-के-झुंड संथाल, कुड़मी, तीर-धनुष, टांगी, तलवार लेकर एकत्र होने लगे। इनके साथ स्थानीय जनता भी मैदान में कूद पड़ी। खड़गडीहा के गोला और चास (पेटरवार थाना) रामगढ़ स्थित 'कुजू' आदि स्थानों में जनता गोलबंद होकर अंग्रेजों को तलाशने लगी। हजारीबाग से सभी अंग्रेज

अधिकारियों ने भागकर बगोदर में शरण ली। चतरा में देशभक्त सैनिकों का ब्रिटिश दस्ते से आमने-सामने मुकाबला हुआ और दोनों ओर के अनेक सैनिक हताहत हुए। रामगढ़ के राजा और कई जमींदारों ने अंग्रेजों का साथ दिया। गोला, चास और कुजू में कुछ महाजनों को लूट लिया गया। अंग्रेज तो पहले ही भाग गए थे।

'मांडू' के तीन स्थानीय छोटे जमींदारों ने उन्हें भरपूर सहायता दी। अनेक सरकारी प्रतिष्ठान नष्ट कर दिए गए। हजारीबाग जिले के उत्तरी भाग में जब जनक्रांति की खबर पहुँची, तो वहाँ के भुइयाँ टिकैतों में एक लहर दौड़ गई। उन्होंने अपनी जमीनों को बाहर के खरीदारों से वापस लेना शुरू कर दिया। इस काम में उन्हें स्थानीय रैयतों का पूरा समर्थन और सहयोग मिला। अंग्रेजों द्वारा नकद इनामों और सुविधाओं की अनेक घोषणाएँ की गईं, लेकिन इसके बावजूद उतने क्रांतिकारी पकड़े नहीं जा सके, जितनी उन्हें आशा थी। छोटे जमींदारों ने अंग्रेजों से कोई सहयोग नहीं किया। बड़े और मँझले जमींदारों ने बड़े ही अनमने ढंग से सरकार का साथ दिया। घटवाल लोग विद्रोहियों को पकड़ने की पूरी क्षमता रखते थे, लेकिन वे निरपेक्ष रह गए।

उल्लेखनीय है कि हजारीबाग जिले एवं उसके आस-पास के क्षेत्रों में इस आंदोलन ने जन-विद्रोह का रूप ले लिया था। समाज के विभिन्न जाति, वर्ग के लोग अपने-अपने पारंपरिक नेताओं, जमींदारों के नेतृत्व में ब्रिटिश शासन के खिलाफ लड़ रहे थे। अंग्रेज अधिकारी विद्रोहियों को मौत की सजा देकर क्षेत्र में शांति लाना चाहते थे। इसी बीच शोभा महतो (ग्राम-चानो, थाना-विष्णुगढ़, हजारीबाग के निवासी, जो झारखंड आंदोलन के अग्रणी नेता टेकलाल महतो के पूर्वज थे), ने आंदोलन की बागडोर सँभाली। शोभा महतो सिपाही विद्रोह के समर्थन में और महाजनों द्वारा हड़पी गई जमीन वापस करने के लिए लड़ रहे थे। शोभा महतो के नेतृत्व में विद्रोही हजारीबाग-बगोदर मार्ग में सक्रिय थे और बगोदर थाना के कागजात जला डाले गए। अंग्रेजों ने शोभा महतो को पकड़ने के लिए कई लोगों को मौत के घाट उतार दिया, कई गाँव जला डाले गए, संपत्ति-मवेशी जब्त किए गए। सन् 1857 के आंदोलन को सांगठनिक ढाँचा प्रदान करना एक बहुत बड़ी चुनौती थी। शोभा महतो ने अंग्रेजों की अधिनायकवादी प्रवृत्ति को ललकारा था, लेकिन अंग्रेजी सेना और शक्ति के सामने उनका आंदोलन ज्यादा दिन तक नहीं चला, अंततः उन्हें गिरफ्तार कर लिया गया। ज्ञातव्य है कि शोभा महतो के बाद की पीढ़ी में टेकलाल महतो मांडु विधानसभा से पाँच बार विधायक और गिरिडीह लोकसभा से संसद् सदस्य थे। टेकलाल महतो की मृत्यु के बाद उनके सुपुत्र

जयप्रकाश भाई पटेल मांडु से विधायक चुने गए और झारखंड राज्य में मंत्री बने। मैंने इस बात का जिक्र इसलिए किया, क्योंकि शोभा महतो के बाद की पीढ़ी ने भी झारखंड की अस्मिता और समस्या पर संघर्ष किया।

झारखंड की भूमिका : भाग-3

चाईबासा (सिंहभूम) स्थित रामगढ़ बटालियन में भी विद्रोह की लहरें उठने लगीं। 3 सितंबर, 1857 को चाईबासा में सिपाही विद्रोहियों ने सरकारी खजाने से बीस हजार रुपए लूट लिये और जेल का फाटक तोड़कर कैदियों को भगा दिया। स्थिति कुछ ऐसी हो गई कि चाईबासा का प्रधान सहायक आयुक्त कैप्टन सिसमोर भी घबरा गया। वह भागकर 'सरायकेला' के राजा 'चक्रधारी सिंह' की शरण में चला गया। कैप्टन सिसमोर की इस कायरता से रामगढ़ बटालियन के हिंदुस्तानी सिपाहियों को और भी साहस मिल गया। आंदोलनकारी सिपाही उन्मत्त हो गए। कैप्टन सिसमोर सरायकेला से भी भागकर रानीगंज पहुँच गया। सरायकेला के राजा ने उनके साथ उनके अंगरक्षक के रूप में अपना एक अति विश्वस्त फौजी दस्ता भेजा। रानीगंज भागने के पहले उसने सरकार और स्थानीय जमींदारों को सहायता हेतु अनेक पत्र लिखे। शंका सिर्फ सिंहभूम (चक्रधरपुर) के राजा पर ही थी। सरायकेला के घराने से ईर्ष्या उनकी पुरानी थी। अगर मुख्यालय में कोई यूरोपियन अधिकारी होता तो चिंता की कोई बात नहीं होती। चाईबासा छोड़ने के पहले कप्तान सिसमोर ने सिंहभूम जिले की रक्षा का भार सरायकेला के राजा को सुपुर्द कर दिया।

उधर विद्रोही सिपाहियों ने सरकारी खजाना लूटा, जेल का फाटक तोड़ दिया, कैदियों को आजाद कर दिया और खजाना लेकर राँची की ओर चल पड़े। वहाँ उनकी इच्छा डोरंडा स्थित संग्रामी सिपाहियों से मिलने की थी।

सरायकेला के राजा ने सिंहभूम जिले का प्रभार मिलते ही सभी प्रधानों (छोटे जमींदारों) को चाईबासा की रक्षा हेतु सेना भेजने का आग्रह किया, लेकिन सिंहभूम के राजा अपने को सरायकेला के राजा से श्रेष्ठ समझते थे। अत: उन्होंने सरायकेला के राजा को कोई उत्तर नहीं दिया। कैप्टन सिसमोर की हड़बड़ी से एक नई परिस्थिति उत्पन्न हो गई। उधर मयूरभंज के राजा ने भी इस बात का विरोध किया। कुछ छोटे जमींदार (प्रधान) भीतर-ही-भीतर जल रहे थे।

सरकारी खजाने को लूटकर रामगढ़ बटालियन के स्वाधीनता संग्रामी सैनिक चाईबासा से राँची के डोरंडा की ओर बढ़े। बरसात के दिन थे, संजय नदी उफान

पर थी और झारखंड की सभी पहाड़ी नदियों में नाव का चल पाना संभव नहीं हो पाता था, अत: उन्हें वापस लौटना पड़ा। सिंहभूम के राजा अर्जुन सिंह ने सैनिकों को समझा-बुझाकर अपने यहाँ रोक लिया और यही आगे चलकर राजा के विनाश का कारण बना।

16 सितंबर को भगोड़े सिसमोर के स्थान पर लेफ्टिनेंट वर्च मुख्य सहायक आयुक्त पद पर आया। वह सरायकेला और खरसावाँ के राजाओं तथा 3000 कोल-कुड़मी के साथ चाईबासा पहुँचा। जब तक सिंहभूम के राजा अर्जुन सिंह स्वतंत्र रहे, वहाँ की जनता ने उनका भरपूर साथ दिया। दिसंबर महीने के अंत में ई. लुसिंटन ने सिंहभूम में एक विराट् आंदोलन की सूचना भेजी। लुसिंटन मानभूम और सिंहभूम के अस्थायी आयुक्त के पद पर नियुक्त हुआ था। 17 जनवरी, 1858 को कर्नल फौस्टर के अधीन शेखबत्ती बटालियन चाईबासा पहुँची और राजा अर्जुन सिंह के गढ़ को ध्वस्त कर दिया। चक्रधर ग्राम को भी पूरी तरह नष्ट कर दिया गया। अनेक कोल, कुड़मी और स्थानीय लोग कत्ल कर दिए गए। सिंहभूम में करीब 80 ग्रामों को एकदम ध्वस्त कर दिया गया और करीब एक हजार पशु तथा हजारों मन अनाज सरकार ने जब्त कर लिया।

27 मार्च, 1858 को सिंहभूम प्रमंडल के स्थानापन्न सहायक आयुक्त ए.पी. स्कौट मौन्क्रीफ ने बंगाल सरकार के सचिव ए.आर. यंग को चक्रधरपुर से संवाद भेजा कि उन्हें अतिरिक्त सेना की जरूरत है। वह लिखता है कि "उनकी छावनी पर सिंहभूम के राजा की बागी फौज ने हमला किया और उसने फौजों को मार भगाया, लेकिन उसके पास की फौजों से उन विद्रोहियों को जंगल में खदेड़कर अधीन नहीं लाया जा सकता है। अत: उसका विचार था कि चक्रधरपुर की फौजी टुकड़ी के अलावा कुछ फौजी सिपाहियों को चाईबासा में भी रखना आवश्यक था तथा उस स्थान पर वे अंग्रेजी फौजों की बजाय देशी सिपाहियों को ही विशेष उपयुक्त समझते थे, जो विद्रोहियों का पीछा कर सकें और अनुभवों के आधार पर जंगलों में छिटपुट युद्ध सफलतापूर्वक कर सकें।" मार्च 1858 से लेकर जून, यानी चार महीनों तक अनवरत युद्ध चलता रहा। उसके बाद धीरे-धीरे उसमें शिथिलता आती गई। सिंहभूम में बागी सिपाहियों द्वारा बगावत शुरू हुई थी, उसे जनता ने अपना भरपूर समर्थन दिया और इसने पूरी तरह से एक जनक्रांति का रूप ले लिया। शेष भारत की तुलना में यहाँ नागरिकों की संग्रामी भूमिका ही अधिक रही है।

उधर मानभूम जिले के पुरुलिया में सेना ने बगावत कर दी। रामगढ़ बटालियन के 64 पैदल सैनिक और 12 घुड़सवारों ने इसकी शुरुआत की। खबर मिलते ही

यूरोपियनों की तो कँपकँपी छूट गई। चारों ओर से मिली खबरों ने तो आतंक का माहौल पहले ही बना रखा था। भारतीय सैनिकों ने सबसे पहले ट्रेजरी पर अपना अधिकार जमाया। ट्रेज़री से अपने देश की पूँजी हस्तगत करने के बाद उसके सारे कागजात नष्ट कर दिए। उसके बाद वे जेलखाने की ओर बढ़े। उत्साह का यह आलम था कि स्वाधीनता संग्रामियों की संख्या बढ़ती ही जा रही थी। पुरुलिया की जनता, जिसमें कुड़मी, संथाल, भूमिज शामिल थे, बागी सैनिकों को अपना समर्थन, सहयोग देने को उमड़ पड़ी। जेल का फाटक तोड़ दिया गया। सभी कैदी आजाद हो गए।

पुरुलिया स्थित सारे अंग्रेज अधिकारी बदहवासी में गिरते-पड़ते भाग खड़े हुए। पुरुलिया के डिप्टी कमिश्नर और कंपनी सरकार के एजेंट रघुनाथपुर के रास्ते रानीगंज भाग गए। आजादी के दीवाने सैनिक पुरुलिया को स्थानीय लोगों के हाथों में सौंपकर अन्य स्वाधीनता संग्रामी सैनिक भाइयों से मिलकर भावी योजना बनाने हेतु राँची की ओर दौड़ पड़े। वे अपने साथ हथियार और खजाना लेते गए। पुरुलिया स्थित अंग्रेज अधिकारी तो आहट सुनकर ही पलायन कर गए थे।

सरकारी अभिलेखों के अनुसार 'पंचेत राज' के एक सदस्य ने जेल तोड़ने की योजना बनाई थी तथा जनता को साथ लेकर संग्रामी सैनिकों द्वारा छोड़ा गया अधूरा काम पूरा किया था। पुरुलिया कचहरी को जला दिया गया। पुराने दस्तावेज और अभिलेख नष्ट कर दिए गए। आस-पास और रघुनाथपुर तक के छोटे-मोटे दफ्तर, तहसील, कचहरी आदि नष्ट कर दिए गए। ब्रिटिश राज के सभी चिह्नों को मिटा दिया गया।

मानभूम के कुड़मी महतो, संथाल, भूमिज, घट्वाल, जो पहले से ही अंग्रेजों से बहुत अधिक विक्षुब्ध थे, उन्होंने भी आनंद विभोर होकर हाथ बँटाया और ब्रिटिशों के खैरख्वाह दलालों को दंड देना शुरू किया। अंग्रेजों के पलायन की बात चारों ओर फैल चुकी थी, जिससे जनता में और भी उत्साह भर गया। लोगों ने समझा कि अंग्रेज देश छोड़कर भाग गए और भारत अब स्वतंत्र है।

भोले-भाले ग्रामीण लोगों को अथवा शहरी लोगों को खबर नहीं थी कि डिप्टी कमिश्नर जी.एन. ओक्स ने रानीगंज से पंचेत के राजा को बुला भेजा है। पंचेत के राजा तो स्वाधीनता के सपनों में खोए हुए थे, उन्होंने डिप्टी कमिश्नर मि. ओक्स के पत्र का कोई जवाब नहीं दिया। न तो वे मिलने गए, न किसी प्रकार की सहायता दी, बल्कि उन्होंने स्वाधीनता संग्रामियों को और हवा दे दी। फिर एक बार नगाड़ों की आवाज़ से चारों दिशाएँ गूँजने लगीं। गोले, गोलियों के धमाके तो वहीं सुनाई पड़ते,

जहाँ सैनिक उपस्थित होते थे, लेकिन नगाड़ों की आवाज तो हवा की लहरों पर चारों दिशाओं में गूँजती। भादो के महीने में भी मधुमास का उल्लास छाया हुआ था।

झारखंड क्षेत्र में भारत के प्रथम राष्ट्रव्यापी आंदोलन का नायक बन गया रामगढ़ बटालियन का मुख्यालय 'राँची'। राँची में जब हजारीबाग के विद्रोह की खबर पहुँची तो तुरंत ले. ग्राहम की अधीनता में रामगढ़ बटालियन के दो दस्ते, तीस घुड़सवारों तथा दो छोटी तोपों के साथ हजारीबाग की बागी रामगढ़ बटालियन को काबू करने के लिए भेजा गया। रास्ते में सैनिकों में राष्ट्रीय संग्राम और स्वतंत्रता की बातें होती रहीं। चलते-चलते सैनिकों की स्वाधीनता की चेतना जगी और अचानक घूमकर हजारीबाग जाने की बजाय वहीं बंदूकें, कमान, अस्त्र-शस्त्र, गोले, चार हाथी तथा ले. ग्राहम की निजी संपत्ति पर कब्जा कर लिया और पुन: राँची की ओर लौट पड़े। रास्ते में इनकी मुलाकात हजारीबाग के स्वाधीनता सैनिकों से हो गई। वे सब मिलकर राँची के लिए बढ़ने लगे, लेकिन घुड़सवार सैनिक ले. ग्राहम के वफादार बने रहे। उन्होंने न सिर्फ कप्तान ग्राहम की रक्षा की, बल्कि उन्हें सकुशल हजारीबाग भी पहुँचा दिया। उधर राँची में कैप्टन डाल्टन तथा अन्य यूरोपियन पदाधिकारी अपनी जान बचाकर हजारीबाग भागे। इधर हजारीबाग पहुँचकर उसने पाया कि संग्रामी सैनिक वहाँ नहीं हैं, उसने हजारीबाग पर अपना कब्जा जमाया। इधर डोरन्डा तथा राँची स्वाधीनता सेनानियों के कब्जे में आ गया। उधर रामगढ़ के राजा ने ब्रिटिश भक्ति दिखाते हुए अपने सशस्त्र सिपाहियों को डाल्टन की सेवा में अर्पित कर दिया।

झारखंड की भूमिका : भाग-4

एक आश्चर्यजनक बात यह देखने में आई कि चारों ओर के अंग्रेज अधिकारी भागकर सिर्फ रानीगंज में ही शरण लेते थे। राँची के अधिकारियों ने भी भागकर रानीगंज में ही शरण ली, लेकिन कैप्टन डाल्टन राँची से जान बचाकर जरूर भागा, किंतु हजारीबाग में विद्रोही नहीं थे। अत: कैप्टन डाल्टन ने रानीगंज जाने की बजाय हजारीबाग पर पुन: कब्जा कर लिया। अंधे के हाथ बटेर लग गई। उन्होंने रामगढ़ के राजा से सहायता मँगवाई और राजा ने तुरंत अपनी रियासत के सैनिकों को डाल्टन की सेवा में भेज दिया। उसके बाद राजा की ओर से डाल्टन को सेवाओं का ताँता लग गया।

राँची में विद्रोहियों ने डोरंडा के अदालत भवन में आग लगा दी। ब्रिटिश

अधिकारियों के खाली बँगलों में भी आग लगा दी गई। यूरोपियन तो पहले ही पलायित हो चुके थे। ब्रिटिश सरकार का खजाना तो अब आजाद फौजों के कब्जा में था। देश को आजाद करा लेने की खुशी में जेलों के फाटक तोड़कर कैदियों को भी आजाद कर दिया गया। जर्मन पादरी के गिरजाघर पर गोले छोड़े गए। विद्रोही ब्रिटिश और जर्मन का फर्क नहीं जानते थे। सभी गोरी चमड़ेवालों को वे अंग्रेज ही समझते थे। परेशानी तो कुछ अंग्रेजों के दलालों को भी हुई, लेकिन उतनी नहीं, जितना उन्होंने अंग्रेजों के संरक्षण में अपने हिंदुस्तानी लोगों का खून चूसा था। अंग्रेजों ने जिसे अपने दस्तावेजों में लूटपाट दर्ज किया है, वह दरअसल सूदखोर, जमीनखोर, महाजन और जमींदारों द्वारा किए गए शोषण और अत्याचार के फलस्वरूप जनता का गुस्सा था, जो भड़क उठा। यह जनता ही तो थी, जिसने सबसे पहले आगे बढ़कर स्वाधीनता संग्रामियों का स्वागत किया था। यह जनता ही तो थी, जो रोज उन विद्रोहियों को रोटी पकाकर खिलाती थी। यह जनता ही तो थी, जिसने मौका पड़ने पर उन्हें छुपाया, घायल होने पर यथासंभव उपचार किया, उनके संदेशों को यहाँ से वहाँ तक पहुँचाया। हर जरूरत की चीज लाकर मुहैया की। अगर जनता साथ न होती तो महीनों उन्हें राशन कहाँ से उपलब्ध होता। जिन्होंने जनता का शोषण किया था, जनता उन्हीं के विरुद्ध थी और सिपाहियों ने जनता की भावनाओं का आदर किया।

जमींदारों में से केवल दो ने स्वाधीनता सैनिकों का खुलकर साथ दिया। बरकागढ़ के ठाकुर विश्वनाथ शाही और भौंरो के पांडे गणपत राय ने सैनिकों की भरपूर सहायता की। जमादार जयमंगल सिंह तथा मधु सिंह के साथ-साथ ठाकुर विश्वनाथ शाही ने नेतृत्व किया और पांडेय गणपत राय तो सेनापति ही बना दिए गए, लेकिन प्रशासन और जनसमूह पर नियंत्रण अलग बात है। इनका कोई केंद्रीय प्रशासन तो था नहीं और न कोई सुसंगठित क्षेत्रीय या स्थानीय प्रशासन ही था। अत: भीड़ में उत्साह तो था, किंतु नियंत्रण नहीं था। भीड़ के अलग-अलग लोग अपनी-अपनी समझ से शत्रु-मित्र का फैसला कर लेते और मनमाने ढंग से व्यवहार करते। इसके पहले भारत में कोई सुदृढ़, सुसंगठित, सुपरिकल्पित प्रशासनिक प्रणाली नहीं थी। स्वाधीनता संग्रामी हर जगह विजय हासिल करते गए, लेकिन सुगठित शासन प्रणाली के अभाव में उस विजय को स्थायी न रख सके। जिन भारतीय लोगों के लिए ये संग्राम कर रहे थे, उन्हीं के साथ अकसर वे अन्याय भी कर बैठते थे। इस तरह की अनेक घटनाएँ हुईं, जिनमें निरपराध लोग भी लूटपाट के शिकार बन गए। संग्रामी सिपाही विभिन्न दलों में विभक्त होकर विभिन्न रास्तों से आगे बढ़े। एक दल

का नेतृत्व करते हुए नेता लोग 'कुरू' और 'चंदवा' होते हुए चतरा पहुँचे।

आयुक्त डाल्टन को राँची छोड़े हुए दो हफ्ते बीत चुके थे, फिर भी कहीं से कोई अंग्रेजी मदद नहीं पहुँची थी और इस बात से उनमें कुछ निराशा भरने लगी थी। निराशा के माहौल में हताश डाल्टन ने सोचा कि ग्रैंड ट्रंक रोड के सहारे ही बढ़ा जाए, क्योंकि उनके साथ जो गिनती के ब्रिटिश भक्त सैनिक थे, उनके भरोसे तो रहा नहीं जा सकता। डाल्टन एक छोटे फौजी दस्ते को बगोदर में छोड़, सिखों के एक सैनिक दस्ते के साथ बूढ़ी आया। इस मौके पर यातायात के लिए ग्रैंड ट्रंक रोड ही सुरक्षित रास्ता था। ग्रैंड ट्रंक रोड होकर अंग्रेजी फौज आती-जाती थी और इसी कारण विद्रोही सिपाही ग्रैंड ट्रंक की ओर नहीं जाते थे।

अगस्त के अंत तक आयुक्त डाल्टन 'बूढ़ी' में ही रुका रहा और योजनाएँ बनाता रहा। बूढ़ी से ही डाल्टन ने सभी घटवालों को आदेश भेजा कि वे किसी भी पहाड़ी रास्ते को खुला न रखें और न ही विद्रोहियों की मदद करें। वहीं से उन्होंने घटवालों को धमकाया कि अगर किसी ने आदेश की अवमानना की तो उसे कड़ा दंड दिया जाएगा और उनकी पूरी संपत्ति जब्त कर ली जाएगी।

ठाकुर विश्वनाथ शाही छोटानागपुर के प्रभावशाली जमींदारों में से एक थे। उन्होंने इस स्वाधीनता संग्राम में अपना सबकुछ होम कर दिया। उन्होंने विद्रोहियों के साथ शामिल हो जाने के बाद सारे पहाड़ी रास्तों को बंद कर दिया, ताकि सरकारी अधिकारियों की आवाजाही रुक जाए। ठाकुर विश्वनाथ शाही ने विद्रोही सैनिकों की पूरी सहायता की और जब अपने पास का सारा अनाज और पैसा खत्म हो गया, तब उन्होंने अन्य धनी लोगों से धन की उगाही की, ताकि स्वाधीनता संग्रामियों को वेतन दिया जा सके। इनके नेतृत्व में 'बरवा थाना' में आग लगा दी गई। लोहरदगा शहर पर आक्रमण करने के लिए ठाकुर विश्वनाथ शाही ने 1100 स्थानीय लोगों की सेना बनाई। अपनी सेना के साथ जब वे लोहरदगा पहुँचे तो अचानक वहाँ के प्रिंसिपल असिस्टेंट ने घुड़सवार फौज लेकर धावा बोल दिया। इस अचानक हमले के लिए वे तैयार न थे। अत: लोग तितर-बितर हो गए और ठाकुर विश्वनाथ शाही गिरफ्तार कर लिये गए।

राँची आयुक्त के पत्राचार संग्रह में 'कुरबान अली' की चर्चा विशेष रूप से की गई है। कुरबान अली जिलाधीश के जमादार थे। स्थानीय जमींदारों को स्वाधीनता संग्राम के पक्ष में करने के लिए कुरबान अली का विशेष योगदान है। 'ठाकुर किसन दयाल सिंह' और पलामू के जमींदारों के बीच कुरबान अली ही संपर्क सूत्र थे।

सिंहभूम (चक्रधरपुर) तथा अन्य जगहों से आए स्वाधीनता सेनानियों ने झालदा और सिल्ली से बंदूकें बनवाई थीं। पुराने ढर्रे की ये बंदूकें बराबर स्वाधीनता सेनानियों को आपूर्ति की जा रही थीं। अंग्रेजों को इस बात की भनक मिल गई और उन्हें बनाने और बेचनेवालों को खोज निकालने के लिए गुप्तचर नियुक्त किए गए। लेफ्टिनेंट रीव्स के दल ने उन्हें खोज निकाला। अचानक छापा मारकर रघुदेव लोहार और उनके कर्मचारियों को गिरफ्तार कर लिया गया। झालदा आज भी लोहे की बनी चीजों के लिए प्रसिद्ध है। इस अभियान में 30 बंदूकें जब्त की गई थीं।

अंग्रेजों का मत था कि अधिकांश जमींदार चुप बैठे थे, बल्कि वे कहीं-कहीं विद्रोहियों को गुप्त मदद भी दे रहे थे। अंग्रेजों ने अनेक लुभावने पुरस्कार घोषित किए थे, लेकिन एक भी पुरस्कार किसी ग्रामीण ने ग्रहण किया हो, यह रिकॉर्ड में उपलब्ध नहीं है। बहुत से लोग निस्संदेह गुप्तचरों और पुलिस की मदद से पकड़े गए थे।

राँची में विद्रोही सेनानियों ने करीब एक महीना बिताया। चारों ओर के सैनिक आकर राँची में ही जमा होते रहे और उन्हें नए-नए स्थानों से मुक्ति की खबर आती थी तो सैनिकों में खुशी की लहर छा जाती और वे नाच उठते। उनका खूब आदर-सत्कार करते, उनकी कहानी सुनते, अपनी दास्तान बताते। एक महीना बीतने के बाद आखिर उन्होंने फैसला किया कि चलकर 'बाबू कुँवर सिंह' से मिला जाए और वे उनसे मिलने अनजान राहों पर चल पड़े। कुछ पेंशन प्राप्त सैनिक भी उनके साथ थे। देश को स्वाधीन कराने की निष्ठा इतनी तीव्र थी कि पेंशनयाफ्ता सैनिक भी इस लड़ाई में कूद पड़े।

ईस्ट इंडिया कंपनी (बंगाल सरकार) के सचिव द्वारा भारत सरकार के फौजी विभाग के सचिव को एक पत्र, (पत्र संख्या 1434) द्वारा 25 अगस्त, 1857 को आदेश निकाला गया कि सभी पेंशनप्राप्त सिपाहियों को अपने पेंशन देनेवाले अफसर के समक्ष खास अवधि में हाजिर हो जाना चाहिए। गुप्तचरों को भी आदेश भेजे गए कि वे अपने-अपने स्तर से पता लगाए कि किन-किन फौजी पेंशनयाफ्ता सिपाहियों ने स्वाधीनता संग्राम में अपना योगदान दिया है।

उन दिनों संचार माध्यमों का सर्वथा अभाव था, फिर भी खबरों के तो पंख होते हैं और उन्हीं पंखों के सहारे देश की स्वाधीनता की खबरें पलामू में भी पहुँच रही थीं। स्वाधीनता संग्रामियों के कारनामों की बातें, जनता के योगदान की बातें ब्रिटिश गोरों के पलायन की बातें सुन-सुनकर पलामू भी अंदर-ही-अंदर उबल रहा था। वहाँ स्वाधीनता संग्राम के आरंभ होने में कुछ देर तो अवश्य हुई, लेकिन

पलामू में ही 1857 संपूर्ण जनक्रांति के रूप में उभरा। कुछ जाति विशेष के गिने-चुने जमींदारों ने अपनी ब्रिटिश स्वामीभक्ति दिखाई और अंग्रेजों का साथ दिया। सभी आदिवासी-मूलवासी जनता ने कंधे-से-कंधा मिलाकर इस सिपाही विद्रोह में अंग्रेजों से लोहा लिया।

झारखंड की भूमिका : भाग-5

चारों ओर से मिलनेवाली खबरों से उत्साहित होकर पूरा पलामू तैयार ही बैठा था। जरूरत तो सिर्फ नेतृत्व देनेवाले की थी और वह नेतृत्व दिया 'नीलांबर और पीतांबर' नामक दो भाइयों ने। जब विद्रोही सैनिकों ने राँची पर विजय पताका फहराई थी, तब पीतांबर संयोग से राँची में ही थे। उन्होंने विजय का उल्लास देखा था। उन्होंने अंग्रेजों का बदहवासी में पलायन भी देखा था और वहीं से अपनी जन्मभूमि को स्वाधीन करने की लालसा उनके हृदय में भी हिलोरें लेने लगी थी।

आठवीं देशीय पैदल सेना की दो कंपनियाँ बाबू कुँवर सिंह के भाई अमर सिंह से मिलने के लिए पलामू से होकर गुजर रही थीं। उनकी गतिविधि से उनका मनोबल और भी प्रबल हो गया। उन दोनों भाइयों ने सबसे पहले अपने को स्वतंत्र घोषित किया और अक्तूबर के अंत में दोनों भाइयों ने खेरवार तथा चेरो आदिवासियों की एक टुकड़ी और उसके साथ 500 भोक्ताओं को लेकर चैनपुर, शाहपुर और लेसलीगंज पर आक्रमण कर दिया। चैनपुर में कम, लेकिन लेसलीगंज में वे अधिक कामयाब हुए। नीलांबर-पीतांबर की सेना ने अंग्रेजों के बँगलों को ध्वस्त कर दिया। सरकारी दफ्तरों पर कब्जा कर लिया और कुछ ब्रिटिश भक्तों को इंग्लैंड में पुनर्जन्म लेने के लिए इस जीवन से मुक्त कर दिया।

लेफ्टिनेंट ग्राहम, जो इस समय मंडल का स्थानापन्न कनीय सहायक आयुक्त था, 50 सिपाहियों की एक छोटी टुकड़ी लेकर आगे बढ़ा। भोक्ता लोगों ने सरगुजा पहाड़ी की ओर से लौटकर अंग्रेजी सेना का मुकाबला किया और अंग्रेजी सेना को भागकर चैनपुर में मुँह छुपाना पड़ा। ग्राहम चैनपुर में ही अधिक सेना की सहायता के इंतजार में बैठा रहा।

नवंबर के अंत तक संपूर्ण पलामू में अंग्रेजों के खिलाफ बगावत हो गई। ग्राहम अपने छोटे से सैन्यदल के साथ चैनपुर के जमींदार रघुवर दयाल सिंह के घर में छुपा बैठा रहा। ग्राहम की सहायता में तेरहवीं छोटी पैदल सेना की दो टुकड़ियाँ सासाराम से मेजर कोटर के नेतृत्व में आगे बढ़ीं। नवंबर 27 को बहुसंख्यक

भोक्ताओं ने रजहरा स्टेशन पर आक्रमण किया। मि. गंडी तथा मेलजर, जो कोल कंपनी में नियुक्त किए गए थे, यथासंभव भवन की रक्षा में संलग्न रहे, परंतु अंत में दोनों ने भागकर अपनी जान बचाई। यह एक संयोग था कि वे उस सैलाब से अपनी जान बचा सके।

मेजर कोटर के नेतृत्व में दो कंपनियों ने, जिनमें दो बंदूकें भी थीं, सासाराम के उप-पदाधिकारी मि. बेकर के साथ 30 नवंबर को अकबरपुर के समीप सोन नदी को पार किया। इस बीच ग्राहम को आदेश मिला कि वह मुक्त होते ही तुरंत फौज के साथ लौट जाए और अतिरिक्त फौजों के आगमन पर ही फिर आगे बढ़ने का साहस करे।

आठ दिसंबर को अंग्रेजों की फौजी टुकड़ी ग्राहम की सहायता के लिए शाहपुर तक पहुँच गई। तब तक ग्राहम चैनपुर से छुप-छुपकर शाहपुर के जमींदार के यहाँ शरण लिये हुए था। यह बात स्वाधीनता सेनानियों को भी मालूम हो गई थी और उन्होंने शाहपुर में भी घेरा डाल दिया था। वे हर हालत में ग्राहम को ग्रसित करना चाहते थे, लेकिन इस नई फौजी टुकड़ी के आ जाने से स्वाधीनता सेनानियों को पीछे हट जाना पड़ा। मौका पाकर ग्राहम नए अंग्रेजी दस्ते के साथ जा मिला और उसे नई जिंदगी मिली। इसी बीच विद्रोही सेनानियों को एक बहुत बड़ा नुकसान हुआ। उनके एक प्रमुख नेता विद्रोही सेनानी देवीबक्स राय ब्रिटिश फौजों के हाथों गिरफ्तार कर लिये गए। यह पहला धक्का था, जो विद्रोही सेनानियों ने महसूस किया, लेकिन इससे उनमें एक नई स्फूर्ति भी आई और उन्होंने इसका बदला लेने की कसम खाई। नीलांबर और पीतांबर दोनों भाइयों ने नई रणनीति तय की।

ग्राहम के एक चापलूस थे मंका गाँव के भिखारी सिंह। विद्रोही सेनानियों की फौज आगे बढ़ी और पूरे मंका ग्राम को जलाकर राख कर दिया गया। भिखारी सिंह तो जान बचाकर भाग खड़े हुए, लेकिन उनके मकान को ढाह दिया गया। विद्रोही सेनानियों ने सभी पहाड़ी रास्तों के घाटों पर कब्जा कर लिया और रास्तों को पत्थरों और मोटे-मोटे पेड़ गिराकर अवरुद्ध कर दिया। उनकी निगरानी के लिए तीर-धनुषधारी लोगों को तैनात किया गया, जो पेड़ों पर चढ़कर दूर तक निगरानी कर रहे थे।

अंग्रेजों ने देवराजा के पास सैन्य सहायता के लिए संदेश भेजा था। देवराजा ने 600 बंदूकची और 100 घुड़सवारों को ब्रिटिश कंपनी सरकार की सेवा में भेज दिया। उस देशी रियासती सेना को 22 दिसंबर को किसुनपुर भेज दिया। उसी में से कुछ सैनिकों को पटनघाट पर भी तैनात कर दिया गया। शेखबत्ती बटालियन

भी अंग्रेजों की सहायता में पहुँच चुकी थी। उधर सरगुजा के एक सरबराहकार (मैनेजिंग एजेंट, जो जमींदारी की देखभाल करते थे) ने भी 600 आदमियों का एक रियासती फौजी दस्ता ग्राहम की सेवा में भेज दिया। ग्राहम अब अत्यधिक शक्तिशाली हो चुका था। अब वह हमला करने की स्थिति में आ चुका था।

नीलांबर और पीतांबर युद्ध संचालन के साथ-साथ नए लोगों को संगठित कर नए-नए लड़ाकू दस्ते भी बनाते जाते थे और उन्हें देशी तीर-धनुष, लाठी-भाले, टांगी-फरसों से ही लैस कर आवागमन के नाजुक रास्तों पर तैनात भी करते जाते थे। उस इलाके की सभी जनजातियाँ नीलांबर-पीतांबर के प्रभाव में थीं। नीलांबर-पीतांबर कुशल प्रशासक भले ही न रहे हों, लेकिन अच्छे संगठनकर्ता तो अवश्य ही साबित हुए। पलामू जिले की जनसंख्या में चेरो तथा खेरवार जनजातियों की प्रधानता है। कहीं-कहीं कोल, उराँव, कोरवा, परहइया, बिरजिया, बिरहोर, मुंडा, खरिया, कुरमी, धानुक, चमार, डोम, दुसाध, मोमिन आदि अनेक लोगों के साथ-साथ कहार, कानू, वैश्य, केवट, कोइरी, कुम्हार, कायस्थ, राजपूत, ब्राह्मण आदि भी रहते हैं। इनमें से कुछेक गिनी-चुनी जातियाँ ही थीं, जो निष्पक्ष रह गईं। कुछेक जमींदार और राजे-रजवाड़ों ने कंपनी सरकार की राजभक्ति दिखाई। बाकी रही सभी जातियों ने कमोबेश इस स्वाधीनता संग्राम में भाग लिया, लेकिन प्रमुख रूप से भोक्ता लोगों ने नेतृत्व किया और चेरो, खेरवारों ने उनका साथ दिया। वैसे तो ये सब एक ही जाति की शाखा-उपशाखा हैं। चेरो लोगों ने बहुत पहले किसी राजा को पदच्युत कर उनकी जगह अपने में से एक को प्रधान के रूप में स्थापित किया। उनके वंशज बहुत काल तक चेरो जाति के मुखिया तथा प्रतिनिधि बने रहे, किंतु अंतिम चेरो राजा, जिनकी मृत्यु कुछ दिनों पहले हो गई थी, उनका कोई निजी उत्तराधिकारी नहीं था। चेरों ने अपने अनुयायियों को जागीर प्रदान कर अपनी स्थिति सुदृढ़ बना ली थी। उनमें से कुछ गरीब जागीरदार, जिनकी भू-संपत्ति कर्ज के बोझ से दब गई थी, वे अब भी मौजूद हैं।

खेरवार लोगों के बारे में किंवदंती है कि वे रोहतास पहाड़ी के पश्चिम भाग के मूल बाशिंदे थे और वहाँ से आकर पलामू में बस गए थे। ये कई उपजाति में विभक्त हैं, जिनमें भोक्ता प्रधान है। ये भोक्ता सुरगुजा के उच्च भाग और पलामू के निचले भाग के बीच के एक ऊँचे पठार पर रहते हैं। यह पठारी भाग पुनः पहाड़ियों की श्रृंखला से विभक्त होता है। छोटा नागपुर के आयुक्त कप्तान ई.टी. डाल्टन ने एक पत्र (दिनांक 21 जून, 1858) जो ए.आर. यंग (बंगाल सरकार के सचिव, फोर्ट विलियम) को लिखा था, उसमें उन्होंने जिक्र किया है, "खेरवार के कब्जे में जागीरें हैं। नीलांबर और पीतांबर, जो भोक्ताओं के प्रधान हैं, उन्हें सरकार ने जागीर

प्रदान की थी। इस जाति के ग्राम पलामू के निम्न भाग और ढलाऊ पठार के बीच बसे हैं, जो कई पहाड़ियों की श्रेणी से तथा सरगुजा के ऊँचे पठार से पुनः विभक्त होता है। इन बस्तियों में पहाड़ी घाटियों के अलावा दूसरे मार्ग से जाना संभव नहीं है। अतएव इन घाटियों की रक्षा बहुत आसान है तथा यहाँ के बाशिंदे दुर्गम सरगुजा के ऊँचे पठार में रक्षार्थ भाग भी सकते हैं।

"अतएव कानून के पंजे से दूर रहने के कारण ये भोक्ता जाति के लोग प्राचीन समय से ही बदनाम लुटेरे हो गए। इनके अंतिम प्रधान नीलांबर तथा पीतांबर के पिता जाति-निष्कासित होकर मरे। इनके पुत्रों को उनकी जागीर नाममात्र के शुल्क पर देने से भोक्ताओं की लूट की प्रवृत्ति बहुत हद तक दबी, परंतु हाल के उपद्रवों ने उनकी प्रवृत्ति फिर से जगाई।"

16 जनवरी, 1858 को डाल्टन खुद मैकडोनाल्ड के अधीन 150 देशी पैदल सैनिक रामगढ़ बटालियन के अश्वारोहियों का एक छोटा दस्ता तथा बंदूकचियों का एक दल परगनैत जगतपाल सिंह के संरक्षण में लेकर, पलामू पर चढ़ आया। जगतपाल सिंह ब्रिटिशों का परम दलाल था और उसके एवज में अंग्रेजों ने उसे दलाली के पुरस्कारस्वरूप अनेक खिलअत, उपाधि और पेंशन प्रदान की थीं। जनवरी 21 को डाल्टन मौके पर पहुँचा और ग्राहम तो रात में ही वहाँ पहुँच चुका था। दोनों साथ में पलामू गढ़ का जायजा लेने पहुँचे। उन्होंने पाया कि गढ़ विद्रोही सेनानियों के कब्जे में है। डाल्टन ने बिना देर किए किले पर हमला करने का निश्चय किया। तीन ओर से किले को घेरकर वे आगे बढ़े। जमकर गोलाबारी की गई। कुछ देर तो संग्रामी टिके रहे, किंतु प्रचंड गोलाबारी से घबराकर उन्हें किले को छोड़कर आत्मरक्षार्थ हट जाना पड़ा। विद्रोही सेनानियों की दस लाशें पाई गईं। अंग्रेजों के अभिलेख में सिर्फ एक व्यक्ति निहत लिखा है। दो घायलों का भी उल्लेख है। किले की तलाशी में नीलांबर-पीतांबर तथा नकलौत माँझी के पत्राचार पाए गए। बाबू अमर सिंह का भी एक पत्र पाया गया, जिसमें उल्लेख था कि बाबू कुँवर सिंह शीघ्र ही सहायता भेजनेवाले हैं।

भारतीय सैनिकों द्वारा शुरू किए गए सिपाही विद्रोह के इस स्वतंत्रता आंदोलन को जनता ने अपना पूरा सहयोग दिया। पलामू में यह आंदोलन संपूर्ण रूप से जनक्रांति में बदल चुका था और उसमें भारतीय विद्रोही सेनानियों की भूमिका गौण होकर रह गई थी। आदिवासी भोक्ता नेता नीलांबर-पीतांबर के कुशल नेतृत्व में यह जन आंदोलन अपनी जवानी पर था और गोरे परेशान थे। नीलांबर-पीतांबर की कुशल मोर्चेबंदी को भेद पाना कठिन था, किंतु पलामू के किले में विद्रोहियों

को प्रचंड गोलाबारी की वजह से हट जाना पड़ा। आयुक्त 8 फरवरी तक रसद बटोरने तथा अन्य तैयारियाँ करने के लिए लेसलीगंज में व्यस्त रहा। तैयारियों के बाद भोक्ता लोगों के क्षेत्र में 2,000 सैनिकों के साथ चढ़ाई कर दी गई। इस समय नीलांबर–पीतांबर के पास सिर्फ एक हजार की ही सेना थी। डाल्टन ने जागीरदारों को उपस्थिति हेतु परवाना भेजा। बहुतों ने आज्ञा का पालन किया और उपस्थित हुए। डाल्टन ने सैन्य विभाजन कर टुकड़ी को अपने चाटुकार किसन दयाल सिंह के साथ और दूसरी टुकड़ी को शाहपुर की ओर 'बाघमारा घाट' के लिए रवाना किया और खुद तुंगरी घाट पर आक्रमण करने के लिए बढ़ा। 10 फरवरी को ज्योंही वह वहाँ पहुँचा, तो वहाँ उसे पता चला कि विद्रोही, जिन्होंने घाटी को दखल कर रखा था, इस समय बगल के गाँव हरनामर में लूटपाट कर रहे हैं। लेफ्टिनेंट ग्राहम घुड़सवारों का एक दल लेकर उन्हें रोकने में सफल हुआ और कुछ जानवरों और कैदियों को, जिन्हें वे लोग लेकर भागना चाहते थे, मुक्त किया। तीन व्यक्ति कैद किए गए, जिनमें एक नेता भी था।

वह 13 फरवरी को भोक्ताओं के क्षेत्र में पहुँचा। 'चेमू' जो कोयल नदी के किनारे स्थित था और भोक्ताओं का प्रमुख निवास स्थान था, वहीं भोक्ताओं का परकोटादार किला भी था। डाल्टन ने कोयल नदी पार की, किंतु भोक्ताओं ने ब्रिटिश फौजों के पहुँचने के पहले ही पर्वत खंड की गुप्त पहाड़ियों में छुपकर शरण ले ली। डाल्टन ने 23 फरवरी तक जर्रा–जर्रा छान मारा, लेकिन सरदार नीलांबर–पीतांबर को खोजने में असफल रहा। सभी दिशाओं में लगातार सेना भेजना जारी रहा। खोज होती रही, किंतु उन नेताओं का कोई पता न चल पाया। कुछ प्रभावशाली लोगों को गिरफ्तार भी किया गया। उन्हें धमकी और प्रलोभन भी दिए गए, लेकिन उन्होंने अपने नेताओं का गुप्त स्थान नहीं बताया। उन पर चरम अत्याचार किया गया। गाँव के गाँव जला दिए गए, उनके माल–असबाब और जानवरों को भी जब्त कर लिया गया, लेकिन उन्होंने अपने नेता के छुपने का गुप्त स्थान नहीं बताया।

'नवागढ़' की पहाड़ियों में विद्रोहियों का एक दल मार्च के मध्य में गणपत राय तथा विष्णुनाथ शाह के संरक्षण में एकत्र हो रहा था। कप्तान डाल्टन ने उन लोगों पर आक्रमण के उद्देश्य से लोहरदगा की ओर प्रस्थान किया, परंतु बीमार हो जाने की वजह से उसने इस कार्य के लिए कप्तान ओक्स को नियुक्त किया, जो कप्तान नेशन के नेतृत्व में मद्रास राइफल्स, रामगढ़ इरेगुलर कैभेलरी और 160 कोल और संथालों की सेना लेकर शीघ्रतापूर्वक आगे बढ़ा। सारे विद्रोही भागने में सफल हुए।

शाहाबाद जिला, जो क्रांति के अग्रणी बाबू कुँवर सिंह का निवास स्थान था, का प्रभाव हमेशा से पलामू की सीमा में रहा है। 26 अप्रैल, 1858 को बाबू कुँवर सिंह की शहादत के बाद उनके भाई बाबू अमर सिंह ने उनका पद ग्रहण किया और अंग्रेजों का मुकाबला करते रहे। शाहाबाद से विद्रोही बढ़े और पलामू पहुँच गए। शाहाबाद के दूतों ने असंतुष्ट भोक्ताओं से संबंध स्थापित कर उन्हें अमर सिंह के सैन्य दल की सहायता के लिए प्रेरित करने का प्रयास किया। डाल्टन ने 30 सितंबर, 1858 को बंगाल के लेफ्टिनेंट गवर्नर को सूचना दी कि भोक्ताओं को शाहाबाद के विद्रोहियों से साँठ-गाँठ करने से रोका जाएगा। इस हेतु कैप्टन डलेस की फौज तथा कोल और संथालियों की टुकड़ी सहित लेफ्टिनेंट रीब्स को पलामू में रहने के लिए आयुक्त गवर्नर का अनुमोदन लेना चाहता था। इसके अतिरिक्त वह यह भी चाहता था कि रामगढ़ बटालियन के फौजी दस्ते के अधिकारी भी संबलपुर से लौटकर यहाँ हाजिर रहें।

शाहाबाद से कुछ विद्रोही 1858 के नवंबर में सोन नदी पार कर मझियांव पहुँचे और ऐसा मालूम होता था कि वे गढ़वा पर आक्रमण करना चाहते थे। उनके साथ कुछ भोक्ताओं की टुकड़ी भी मिल गई। 9 नवंबर को कैप्टन डेभिस और डेल, लेफ्टिनेंट ग्राहम से मिले और उन लोगों ने योजना बनाकर विद्रोहियों पर हमला किया। यह हमला अचानक था, जिससे विद्रोहियों को सावधान होने का भी मौका नहीं मिला। विद्रोहियों ने पीछे हट जाना ही उचित समझा। चेचारी के जमींदार ने ब्रिटिश अधीनता स्वीकार कर ली।

अब ब्रिटिशों के पास काफी शक्ति जमा हो चुकी थी और वे अनवरत आक्रमण करते रहना चाह रहे थे। कप्तान डेविस 'सुनया' की ओर बढ़ा, ग्राहम चक्कर काटता हुआ रामकुंड होते हुए दक्षिण की ओर गया। 'बरगर' थाना के छोटे रक्षक दल तथा सशस्त्र आरक्षी गण विद्रोहियों के संभावित आक्रमण का खयाल कर 'कुन्हार नदी' पार कर 18 नवंबर को सरगुजा लौटे। विद्रोही भोज और भारत के नेतृत्व में भोक्ताओं की एक शाखा ने थाने पर हमला कर थाना भवन को नष्ट कर दिया। विद्रोहियों को आते देख थाने के आरक्षी पहले ही भाग चुके थे। थाना भवन को ध्वस्त कर भोज और भारत अपने विद्रोही सेनानियों को लेकर एक और अंग्रेजों के दलाल जमींदार की तलाश में आगे बढ़े। विद्रोहियों को दूर से ही आते देख जमींदार अपने बाल-बच्चों के साथ भागकर छुप गया। विद्रोहियों ने उसके मकान को भी ध्वस्त कर दिया और जमींदार की फसलों को काटने में व्यस्त हो गए। उधर भागे हुए आरक्षी दल दो कोलों को पथ-प्रदर्शक बनाकर भोक्ताओं की तलाश में

लौटे। उन कोलों ने उस गहन जंगल के बीच से होकर आरक्षियों को बहुत ही कम समय में फसल काटते भोक्ताओं के पास पहुँचा दिया। यह हमला भी अचानक ही था। भोक्ता सँभल न पाए, फिर भी घमासान युद्ध हुआ। सरकारी दस्तावेजों में दर्ज है, 16 मारे गए, 30 घायल हुए और 3 कैद कर लिये गए। भोज और भारत किसी प्रकार घोड़े पर सवार होकर भाग गए। अंग्रेज पक्ष के सिर्फ तीन लोग घायल हुए।

उमो सिंह (अमर सिंह) के नेतृत्व में 24 नवंबर, 1858 को विद्रोहियों के एक दल ने डोरंडा में डेरा जमाया। यद्यपि वह दल छोटा ही था, लेकिन खबर पाकर डाल्टन ने दो यूरोपियन सैनिक दस्तों को राँची प्रस्थान के लिए सुझाव दिया। छोटानागपुर के बढ़ते हुए विद्रोहियों को रोकने तथा जरूरत पर कैप्टन डेविस की मदद हेतु यह व्यवस्था की गई। राँची से मद्रास इनफैंट्री सिंहभूम भेजने की व्यवस्था की गई।

हजार मोर्चेबंदी के बावजूद अंग्रेजों में बहुत घबराहट थी। डाल्टन ने कैप्टन हेल की सिख फौज और लेफ्टिनेंट रीब्स के अधीन रामगढ़ बटालियन के कोल तथा संथालियों की टुकड़ियों को भी पलामू मँगवा लिया। मद्रास रेजिमेंट तो पहले से ही उपस्थित था। इस बीच शेरघाटी के आयुक्त से डाल्टन को खबर मिली कि कुछ और विद्रोही शाहाबाद से पलामू में घुस चुके हैं। बाबू कुँवर सिंह के आश्वासन के अनुसार सारे विद्रोही शाहाबाद से नीलांबर, पितांबर के सहायतार्थ पलामू आ रहे थे। डेविस, जो चेचारी में अपनी सेना के साथ उपस्थित था, ने खबर भेजी कि शाहाबाद से विद्रोही दल हथियार लेकर पलामू आ रहे हैं। इधर खेरवार, चेरो, कोल, कुरमी, उराँव आदि स्थानीय आदिवासी बहुत बड़ी संख्या में भोक्ताओं के साथ शामिल होकर सार्वजनिक विद्रोही सेना का स्वरूप ग्रहण कर रहे थे। उन लोगों में उत्साह था। नीलांबर-पीतांबर ने अपनी संगठन शक्ति का गौरवशाली परिचय दिया। ओमेली ने गत पलामू जिला विवरणिका (1907) में उपर्युक्त वृत्तांत को आगे इस प्रकार लिखा है—

"उपर्युक्त वर्णन में यह जोड़ देना पर्याप्त होगा कि नीलांबर-पीतांबर शाह अंत में पकड़े गए। उन पर मुकदमा चलाकर फाँसी दी गई।"

सचमुच यह इतिहास का स्वर्णिम क्षण था। अंग्रेजों के खिलाफ झारखंड के लोग एक होकर कंधे-से-कंधा मिलाकर मातृभूमि की स्वाधीनता के लिए मुकाबला कर रहे थे। भारत माता की जय ध्वनि से दिशाएँ गूँज रही थीं।

अंग्रेजों के राजभक्त जमींदारों के नाम थे—ठाकुराय रघुवर दयाल सिंह, ठाकुराय किसन दयाल सिंह, नवागढ़ के शिवचरण राय, मंका के भिखारी सिंह,

उंटारी के भगवान् देव तथा भैया देवनाथ सिंह, नोवादाग के देवीबक्स सिंह, देवगया के राजा तथा पिथौरी (राँची) के जगतपाल सिंह।

अंग्रेजों के खिलाफ विद्रोहियों की सूची—सहायक आयुक्त जे.एम. ग्राहम ने 1857 के विद्रोहियों का एक विवरण तैयार किया था, जिसमें निम्नलिखित नाम हैं—नीलांबर शाह, पीतांबर शाह, रत्न शाह, नारायण बनिया, कटकुन शाह, भूखा शाह। इन सबों के ऊपर विद्रोह, जानबूझकर हत्या तथा चैनपुर नगर पर आक्रमण करने का अभियोग था।

झारखंड की भूमिका : भाग-6

पलामू में तो यह पूरी तरह जनक्रांति था। उधर संथाल परगना के बीस विद्रोही सैनिक बूढ़ी में गिरफ्तार कर लिये गए। देवघर में संग्रामियों का दमन हो गया। अंग्रेजों ने सिदू-कान्हू के स्वाधीनता संग्राम जैसी परिस्थिति न पैदा होने देने के लिए संथाल लोगों से ही पुलिस दल तैयार करने का फैसला किया। उनका वेतन पाँच रुपए महीने की दर से तय किया गया, लेकिन यह निर्देश भी जारी किया गया कि उसमें किसी भी कारण कटौती न हो। दो सौ संथाल फौज में भर्ती हो गए। काँटे से काँटा निकालने की योजनाएँ तैयार होने लगीं। संथालियों की बहाली सेना में की जा रही थी और अंग्रेज उन्हें पुलिस की तरह उपयोग करना चाहते थे। बाद में उनकी संख्या 100 और बढ़ा दी गई और अब कुल 300 संथालों की सेना देवघर के उपायुक्त मि. बैडन की देखरेख में रखी गई।

फाँसी के पहले 'कान्हू' ने कहा था कि 'एक और बवंडर उठेगा, एक बार फिर मैं आऊँगा और तब यह अंग्रेजी राज समूल नष्ट हो जाएगा।' कान्हू की यह बात अंग्रेजों को सशंकित किए रही। सावधानी बरतने के खयाल से जी.ई.ओ. प्लौडन ने सिउड़ी, रामपुर हाट, पाकुड़, राजमहल, पीरपैंती, बौंसी, गोड्डा, देवघर, दुमका तथा रानीगंज आदि जगहों में फौजों का भरपूर इंतजाम किया। भागलपुर और राजमहल में शेखों और गोरखों की फौज स्थापित कर उन्हें सदा सावधान रखा जाने लगा।

इधर हजारीबाग में 2 अक्तूबर, 1857 को विद्रोही सैनिक सूबेदार नादिर अली और सूबेदार जयमंगल सिंह धोखे से पकड़ लिये गए। सुनवाई का एक छोटा सा नाटक किया गया और उन्हें फाँसी दी गई। भाग निकले जमादार मधु सिंह। शहर में एक ब्रिटिश दलाल महाजन के लोगों के साथ एक संघर्ष में मारे गए। बरकागढ़

के ठाकुरों के संदेह पर कई लोगों को लोहरदगा के वरीय सहायक आयुक्त के पास छानबीन के लिए भेज दिया गया। चतरा शहर की पश्चिमी सीमा पर दो कब्रों के स्मारक विद्यमान हैं। ये स्मारक 1857 के महासमर की याद दिलाते हैं। कब्रों के दक्षिण की ओर एक तालाब है और पश्चिम की ओर उप-कारागार का घेरा। इसी पोखर के किनारे एक आम के पेड़ पर अंग्रेजों के विरुद्ध लड़नेवाले विद्रोहियों को फाँसी पर चढ़ाया गया था। फाँसी देने के बाद उन शहीदों के शवों को इसी तालाब में फेंक दिया जाता था और इसी कारण आज तक लोग उस तालाब को फँसियाही तालाब भी कहते हैं। विद्रोही कुरबान अली तथा बालगोविंद शाही अपने को बादशाही राजा घोषित करने के अपराध में काले पानी की सजा दी गई और उनकी संपत्ति को जब्त कर लिया गया। कुरबान अली समाहरणालय में प्रधान जमादार थे।

8 जनवरी, 1858 को टिकैत उमराँव सिंह और शेख भिखारी को फाँसी की सजा दे दी गई। बृजभूषण सिंह, चामा सिंह, रामलाल सिंह और विजय राम सिंह को सजा दी गई। शेख भिखारी और उमराँव सिंह की सारी संपत्ति भी जब्त कर ली गई। इन सभी के ऊपर छोटानागपुर से आनेवाले सैनिक अधिकारियों का रास्ता बंद करने का अभियोग लगाया गया। ठाकुर विश्वनाथ शाही और पांडे गणपत राय मेज़र नेशन के द्वारा पकड़े गए। जुडिशियल कमिश्नर ने संक्षिप्त विचार किया और उसी दिन 16 अप्रैल, 1858 को आयुक्त के अहाते के एक पेड़ पर उन्हें फाँसी पर लटका दिया गया। ठाकुर विश्वनाथ शाही के 97 ग्रामों को जब्त कर लिया गया और साथ-साथ पांडे गणपत राय के 11 ग्रामों की भी यही स्थिति हुई। लड़ाई में ठीक कितने लोग झारखंड में मारे गए, इसका सही ब्योरा मिलना अब संभव नहीं है, लेकिन अनुमान है कि करीब 700 लोग मारे गए थे।

□

1857-सिपाही विद्रोह में लड़नेवाले झारखंड के महानायकों की संघर्ष गाथा

राजा अर्जुन सिंह

सिपाही विद्रोह 1857 में क्रांतिकारी भूमिका निभानेवाले सिंहभूम के राजा अर्जुन सिंह ने 32 साल बनारस की जेल में गुजारे, जहाँ उनकी मृत्यु हुई थी। उनके पिता का नाम अच्युता सिंह था। राजा की राजधानी चक्रधरपुर में थी। कोल्हान में शांति का साम्राज्य स्थापित होने तथा कप्तान सर थॉमस विलकिंसन की चलाई हुई प्रशासनिक मानकी-मुंडा व्यवस्था को फलीभूत होने के पहले ही सिंहभूम सिपाही विद्रोह की चपेट में आ गया था। राँची एवं हजारीबाग में सिपाही फौजों की बगावत करने पर रामगढ़ बटालियन की टुकड़ी उन्हें दबाने के लिए भेजी गई, लेकिन ये भी विद्रोह की भावना से विद्रोही हो गए। इस खबर से स्थिति कुछ ऐसी हो गई कि चाईबासा का प्रधान सहायक आयुक्त कप्तान सिसमोर घबरा गया। वह चाईबासा छोड़कर सरायकेला के राजा चक्रधारी सिंह की शरण में चला गया और कुछ दिनों के बाद सिंहभूम राज्य का जिम्मा चक्रधारी सिंह को सौंपकर स्वयं कप्तान सिसमोर कलकत्ता भाग गया। कप्तान सिसमोर की भीरुता से चाईबासा के सिपाही एवं सैन्य दल को रामनाथ सिंह और भगवान् सिंह (दोनों सिपाही) की अगुवाई में और भी उत्तेजना तथा हिम्मत मिली।

सिपाही विद्रोहियों ने 3 सितंबर, 1857 को चाईबासा में सरकारी खजाने से 20 हजार रुपए लूट लिये। जेल का फाटक तोड़ दिया और करीबन 250 सैनिक भाग निकले। बागी कैदियों ने राँची स्थित बागियों से मिलने की इच्छा जाहिर की। वे सभी बंदूकें लेकर राँची की ओर बढ़े। उस दिन काफी वर्षा भी हो रही थी, इसलिए चक्रधरपुर के संजय नदी की बाढ़ ने फौज को आगे बढ़ने में बाधा डाल दी। उस

समय नदी में कोई पुलिया का निर्माण भी नहीं हुआ था। नदी में उफनते पानी के कारण फौज जाए तो कहाँ जाए। दूसरी ओर इन बागी फौजों के खिलाफ सरायकेला के राजा चक्रधर सिंह और खरसावाँ के राजा ठाकुर हरि सिंह ने अपने-अपने क्षेत्र की सीमाओं में सैनिकों को रखकर चौकसी बढ़ा दी, ताकि ये बागी सिपाही कहीं सरायकेला और खरसवाँ क्षेत्र में प्रवेश न कर जाएँ। इस परिस्थिति में सिंहभूम के राजा अर्जुन सिंह को दया आ गई और उन्होंने सैनिकों को अपने यहाँ शरण देने के लिए दीवान जगबंधु पटनायक (जग्गू दीवान) को दो हाथियों के साथ जाने का निर्देश दिया। कई दिन तक लगातार भारी वर्षा होने के कारण बागी फौज ने 7 सितंबर को चैनपुर गाँव के बाबू घाट में दो हाथियों के सहारे संजय नदी को पार किया। बागी फौज ने चैनपुर के बाबू (जमींदार) के घर में डेरा जमाया, जहाँ उनके भोजन की व्यवस्था की गई। संजय नदी पार होने में बागी फौज को पाँच दिन लग गए, जिससे उनकी हालत बिगड़ने लगी और कई फौजी बीमार पड़ गए। वे राँची पहुँचने की स्थिति में नहीं थे, इसलिए राजा अर्जुन सिंह ने उन्हें अपने यहाँ नौकरी देने का प्रस्ताव दिया। फौजियों ने राजा के यहाँ नौकरी न-नुकुर करते हुए मजबूरी से स्वीकार कर ली। सरकारी खजाने से लूटे गए 20 हजार रुपए और बंदूक भी राजा के यहाँ जमा कर दिए। राजा अर्जुन सिंह ने फौजियों की एक सभा की और उन्होंने कहा कि 'सबका स्वामी ईश्वर है और सारे सिंहभूम में राज करनेवाला राजा अर्जुन सिंह है।'

16 सितंबर को लेफ्टिनेंट आर.सी. वर्च, मुख्य सहायक आयुक्त को कप्तान सिसमोर के बदले नियुक्त किया गया, सरायकेला और खरसवाँ के राजा सहित तीन हजार लोगों के साथ चाईबासा पहुँचा। वर्च ने सिपाही घटनाओं की समीक्षा की और राजा अर्जुन सिंह को बागी करार देकर विद्रोही घोषित किया और गिरफ्तारी का आदेश निर्गत किया। अंग्रेज शासकों की इस काररवाई को देखकर राजा अर्जुन सिंह ने अपना गढ़ छोड़ दिया और गाँवों में अपनी प्रजा कोल-कुड़मी और स्थानीय जनता के साथ समय काटने लगे। जनता ने चक्रधरपुर से सात किलोमीटर दूर ओटार गाँव में एक सभा का आयोजन किया और राजा अर्जुन सिंह को अंग्रेज के खिलाफ साथ देने का फैसला लिया, जबकि सरायकेला, खरसवाँ के राजा केरा के ठाकुर और आनंदपुर का जमींदार सभी अंग्रेज शासक का साथ दे रहे थे। इस परिस्थिति में राजा अर्जुन सिंह का सहारा सिर्फ जनता ही थी और वह विद्रोही नेता ही नहीं, बल्कि जन आंदोलन के नेता बन गए।

दिसंबर महीने के अंत में लूसिटन ने, जो मानभूम और सिंहभूम का अस्थायी विशेष आयुक्त नियुक्त हुआ था, सिंहभूम में एक विराट् आंदोलन की सूचना भेजी

थी। विद्रोह में काफी संख्या में लोग शामिल हो गए थे। 17 जनवरी, 1858 को कर्नल फोरस्टर के अधीन शेखवत्ती बटालियन चाईबासा पहुँची और तीन-चार दिन के बाद ही अर्जुन सिंह के चक्रधरपुर स्थित गढ़ को ध्वंस कर दिया और तत्कालीन चक्रधर ग्राम को नष्ट करते हुए बहुत से कोल-कुड़मी और स्थानीय लोगों का कत्ल कर दिया। इस तरह कुछ दिनों तक अर्जुन सिंह और उनके अनुयायियों ने स्थिति का सामना किया।

सिंहभूम प्रमंडल के तत्कालीन सहायक आयुक्त ए.पी. स्कीट मौनक्रीफ ने बंगाल सरकार के सचिव ए.आर. यंग को चक्रधरपुर से 27 मार्च, 1858 को संवाद भेजा कि उसे अतिरिक्त सेना की जरूरत है। वह लिखता है कि उनकी छावनी पर पोड़ाहाट राजा की बागी फौज ने हमला किया और उसने फौजियों को मार भगाया, लेकिन उसके पास के फौजियों से उन विद्रोहियों को जंगल से खदेड़कर अधीन में नहीं लाया जा सका। अतः उसका विचार था कि चक्रधरपुर की फौजी टुकड़ी के अलावा कुछ फौजी सिपाहियों को चाईबासा में भी रखना आवश्यक था। उस स्थान पर वे अंग्रेजी फौजियों की बजाय देशी सिपाहियों को ही विशेष उपयुक्त समझते थे, जो विद्रोहियों का पीछा कर सकें और अनुभवों के आधार पर जंगलों में छिटपुट युद्ध सफलतापूर्वक कर सकें। 1858 ई. के मार्च महीने से लेकर जून तक सरकारी फौजों से अनवरत युद्ध वेल्डन और श्री स्कौट के अधिनायकत्व में चलता रहा। वे क्रमशः चक्रधरपुर में सेना के प्रथम और द्वितीय अफसर थे। अंततः विद्रोही, जंगलों तथा पहाड़ी भागों में शरण लेने को बाध्य किए गए। कई लोगों को फाँसी की सजा दी गई, कालापानी की जेल में भेजा गया। बागी फौजियों में अधिकतर लोगों को फाँसी की सजा मिली। जो लोग बूढ़े हो गए थे, उन्हें आजीवन कालापानी और जेल की सजा दी गई। इन सारी परिस्थितियों से राजा अर्जुन सिंह का विद्रोही मन नहीं पिघला, लेकिन बदले में अंग्रेजों ने साजिश, षड्यंत्र और दबाव का रास्ता अख्तियार किया। राजा अर्जुन सिंह को आत्म-समर्पण कराने के लिए उनके ससुर मयूरभंज के महाराजा को माध्यम बनाया गया। अंग्रेज शासकों ने उन्हें भी धमकी दी कि यदि आप अपने दामाद अर्जुन सिंह को हमारे हाथों आत्म-समर्पण नहीं कराते हो तो आपको भी अपने राज-पाट से हाथ धोना पड़ेगा। परिणामस्वरूप अर्जुन सिंह ने 15 फरवरी, 1858 को अपने अनुयायियों के साथ छोटानागपुर के आयुक्त डाल्टन के समक्ष चक्रधरपुर कैंप में आत्म-समर्पण कर दिया। कुछ ही दिनों के बाद राजा के साथी दो विद्रोही नेता रघुदेव और शामचरण महतो पुलिस के हाथों मारे गए और सिंहभूम का सिपाही विद्रोह बिल्कुल दब गया। मानभूम और सिंहभूम के विद्रोह के दमन के लिए करीब

80 गाँवों का ध्वंस किया गया और करीब एक हजार पशु तथा सैकड़ों मन अनाज जब्त किया गया। लेफ्टिनेंट वर्च अत्यंत क्रोधावेश और खूनखराबी की मुद्रा में था और राजा अर्जुन सिंह के विद्रोही तेवर के विरुद्ध उसका रुख बहुत ही कठोर था।

अंत में राजा अर्जुन सिंह छोटानागपुर के आयुक्त डाल्टन से मिले और उन्होंने उसके समक्ष लूटे गए खजाने, बंदूकें सुपुर्द कर दिए। राजा ने इसे स्पष्ट कर दिया कि ज्योंही वह बागी घोषित किया गया, उसे भय हुआ कि सेनानायक उसके साथ सम्मानपूर्वक व्यवहार नहीं करेंगे और इसलिए वह वहाँ नहीं गया। डाल्टन यद्यपि एक उच्चस्थ पदाधिकारी था, फिर भी उसे लेफ्टिनेंट वर्च के सामने झुकना पड़ा। लेफ्टिनेंट आर.सी. वर्च अर्जुन सिंह के खून का प्यासा था और उसी मतलब से फोर्ट विलियम में बंगाल सरकार के सचिव के साथ, स्थानापन्न आयुक्त की उपेक्षा कर, बराबर पत्राचार करता था। 30 सितंबर, 1859 को बंगाल सरकार के सचिव के नाम 224वें पत्र में डाल्टन ने लिखा, "विद्रोही कहे जानेवाले राजा अर्जुन सिंह के राँची आगमन तक, जबकि उसने खजाना अस्त्र-शस्त्र तथा विद्रोहियों को समर्पित किया था, विद्रोही नहीं कहा जा सकता है, बल्कि इन सेवाओं के लिए वह धन्यवाद का पात्र है।"

यह बात ध्यान देने के लायक है कि उस समय भी राजा पूर्ण स्वतंत्र थे, जब डाल्टन ने उसे आत्म-समर्पण करने का आदेश दिया और उपर्युक्त पत्र के अनुसार यह आत्म-समर्पण बिना किसी शर्त का कहा गया। डाल्टन ने आशा की थी कि सरकार उन्हें क्षमा प्रदान करेगी। परिस्थिति के वशीभूत राजा अर्जुन सिंह अकारण विशेष त्रस्त हो गए और उन्होंने एक धारणा बना ली कि लेफ्टिनेंट वर्च के समक्ष आत्म-समर्पण उसके लिए मौत का भी रूप धारण कर सकता है। इस तरह विद्रोह का तूफान गुजर जाने के बाद भी वे विद्रोही ही बने रहे।

राजा अर्जुन सिंह को राजबंदी बना लिया गया और अंग्रेज शासकों ने उन्हें बनारस जेल भेज दिया, जहाँ 32 साल गुजारने के बाद 1890 में उनकी मृत्यु हो गई। राजा के आत्म-समर्पण के करीबन एक साल बाद जग्गू दीवान भी अंग्रेज सैनिकों के हाथों पकड़ा गया। जग्गु दीवान को फाँसी की सजा दी गई। राजा अर्जुन सिंह के शासन में सिंहभूम राज्य में प्रशासनिक परिवर्तन किया गया। कुछ इलाकों को सरायकेला और खरसवाँ राज्य क्षेत्र में मिला दिया गया, कोल्हान के अस्तित्व में बिना हस्तक्षेप किए एक नए राज्य पोड़ाहाट का निर्माण किया गया। अर्जुन सिंह के एकमात्र लड़के कुँवर नरपत सिंह को नवनिर्मित पोड़ाहाट राज्य का राजा घोषित किया गया। नरपत सिंह की मृत्यु 1934 में हो गई और तब से 1947 तक यह क्षेत्र

अंग्रेज सरकार के शासन में चला गया। राजा अर्जुन सिंह के बारे में हो भाषा में एक गाना प्रसिद्ध है, जो निम्नलिखित है—

नोते वामणेघाटी, नोते मुगलबोन्दी,
प्यावं को बोंगा ताना, टियोल-टियोल,
नोते गितिलाता, ओंते सिंहासन बुरू
सातभाया बुरु लातार रे, ओंते खड़काई मरांग गाड़ा जापा रे,
सिंहभूम रेया सिंह राजा, अंग्रेज लो लड़ाई केडा,
सोबेन अंग्रेज को डेबरा बुरू, काटभारी निर एना,
अर्जुन राजा, जग्गू दीवान साब किएते,
अंग्रेज तोलकेडा
नोते वामणेघाटी, नोते मुगलबोंदी।

बिहार सरकार द्वारा 1959 में प्रकाशित पुस्तक 'बिहार में 1857 : छोटानागपुर तथा संथाल परगना' के पेज नं. 74 से उद्धृत कर रहा हूँ, जो सिंहभूम में सिपाही विद्रोह के संदर्भ में है—

"सिंहभूम मंडल में विद्रोह की कहानियाँ, ब्रिटिश शासकों द्वारा सरदारों के छोटे-मोटे आपसी वैमनस्य में हस्तक्षेप करके, विषादमय वातावरण बनाने की ही है। सेनानायक वर्च ने सरायकेला के राजा से संपर्क बढ़ाकर पोड़ाहाट राजा के विरुद्ध खास मतलब से विद्वेषपूर्ण रुख धारण किया। यह विस्मृत कर दिया कि चाईबासा के वरीय सहायक आयुक्त सिसमोर के साथ-साथ सरायकेला के राजा ने भी कायरता दिखलाई थी, जब उसने 200 संरक्षकों के साथ सिसमोर को सपरिवार रानीगंज भेज देने का बंदोबस्त किया था। सरायकेला के राजा को मदद देना इसलिए भी उचित समझा गया कि उसने घाटों से होकर गुजरनेवाले बागियों को पकड़वाने की व्यवस्था की थी।" घटनाओं का विवरण दिनांक 5 सितंबर, 1857 को गवर्नर-जनरल ऑफ इंडिया-इन-काउंसिल के द्वारा ईस्ट इंडिया कंपनी के कोर्ट ऑफ डायरेक्टर्स को भेजा गया था, सरायकेला के राजा की राजभक्ति की सराहना करते हुए लिखता है, "राजा को सूचित कर दिया गया कि उसकी सेवाओं से सरकार प्रसन्न है।" इस तरह के 9 सितंबर, 1857 के दूसरे वर्णन में सिसमोर के बारे में कहा गया है कि पड़ोसी सरदारों का राजभक्त, उत्साही और हर तरह से मदद देनेवाले रहने पर भी अपने स्थान को छोड़ना, अत्यंत अपमानजनक और अनावश्यक होने के कारण कप्तान सिसमोर की सेवाएँ मुख्य समादेश्य (His Excellency the Commander-in-chief) के अधीनस्थ कर दी गईं और लेफ्टिनेंट वर्च चाईबासा के प्रभारी नियुक्त हुए।

फलत: कप्तान सिसमोर ने अपने नागरिक पद से इस्तीफा देना चाहा, जिसके लिए लेफ्टिनेंट गवर्नर से कोई आपत्ति नहीं हुई, क्योंकि चिलियानवाला की लड़ाई में इस अफसर ने बड़ी बहादुरी दिखलाई थी। ईस्ट इंडिया के गदर संबंधी विवरणों में, जो 26 सितंबर, 1857 को भेजे गए थे तथा संसद् के दोनों सदनों के समक्ष पेश किए गए थे, उल्लेख है कि 16 सितंबर, 1857 को सरायकेला के राजा ने कोल्हान को अधिकृत करने के लिए कप्तान वर्च की बड़ी मदद की थी। "राजा की असाधारण राजभक्ति सिसमोर को भेजने के पश्चात् सिंहभूम में अमन कायम रखने के लिए उनका सबल सहयोग आदि की ओर भारत सरकार का ध्यान आकृष्ट किया गया और सिफारिश की गई कि उनके सद्भावनापूर्ण व्यवहारों के प्रतीकस्वरूप उन्हें शीघ्र गवर्नर जनरल-इन-काउंसिल के द्वारा खिलअत प्रदान की जाए।"

ये सब घटनाएँ प्रमाण हैं कि ब्रिटिश शासक साधारणत: कुछ विश्वस्त व्यक्तियों को चुनकर और उन्हें हर तरह से सहारा देकर सभी के ऊपर, विशेषत: उन्हीं गिने-चुने व्यक्तियों के द्वारा शासन कार्य चलाते थे। इस तरह के एक या दो व्यक्ति हर जगह मिल भी जाते थे। सिंहभूम का आंदोलन काफी व्यापक रूप में था, जिसमें कुछ आदिवासियों ने भी भाग लिया था, किंतु भयंकर विद्रोह को बड़ी बेदर्दी के साथ कुचल दिया गया। कैदियों की सूची में बहुत से लोग सिंहभूम जिले के थे, जिन्हें विभिन्न तरह की कैद और फाँसी की सजा मिली थी। अगर राजा अर्जुन सिंह लंबे अरसे तक संशयात्मक स्थिति में नहीं रहते तथा शीघ्र अंग्रेजों के पक्ष या विपक्ष किसी तरह के निश्चय पर डट जाते एवं पूरे देहाती क्षेत्रों के कोलों का नेतृत्व करते हुए आगे बढ़ते, तो विद्रोह का बवंडर कुछ ऐसा उठता कि राजा अर्जुन सिंह और कुँवर सिंह की सम्मिलित ताकत अंग्रेजों को काफी परेशान कर देती।

प्रारंभिक ब्रिटिश शासकों ने जिस उत्साह से जिले की जंगली जातियों को सभ्य बनाना शुरू किया, वे भी कुछ हद तक वहाँ, विपरीत परिणामस्वरूप, क्रांति फैलाने में ही सहायक बनीं। अंग्रेजों ने अपनी इस नीति को जनता की मन:स्थिति समझे बगैर ही निर्धारित किया था, जो एक अदूरदर्शिता ही कही जा सकती है। बहुत दूरस्थ स्थानों से आदेश दिए जाते थे। नीति-निर्धारक की नजरों में 'हो' जाति के लोगों की विचारधारा ईश्वरीय अभिशाप जैसी थी। अत: प्रशासक, जो विशेषत: फौजों में से लिये जाते थे, सदा भ्रांतावस्था में ही पड़े रहे। एक ओर तो उन्हें आदेश मिलता था, जैसा कि 21 अक्तूबर, 1851 को 57वें पत्र में लिखा है कि सिंहभूम जिले में किसी वयस्क विवाहिता स्त्री को लालच देकर भगा ले जानेवाले को दंडनीय अपराधी नहीं माना जाए और दूसरी ओर उन्हें बराबर निर्देश मिलता था कि 'डायन प्रथा' और

'सोखा वाद' में गहरे विश्वास के विरुद्ध संघर्ष किया जाए। इसी तरह एक ओर तो उन्हें कहा जाता था कि हत्यारों को, जिस गाँव में हत्या की गई, वहीं फाँसी दी जाए और दूसरी ओर उन्हें यह भी कहा जाता था कि जनता के साथ दयापूर्ण बरताव किया जाए। उन्हें बीमारियों की रोकथाम के लिए अस्पतालों का तथा शिक्षा प्रचार के लिए स्कूलों का निर्माण करना था और इन सबके विरुद्ध उनके सामने जटिल समस्याएँ थीं। आदिवासी किसी भी बीमारी के लिए मात्र तीन कारणों को आधार मानते थे, या तो किसी प्रेत या बोंगा की नाराजगी या किसी असंतुष्ट बोंगा का सांसारिक सुख फिर से प्राप्त करने की इच्छा या डायनों की करामात। अत: किसी भी अस्पताल के लिए इन विश्वासों के विरुद्ध काम करना था।

अंग्रेजों की शासन नीति भी कुछ इस तरह का विभिन्न मतावलंबी वातावरण निर्माण करती थी, जो ब्रिटिश आधिपत्य को सबल बनाने में सहायक था। एक ओर तो सरायकेला के राजा को संरक्षण देकर एक मोतियों का हार, जिसमें हीरे की घुंडी लगी हुई थी, दो हीरे के अंगद, एक सोने की घड़ी, सिकड़ी के साथ सोने से जड़ा हुआ एक शाल आदि खिलअत के रूप में दिए गए और दूसरी ओर पोड़ाहाट के राजा को फरार करार देकर खदेड़ा जा रहा था। बंगाल सरकार के सचिव ए.आर. यंग के पत्र संख्या 1482, दिनांक 7 मार्च, 1859 को जो छोटानागपुर के आयुक्त को लिखा गया, मयूरभंज की राजभक्ति के ऊपर आक्षेप किया गया था। छोटे-छोटे राज्य जैसे क्योंझर और खरसवाँ आदि संरक्षण में ले लिये गए और दूसरी ओर 'हो' जाति के कुछ लोगों के ऊपर आक्रमण कर विजय प्राप्त कर ली गई तथा उनके कुछ लोग, जो राजा अर्जुन सिंह के साथ थे, उनका आखेट जैसा किया गया। ऐसा मालूम होता है कि सिपाही गदर के बाद सिंहभूम के उपायुक्त को गांगपुर, बामड़ा और बोनाई राज्यों की देखभाल सौंपी गई। ये राज्य बाद में मिलकर एक राजनीतिक अभिकर्ता (Political Agent) के अधिकार में सामंतशाही राज्य जैसे बन गए। इन राज्यों की अंदरूनी व्यवस्था में हस्तक्षेप करने के लिए बड़ी सतर्कतापूर्ण नीति अपनाई गई।

उपर्युक्त 'फूट डालकर शासन करो' की नीति अंत में सफल हुई और कुछ हद तक ब्रिटिश सत्ता को सुदृढ़ करने में भी सहायक हुई। बड़े रजवाड़ों के साथ गवर्नर जनरल की जो नीति थी, उसी को छोटे पैमाने पर सर्वत्र अपनाया गया, लेकिन इस नीति का असर मानकी और मुंडा लोगों के ऊपर लागू करने पर अत्यंत खतरनाक साबित हुआ। शासकों को इसका ध्यान रखना आवश्यक था कि उनके हाथों में जो आर्थिक और राजनीतिक अधिकार आए थे, उनके वे (मानकी तथा मुंडा) मेरुदंड थे। उनसे डर भी बना था और उन्हें तबाह भी करना था। मानकी के अधिकारों तथा

उनकी पराकाष्ठाओं का निरूपण एक 'परवाना' में किया गया, जो मानकी के लिए विष के पात्र जैसा था। उन्हें कई खास बस्तियों की निगरानी रखनी पड़ती थी और पूरे दायित्व के साथ गवर्नर जनरल के अभिकर्ता या उसके सहायक को जवाब देना पड़ता था कि उन बस्तियों में शांतिपूर्ण वातावरण तथा नियमित रूप से निर्धारित कर की वसूली होती है या नहीं। उसे अभिकर्ता या उसके सहायक के आदेशों का भी पालन करना पड़ता था, लेकिन उसे 'परवाना' मिलने के पहले शपथ लेनी पड़ती थी। इस तरह मानकी और राजा या जमींदारों के बीच एक दीवार खड़ी कर दी गई। सदियों से राजा तथा मानकी आपस में मिल-जुलकर रहते आ रहे थे। अब मानकी लोगों को आदेश के अनुसार शपथ खिलाकर कबूल करवाया गया कि वे राजा या जमींदारों के लिखित या मौखिक किसी तरह के भी हुक्म की तामील नहीं करेंगे। यह विनाशकारी प्रयत्न था, जिसके लिए ग्रामीण लोग तैयार नहीं थे। ये वशीपूर्ण, कानाफूसी, गुप्त मंत्रणा और मूक विरोध बढ़ते गए और अंत में इकट्ठे होते-होते 1857 में भभक उठे। स्थानीय सहायकों को विलकिंसन की उपयुक्त सलाह कि धैर्य और उदारता के साथ जनकार्य किए जाएँ, बिल्कुल भुला दी गई। सिंहभूम के राजा, सरायकेला के कुँवर, खरसवाँ के ठाकुर और मयूरभंज के राजा आदि को कोलों से संपर्क रखने के लिए मना किया गया, जिससे वे कोई षड्यंत्र न कर सकें, लेकिन उसका असर उलटा अपने आप पर ही पड़ा।

न्याय व्यवस्था के प्रतिकार स्वरूप सिंहभूम में 1857 का आंदोलन हुआ, जो संभवतः अवश्यंभावी था और यह किसी भी बाह्य परिस्थितियों के प्रभाव से नहीं, बल्कि प्रशासनिक नीति की अंदरूनी या और किसी सिद्धांतों के प्रतिरोध स्वरूप फैला था।

नीलांबर-पीतांबर

1857 के भारतीय स्वतंत्रता संग्राम के दौरान जिन जगहों पर सबसे ज्यादा विद्रोह का असर हुआ था, उनमें एक था पलामू। यहाँ अंग्रेजों और उन्हें समर्थन देनेवाले कुछ जागीरदारों के खिलाफ व्यापक जन-विद्रोह फूट पड़ा था। इस विद्रोह का नेतृत्व किया था नीलांबर और पीतांबर ने। भोक्ता समुदाय के इन दोनों भाइयों ने लोगों को एकजुट किया था और अंग्रेजों के समर्थक जागीरदारों, थानों पर हमला बोल दिया था। यह विद्रोह लंबा चला था। पलामू में बहुत पहले से ही अंग्रेजों के खिलाफ माहौल बना हुआ था। 1772 से ही धीरे-धीरे इस क्षेत्र में अंग्रेजों ने अपना आधार बनाने में सफलता पा ली थी। वे यहाँ से अधिक-से-अधिक लगान वसूलने में

लग गए थे। इससे पलामू के लोगों, खासकर आदिवासियों में असंतोष पनप रहा था। लोगों ने इसका पहले भी विरोध किया था। 1832 में भी इस क्षेत्र में विद्रोह हुआ था, जिसे बहुत मुश्किल से दबाने में अंग्रेज सरकार सफल रही थी। इसके बाद इलाके में शांति थी। इसके बावजूद पलामू के लोगों के अंदर आग जल रही थी और वे किसी मौके का इंतजार कर रहे थे। मौका भी जल्दी आ गया। 25 वर्ष बाद जब 1857 में पलामू के आदिवासियों को पता चला कि अंग्रेजों के खिलाफ हजारीबाग और राँची में भारी विद्रोह हो चुका है और अंग्रेज शासन अब खत्म होने जा रहा है तो पलामू के आदिवासियों (चेरो-भोक्ता) ने इसे अवसर माना। वे खुलकर आ गए और इस लड़ाई में भाग लिया। चेरो और भोक्ता को लगा कि यह सही मौका है, जब उनका अपना खोया हुआ राज लौट सकता है। पलामू में चेरो और खरवार आदिवासी की आबादी अच्छी-खासी रही है। यहाँ चेरो राजा का राज चलता था। राजा चूड़ामण राय चेरो के अंतिम राजा थे। इन्हें अंग्रेजों ने हटा दिया था। उसके बाद से चेरो नेतृत्वविहीन हो गए थे। खरवार आदिवासियों की एक शाखा है—भोक्ता। 1857 में इन्हीं भोक्ताओं ने सबसे आगे बढ़कर विद्रोह किया था। दरअसल भोक्ताओं के प्रमुख चेमो सिंह की मौत निर्वासन के दौरान हो गई थी। नीलांबर और पीतांबर उन्हीं के पुत्र थे। भोक्ताओं के अंतिम प्रमुख की निर्वासन में हुई मौत से भोक्ताओं में काफी नाराजगी थी। हालाँकि पिता की मौत के बाद उत्तराधिकारी के तौर पर नीलांबर-पीतांबर को पहाड़ी इलाकों में एक जागीर दी गई थी।

दरअसल भोक्ताओं के असंतोष को कम करने के लिए ही ऐसा निर्णय लिया गया था, लेकिन इससे नाराजगी कम नहीं हुई थी। नीलांबर और पीतांबर के साथ-साथ भोक्ता आदिवासी भी अंग्रेजों से बदला लेने के लिए बेचैन थे। वे मौके की तलाश में थे। अंग्रेजों के लिए इन्हें नियंत्रण में लेना आसान नहीं था। ये भोक्ता सरगुजा की सीमा से लगे ऊँचे पठारों पर रहते थे। पहाड़ियों की घाटियों पर भोक्ताओं का नियंत्रण था। दुर्गम होने के कारण उन तक पहुँचना आसान नहीं था। ये भोक्ता छापामार युद्ध में माहिर थे। दोनों भाइयों में नीलांबर बड़े थे और पीतांबर छोटे। 1857 में जिस समय राँची में डोरंडा के सैनिकों ने विद्रोह किया था, पीतांबर राँची में ही थे। वे तुरंत पलामू लौट आए और अपने भाई नीलांबर व चेरो आदिवासियों के साथ मिलकर बड़ी सेना का गठन कर लिया। दोनों भाइयों ने चेरो नेताओं को यह आश्वासन देते हुए साथ कर लिया था कि लड़ाई जीतने के बाद चेरो राज स्थापित कर दिया जाएगा और अंग्रेजों द्वारा कब्जा की गई जमीन-संपत्ति को उन्हें लौटा दिया जाएगा। यह अपने आप में बड़ा आश्वासन था। इसके बाद नीलांबर-पीतांबर

के साथ एक-एक कर कई बड़े नेता आ गए। चेरो जमींदार भवानी बख्श राय भी नीलांबर-पीतांबर के साथ आ गए थे। उधर बाबू कुँवर सिंह के भाई अमर सिंह ने भी पलामू के विद्रोहियों को पूरा सहयोग देने का आश्वासन दिया था। विद्रोहियों ने आक्रमण करने की अपनी रणनीति बना ली थी। उनमें उत्साह था और उनके पास ताकत भी थी।

पलामू के विद्रोहियों ने आक्रमण के लिए 21 अक्तूबर, 1857 का दिन चुना। उसी दिन नीलांबर-पीतांबर के नेतृत्व में विद्रोहियों ने चैनपुर, शाहपुर और लेस्लीगंज पर हमला कर दिया। विद्रोहियों ने शाहपुर से चूड़ामण राय की विधवा के पास से हथियार लूट लिये। शाहपुर थाना पर भी हमला किया और कागजातों को जला दिया। दारोगा ने भागकर जान बचाई। पीतांबर के नेतृत्व में चैनपुर गढ़ पर हमला किया गया, लेकिन वहाँ पर जागीरदार ठाकुर रघुवर दयाल सिंह के हाथों विद्रोहियों को हार का सामना करना पड़ा। विद्रोही वहाँ से हट गए। इसके बाद नीलांबर-पीतांबर की सेना में शामिल लगभग 500 विद्रोही लेस्लीगंज चले गए। अगले दिन वहाँ चढ़ाई कर दी। लेस्लीगंज राजस्व मुख्यालय था, लेकिन विद्रोहियों के आने के पहले ही वहाँ से सरकारी खजाने को हटा दिया गया था। आक्रमण की सूचना पहले ही मिल चुकी थी। दारोगा और तहसीलदार ने भागकर किसी तरह अपनी जान बचाई। विद्रोह को कुचलने के लिए छोटानागपुर के आयुक्त कैप्टन डॉल्टन ने 50 सैनिकों के साथ ग्राहम को लेस्लीगंज भेजा। ग्राहम की फौज के आते ही विद्रोही वहाँ से हटकर सरगुजा की पहाड़ियों में चले गए। ग्राहम के अनुरोध पर डेविस के नेतृत्व में कुछ और सैनिक (इनमें सिख भी शामिल थे) को लेस्लीगंज भेजा गया। इस बीच विद्रोही लौट आए थे और उन्हें भारी पड़ता देख ग्राहम ने चैनपुर में रघुवर दयाल सिंह के गढ़ में शरण ली। विद्रोहियों ने चैनपुर गढ़ को घेर लिया था। ग्राहम को सुरक्षित बचाकर निकालने के लिए सासाराम से भी कुछ अंग्रेज सैनिक मेजर कोटार के नेतृत्व में चैनपुर भेजे गए। इसके बाद ग्राहम सुरक्षित निकल सके। नवंबर 1857 में भोक्ताओं ने रजहरा कोलियरी पर हमला कर दिया। इस हमले में भोक्ताओं का स्थानीय ब्राह्मणों ने साथ दिया। ये ब्राह्मण चेरो जमींदार भवानी बख्श राय के समर्थक थे। बाद में लगभग 500 ब्राह्मणों को गिरफ्तार कर लिया गया और इनमें से कई को फाँसी दे दी गई। उधर चतरा में विद्रोह को कुचलने के बाद अंग्रेज फौजी खाली हो गए थे, इसलिए भोक्ताओं के खिलाफ काररवाई करने के लिए उन्हें पलामू भेजा गया। देव के राजा ने भी अंग्रेजों के समर्थन में अपने बंदूकधारियों को भेजा था। सरकारी फौज भारी पड़ती जा रही थी। उनके पास भारी हथियार के साथ-साथ

बड़ी संख्या में सैनिक थे। इसका मुकाबला नीलांबर-पीतांबर की सेना लंबे समय तक नहीं कर सकती थी। वह कमजोर पड़ती गई। धीरे-धीरे चेरो जमींदार विद्रोह से अलग होते गए। इसके बाद विद्रोहियों ने छापामार युद्ध अपनाया। हमला कर भाग जाने की नीति अपनाई। मनिका और छतरपुर थाने में आग लगा दी गई। खरवार नेता परमानंद पकड़े गए। ग्राहम नीलांबर-पीतांबर को पकड़ना चाहते थे, लेकिन इसमें सफल नहीं हो रहे थे। विद्रोहियों ने पलामू किले को अपना अड्डा बनाया था। ग्राहम की सेना को इसकी सूचना मिल गई और उसने किले को घेरने का प्रयास किया। संघर्ष हुआ, जिसमें कई विद्रोही मारे गए और उनके हथियार पर भी ग्राहम की सेना ने कब्जा कर लिया। इस प्रकार पलामू किले पर भी सरकारी फौज का कब्जा हो गया था। पलामू किले पर आक्रमण करने में खुद कैप्टन डॉल्टन ने बड़ी भूमिका अदा की थी। इस जीत के बाद डॉल्टन बड़ी फौज के साथ चैनपुर आ गया और वहाँ पूरे जंगली इलाकों में नीलांबर-पीतांबर की खोज करने लगा। 23 फरवरी, 1858 तक ये दोनों भाई पकड़े नहीं गए। सरकारी फौज की इस बड़ी कारवाई में अनेक दूसरे विद्रोही नेता पकड़े गए। नीलांबर-पीतांबर की गिरफ्तारी के लिए बड़े इनाम घोषित किए गए थे। इसी बीच एक दिन अज्ञात स्थान पर दोनों भाई अपने साथियों के साथ बैठक कर रहे थे, गुप्तचरों ने इसकी सूचना कैप्टन डॉल्टन तक पहुँचा दी। डॉल्टन की फौज ने चारों ओर से उस क्षेत्र को घेर लिया। नीलांबर-पीतांबर ने बड़ी बहादुरी के साथ अंग्रेज फौज का सामना किया। अंततः अंग्रेज सैनिक दोनों भाइयों को पकड़ने में सफल हो गए। दोनों के खिलाफ अदालती कारवाई की गई और अप्रैल 1858 में फाँसी की सजा दी गई। उनकी शहादत के बाद नीलांबर के पुत्र कुमार शाही और शिवचरण माँझी, रतन माँझी के खिलाफ मुकदमा चला। उन्हें भी फाँसी दे दी गई। नीलांबर-पीतांबर की जमीन को अंग्रेज सरकार ने जब्त कर लिया। इसके बाद भोक्ताओं का विद्रोह समाप्त हो गया। शहादत के पहले जिस बहादुरी से नीलांबर-पीतांबर और उनके परिजनों ने अंग्रेजों के खिलाफ लड़ाई लड़ी, उसे आज भी याद किया जाता है।

ठाकुर विश्वनाथ शाही

राँची में सिपाही विद्रोह के कारण अंग्रेजों के खिलाफ बगावत हुई थी। उन दिनों रामगढ़ बटालियन का हेडक्वार्टर राँची के डोरंडा में था। यह विद्रोह जयमंगल सिंह, नादिर अली और मधु सिंह की अगुवाई में हुआ था। बाद में विद्रोहियों ने आगे की रणनीति तय करने और इस विद्रोह को आगे बढ़ाने के लिए ठाकुर विश्वनाथ

शाही को अपना प्रमुख (लीडर) चुना था। वे बड़कागढ़ के जमींदार थे। उनके साथ भरनो के जमींदार और छोटानागपुर महाराजा के पूर्व दीवान पांडेय गणपत राय भी थे। ठाकुर विश्वनाथ शाही को अंग्रेजों ने पहले से परेशान कर रखा था, इसलिए अंग्रेजों के प्रति उनके मन में पहले से काफी गुस्सा था। जब उन्हें विद्रोहियों ने अपना नेता मान लिया तो वे पूरी ताकत से अंग्रेजों से बदला लेने में जुट गए। विद्रोह डोरंडा में हुआ था और इसी क्षेत्र के होने के कारण यहाँ की भौगोलिक स्थिति से वे परिचित थे। इससे उन्हें रणनीति बनाने में आसानी हुई। उनका (विश्वनाथ शाही का) जन्म बड़कागढ़ की राजधानी सतरंजी में 12 अगस्त, 1817 को हुआ था। वे ठाकुर रघुनाथ शाही के पुत्र थे। विश्वनाथ शाही का लालन-पालन शानो-शौकत से किया गया था। उन्हें शिक्षा के साथ-साथ युद्ध कला का भी प्रशिक्षण दिया गया था। किसी चीज की कमी नहीं थी। उनके पिता 97 गाँवों के मालिक थे। छोटानागपुर के महाराज ने रघुनाथ शाही को उन गाँवों का मालिक बनाया था। विश्वनाथ शाही का विवाह राजगांगपुर महाराजा की बहन से हुआ था। पिता रघुनाथ शाही की मौत के बाद 1840 में विश्वनाथ शाही ने शासन सँभाला था। इसके बाद उन्होंने सतरंगी की जगह हटिया को बड़कागढ़ की राजधानी बनाया था। तब तक इस क्षेत्र में अंग्रेजों का धीरे-धीरे प्रभुत्व बढ़ने लगा था। ठाकुर विश्वनाथ शाही को कमजोर करने के लिए अंग्रेजों ने मिशनरी को बढ़ावा देना आरंभ कर दिया था। बड़कागढ़ राज की जमीन पर कब्जा होने लगा था। उनके अधिकार भी कम कर दिए गए थे। विश्वनाथ शाही को लगने लगा था कि वे नाम मात्र के राजा हैं। वे अंग्रेजों के खिलाफ विद्रोह करने के मूड में थे। सिपाही विद्रोह के दो साल पहले ही उन्होंने अंग्रेजों के खिलाफ विद्रोह कर दिया और उनका आदेश मानने से इनकार कर दिया था। विश्वनाथ शाही ने बड़कागढ़ को स्वतंत्र भी घोषित कर दिया था। इसका सीधा अर्थ था कि उनके राज्य से टैक्स अंग्रेज को नहीं मिलेगा।

विश्वनाथ शाही के विद्रोह से तिलमिलाए अंग्रेजों ने उन्हें तबाह करने के लिए हटिया पर रामगढ़ बटालियन (जो डोरंडा में थी) के सैनिकों से हमला करा दिया। जमकर युद्ध हुआ और अंग्रेज उसमें विश्वनाथ शाही को पराजित नहीं कर सके। अंग्रेजों की सेना डोरंडा लौट आई थी। एक खबर यह फैल गई कि विश्वनाथ शाही जगन्नाथपुर मेले के दिन, यानी 23 जून, 1857 को डोरंडा पर हमला करना चाहते हैं। अंग्रेज सेना चौकस हो गई थी। शाही ने हमला करने की योजना बदल दी थी, लेकिन अंदर-ही-अंदर उन्होंने पूरी तैयारी कर रखी थी। इसी बीच हजारीबाग में आठवीं पैदल सेना ने 30 जुलाई, 1857 को विद्रोह कर दिया। इस विद्रोह को दबाने

के लिए रामगढ़ बटालियन का दस्ता लेफ्टिनेंट ग्राहम के नेतृत्व में हजारीबाग के लिए रवाना हुआ। इसी बीच खबर आ गई कि हजारीबाग की विद्रोही सेना राँची की ओर आ रही है। यह खबर मिलते ही ग्राहम की सेना ने जमादार मधु सिंह की अगुवाई में एक अगस्त को विद्रोह कर दिया और राँची की ओर लौट गई। दो अगस्त को तोपों के साथ विद्रोही सेना राँची शहर में घुस गई। राँची में बड़कागढ़ के शासक ठाकुर विश्वनाथ शाही और छोटानागपुर महाराज के पूर्व दीवान पांडेय गणपत राय इन विद्रोहियों को हर संभव मदद देने के लिए तैयार बैठे थे। जैसे ही मधु सिंह विद्रोहियों के साथ कमिश्नर डाल्टन के आवास पर पहुँचे, विश्वनाथ शाही ने उन्हें गले लगा लिया। शाही के कहने पर उन्होंने डाल्टन की कोठी को नहीं जलाया। पूरे राँची शहर पर विद्रोहियों ने कब्जा कर लिया और राँची को स्वतंत्र घोषित कर दिया। विद्रोहियों के हमले के बाद बाजार बंद हो गए, दुकानदार दुकान छोड़कर चले गए, डोरंडा में अंग्रेजों (यूरोपियन) के ठिकानों पर हमले हुए। उनमें आग लगा दी गई। राँची के मेन रोड में स्थित एक चर्च पर तोप से हमला किया गया, छोटानागपुर जिला स्कूल में घुसकर लकड़ी के सामानों को तोड़ दिया गया, किताबें फेंक दी गईं, प्रिंसिपल असिस्टेंट की कचहरी को नष्ट कर दिया गया, कोषागार को लूट लिया गया, जेल के गेट को तोड़कर कैदियों को रिहा करा दिया गया। विद्रोहियों ने ठाकुर विश्वनाथ शाही को गवर्नर घोषित कर दिया। वे डोरंडा में बैठने लगे।

इस बीच तय हुआ कि सिर्फ राँची पर कब्जा करने से कुछ नहीं होगा। बेहतर होगा पहले बाबू कुँवर सिंह से मिलकर उन्हें और मजबूत किया जाए। तोप, हाथी, घोड़े और अन्य हथियारों के साथ विद्रोही चंदवा, बालूमाथ होते हुए चतरा पहुँचे। इसकी सूचना अंग्रेजों को मिल चुकी थी। सिख सैनिकों की मदद से मेजर इंगलिश ने चतरा में विद्रोहियों के ठिकानों पर पूरी ताकत से हमला कर दिया। तीन अक्तूबर को जयमंगल सिंह और नादिर अली को पकड़ लिया गया। दोनों को चार अक्तूबर को चतरा में ही फाँसी दे दी गई। अंग्रेज सेना ठाकुर विश्वनाथ शाही, पांडेय गणपत राय और मधु सिंह को नहीं पकड़ सकी। विश्वनाथ शाही की पालकी और उनके दो नौकरों को अंग्रेजों ने जरूर पकड़ लिया। अंग्रेज भारी पड़े और अनेक विद्रोहियों के मारे जाने के बाद अंग्रेजों ने इस विद्रोह को कुचल दिया। विश्वनाथ शाही और गणपत राय वहाँ से घने जंगलों का फायदा उठाते हुए भागकर लोहरदगा चले आए। इस बीच 23 सितंबर को डाल्टन ने भारी फौज की बदौलत राँची पर फिर से कब्जा कर लिया था। ऐसे में विश्वनाथ शाही और गणपत राय लोहरदगा के आस-पास फिर से अपने को मजबूत करने के प्रयास में जुट गए थे। साधन का भी अभाव हो

गया था। विश्वनाथ शाही ने फिर से विद्रोहियों को मजबूत करने की नीयत से कई जगहों पर लूटपाट भी की। अंग्रेजों ने उन पर इनाम की घोषणा कर दी। इसी इनाम के लालच में अपने देश के ही गद्दारों ने विश्वनाथ शाही के ठिकानों की जानकारी अंग्रेजों को दे दी। मार्च 1858 में विश्वनाथ शाही गिरफ्तार कर लिये गए। अदालत में उन पर मुकदमा चला। उन पर रामगढ़ बटालियन की विद्रोही सेना को मदद देने, ब्रिटिश सेना को आगे बढ़ने से रोकने का प्रयास करने और व्यापारियों को परेशान करने का आरोप लगाया गया। अंग्रेज यह जानते थे कि अगर विश्वनाथ शाही बरी हो जाएँगे तो उनके लिए फिर से मुसीबत खड़ी करेंगे। कोर्ट ने सुनवाई की और 16 अप्रैल, 1858 को उन्हें फाँसी की सजा सुनाई। उस दिन राँची जिला स्कूल के पास एक पेड़ पर उन्हें फाँसी दे दी गई।

पांडेय गणपत राय

1857 के विद्रोह में छोटानागपुर में पांडेय गणपत राय ने बड़ी भूमिका अदा की थी। राँची, चतरा और लोहरदगा में लगभग दस माह तक उन्होंने अंग्रेजों के खिलाफ लड़ाई लड़ी थी। अंग्रेज उन्हें पकड़ नहीं पाते, अगर अपनों ने गद्दारी नहीं की होती। अंग्रेज उनसे कितने भयभीत थे, इसका अंदाजा इसी बात से लगाया जा सकता है कि गिरफ्तारी के तुरंत बाद ही उन्हें राँची में फाँसी दे दी गई थी। उन्होंने अंतिम क्षणों में भी अंग्रेजों के साथ कोई समझौता करने से इनकार कर दिया था।

पांडेय गणपत राय का जन्म 17 जनवरी, 1809 को लोहरदगा जिला के भौंरो नामक स्थान पर हुआ था। पिता रामकिशुन राय जमींदार थे। गणपत राय तेज बुद्धि के थे। बचपन से ही तीर-धनुष चलाने में माहिर थे। चाचा सदाशिव राय की निगरानी में ही पालकोट में उन्होंने फारसी, उर्दू, अरबी और संस्कृत की शिक्षा ली थी। घुड़सवारी की कला भी उन्होंने सीखी थी। राजदरबार से जुड़े रहने के कारण उनका शानदार लालन-पालन हुआ था। उन्होंने शिकार करना भी सीखा था। कम उम्र में ही वे सारे गुण सीख लिये थे, जो राज चलाने के लिए आवश्यक हैं। एक बारात में वे गए थे। उसी दौरान कम उम्र में ही उनकी शादी हो गई थी। पहली पत्नी से कोई संतान नहीं हुई थी। पत्नी की जिद पर ही उन्होंने पलामू की सुगंध कुँअर से दूसरी शादी की। इस बीच उनके चाचा, जो दीवान थे, उनकी मौत हो गई। राज परिवार को एक दीवान तो चाहिए ही था। राजा ने तय किया कि गणपत राय से बेहतर कोई दीवान नहीं हो सकता है। इस प्रकार गणपत राय दीवान बन गए। उनके पास पहले से 11 गाँवों की जमींदारी थी। काम का भार अधिक था। जमीन के मामले को लेकर आदिवासियों में

पहले से अंग्रेजों के खिलाफ गुस्सा था। गणपत राय मानते थे कि आदिवासियों के साथ अन्याय हो रहा है। उनके विचार अंग्रेजों के विचार से अलग थे। अंग्रेज उन्हें नापसंद करते थे। अंग्रेजों ने राजा पर दबाव बनाया कि वे गणपत राय को दीवान पद से हटा दें। राजा और गणपत राय के विचार भी मिल नहीं रहे थे। गणपत राय को ऐसा लगता था कि राजा बेहतर तरीके से राज नहीं चला पा रहे हैं, उतने गंभीर नहीं हैं। बार-बार मना करने पर भी अंग्रेजों के चँगुल में फँसते जा रहे हैं। ऐसे में गणपत राय ने दीवान का पद त्याग दिया और अपने पैतृक गाँव भौरों लौट आए। इसी बीच उनके एक पुत्र का निधन हो गया था। पुत्र की मौत के बाद गम में गणपत राय तीर्थाटन पर निकल गए थे। इसी क्रम में उन्होंने अंग्रेजों के जुल्म को देखा था, उनके मन में अंग्रेजों से बदला लेने की भावना तेज हो रही थी, लेकिन वे कुछ कर पा नहीं रहे थे। तीर्थाटन के बाद जब वे पोठिया लौट आए थे, उसी दौरान 10 मई, 1857 को मेरठ में अंग्रेजों के खिलाफ विद्रोह शुरू हो गया। इसका असर झारखंड क्षेत्र पर भी पड़ा। मेरठ की घटना की जानकारी जब इधर मिली तो 30 जुलाई को हजारीबाग में पैदल सेना ने विद्रोह कर दिया।

उन दिनों रामगढ़ बटालियन का हेड क्वार्टर डोरंडा (राँची) में था। 2 अगस्त, 1857 को अंग्रेजों के खिलाफ डोरंडा (राँची) के फौजी नेता मधु सिंह, जयमंगल सिंह और नादिर अली की अगुवाई में फौजियों ने विद्रोह कर दिया और राँची को अपने कब्जे में ले लिया। उस वक्त डाल्टन छोटानागपुर का कमिश्नर था। उसने राँची से भागने में भलाई समझी। विद्रोहियों ने विश्वनाथ शाही को गवर्नर घोषित कर दिया। विश्वनाथ शाही बड़कागढ़ के 97 गाँवों के जमींदार थे। गणपत राय से उनके विचार मिलते थे। जैसे ही पोठिया गाँव में बैठे पांडेय गणपत राय को राँची में विद्रोह और कब्जे की खबर मिली, आगे की रणनीति बनाने के लिए बेचैन हो गए। वे एक मँजे हुए देशभक्त नेता थे। उनकी बेचैनी का कारण था कि कैसे जल्द-से-जल्द छोटानागपुर के विद्रोही कुँअर सिंह के संपर्क में आएँ और दिल्ली में बहादुर शाह को सहयोग करें। बहादुर शाह को ही विद्रोहियों ने दिल्ली की कुरसी पर बैठाया था। इसके लिए उनके पास ठोस योजना थी। उस वक्त गणपत राय ने राँची में विद्रोही नेताओं को कहा था कि अगर उन्हें विद्रोही अपना कमांडर-इन-चीफ मान लें तो बाकी का काम वे सँभाल लेंगे। उन्होंने विद्रोहियों को अपनी योजना भी बताई थी। विद्रोही नेता उनकी योजना से सहमत हो गए और उन्हें कमांडर-इन-चीफ मान लिया, लेकिन संसाधन के अभाव में गणपत राय उस योजना को लागू नहीं कर सके। उन्होंने विद्रोही नेताओं से वादा किया कि छोटानागपुर से रोहतासगढ़ और दिल्ली अभियान के लिए

वे दस हजार लोगों और गाड़ियों की व्यवस्था करेंगे, ताकि गोला-बारूद और तोप को दिल्ली पहुँचाया जा सके। गणपत राय को भरोसा था कि छोटानागपुर के महाराजा और अन्य लोग इसमें उनकी सहायता करेंगे, लेकिन उन्हें सहयोग नहीं मिला। उन्हें विद्रोहियों ने कमांडर-इन-चीफ चुना था और इसी नाते गोला-बारूद, तोप वे दिल्ली पहुँचाना चाहते थे। इतिहास का आकलन करनेवाले यह मानते हैं कि अगर गणपत राय ने अपनी योजना के अनुसार सारे संसाधन दिल्ली पहुँचा दिए होते तो दिल्ली पर इतनी आसानी से अंग्रेज दुबारा कब्जा शायद नहीं कर पाते।

गणपत राय के पास खासा अनुभव था। पालकोट राजा के वे दीवान थे। बीमारी के कारण जब उनके एक बेटे का निधन हो गया था तो मानसिक शांति के लिए तीर्थाटन करने गए थे। उन्होंने अंग्रेजों का जुल्म देखा था। वे चाहते थे कि अंग्रेजों के आतंक को खत्म किया जाए, लेकिन अवसर नहीं मिल रहा था। महाराजा जगन्नाथ शाही के बारे में उनकी धारणा थी कि वे जागरूक नहीं हैं, इसलिए उनका साथ छोड़ दिया था। वे पोठिया में सामान्य जीवन जी रहे थे। उम्र भी लगभग 48 साल की थी। उसी समय उन्हें खबर मिली कि डोरंडा में फौजियों ने विद्रोह कर दिया है और छोटानागपुर को स्वतंत्र घोषित कर दिया है। गणपत राय का मानना था कि सिर्फ स्वतंत्र घोषित कर देने से कुछ नहीं होनेवाला। इसके लिए आगे की रणनीति बननी चाहिए। वे तुरंत राँची आए और विद्रोह करनेवाले फौजी नेता मधु सिंह, जयमंगल सिंह और नादिर अली से मिले। उन्हें समझाया कि दिल्ली में विद्रोहियों ने बहादुर शाह को बागडोर सौंप दी है, इसलिए दिल्ली से कटकर रहना उचित नहीं है। इसे कानूनी तौर पर भी मजबूत होना होगा। इसके लिए आवश्यक है कि दिल्ली सरकार इसे मान्यता दे। इसके लिए बेहतर होगा कि पहले कुँवर सिंह से मिला जाए और उसके बाद दिल्ली कूच किया जाए। गवर्नर विश्वनाथ शाही इसके लिए सहमत नहीं थे। उनका मानना था कि छोटानागपुर में ही रहकर ऐसी व्यवस्था की जाए, ताकि अंग्रेज यहाँ दुबारा कदम नहीं रख पाएँ।

गणपत राय ने मधु सिंह और जयमंगल सिंह को समझाया, उन्हें अपनी योजना बताई। यह भी आश्वासन दिया कि वे खुद (गणपत राय) कमांडर-इन-चीफ की भूमिका अदा करने को तैयार हैं। अगर विद्रोही उन्हें अपना कमांडर-इन-चीफ मान लेते हैं तो वे रोहतासगढ़ और दिल्ली कूच करने के लिए 10 हजार लोगों, गोला-बारूद और तोपों की व्यवस्था करेंगे। फौजी नेता को गणपत राय की योजना पसंद आई। गणपत राय का कद बढ़ता गया। गवर्नर विश्वनाथ शाही इस योजना से असहमत थे। गणपत राय विलंब करना नहीं चाहते थे। दोनों के मतभेद सामने आ

गए थे। गणपत राय ने विश्वनाथ शाही से संसाधन माँगा, लेकिन शाही ने तोप, गाड़ी आदि देने से इनकार कर दिया। गणपत राय बेबस थे। चाहकर भी कुछ नहीं कर पा रहे थे।

इधर विद्रोही भी नाराज थे, जब उन्हें संसाधन नहीं मिला तो विद्रोही फौजियों ने कड़ा रुख अपना लिया। शाही के घर को घेर लिया गया, गणपत राय को भी नजरबंद कर दिया गया। आपसी मतभेद के कारण सारी योजना लटक गई थी। 20 सितंबर तक अंग्रेजों ने दिल्ली पर फिर से कब्जा कर लिया था।

इसके पहले डोरंडा के विद्रोही शेरघाटी के लिए रवाना हुए। बालूमाथ होते हुए जब वे चतरा पहुँचे, वहाँ अंग्रेज सैनिक सिख सैनिकों के साथ पहले से तैयार बैठे थे। चतरा से बाहर जाने के सभी रास्ते बंद कर दिए गए थे। मेजर इंगलिश के नेतृत्व में अंग्रेजों ने विद्रोहियों पर हमला कर दिया था। हमले में सूबेदार नादिर अली घायल हो गए थे। कुछ सिपाही हमले के बाद भाग गए। जयमंगल सिंह और सूबेदार मधु सिंह के नेतृत्ववाले विद्रोही लगातार अंग्रेजों से लड़ रहे थे, लेकिन अंग्रेज भारी पड़ रहे थे। ठाकुर विश्वनाथ शाही की पालकी भी पकड़ी गई। इससे यह साबित हो गया कि चतरा की लड़ाई में विश्वनाथ शाही भी थे। 3 अक्तूबर को जयमंगल सिंह और नादिर अली पकड़े गए। अगले दिन दोनों को फाँसी दे दी गई। चतरा पर अंग्रेजों ने कब्जा कर लिया और विद्रोहियों को आगे बढ़ने नहीं दिया। विश्वनाथ शाही और गणपत राय वहाँ से सकुशल भागने में सफल रहे। अपने ही देश के कई गद्दारों ने अंग्रेजों का साथ दिया था और विद्रोहियों की गतिविधियों की जानकारी अंग्रेजों को दी थी। गणपत राय और विश्वनाथ शाही के कई सहयोगी पकड़े गए। ऐसे में विद्रोहियों को उन्होंने फिर से एकजुट करने की तैयारी की थी। गणपत राय लोहरदगा की ओर आ गए थे और फिर से विद्रोहियों को एकज़ुट करने का प्रयास कर रहे थे। इसी बीच उनके एक परिचित ने गद्दारी की और उनके ठिकाने की जानकारी अंग्रेजों को दे दी। गणपत राय को गिरफ्तार कर लिया गया और राँची में 21 अप्रैल, 1858 को फाँसी दे दी गई।

उमराँव सिंह 'टिकैत'

1857 के सिपाही विद्रोह का झारखंड क्षेत्र में भी गहरा असर पड़ा था। इस विद्रोह को टिकैत उमराँव सिंह ने मजबूती प्रदान की थी। इस काम में उनके दीवान शेख भिखारी ने उनका साथ दिया था। इन दोनों ने विद्रोहियों का खुलकर साथ दिया और ऐसी रणनीति बनाई थी कि अंग्रेज फौज चुटुपालू के रास्ते राँची की ओर आगे

नहीं बढ़ सके। यह टिकैत उमराँव सिंह के सहयोग का ही फल था कि विद्रोही राँची शहर पर कब्जा कर सके थे। विद्रोहियों ने राँची को आजाद घोषित कर दिया था। अंग्रेज इतने नाराज थे कि विद्रोह की समाप्ति के बाद जैसे ही टिकैत उमराँव सिंह और शेख भिखारी गिरफ्तार हुए थे, उन्हें जल्दबाजी में फाँसी पर लटका दिया था। उमराँव सिंह ओरमाँझी के खटंगा गाँव के रहनेवाले थे। उनका जन्म खटंगा में ही हुआ था। वे बचपन से ही बहादुर स्वभाव के थे। जोखिम के काम में उन्हें ज्यादा आनंद आता था। देश के लिए कुछ करने का उनमें बचपन से ही जज्बा था। जब बड़े हो गए तो भी उनका स्वभाव ऐसा ही रहा। उनके पिता के पास 12 गाँवों की जमींदारी थी। ये सभी गाँव ओरमाँझी के आस-पास थे और चुटुपालू से लेकर चारू तक फैले हुए थे। इन इलाकों के चप्पे-चप्पे की उन्हें जानकारी थी। मेरठ के बाद देश के अन्य हिस्सों में अंग्रेजों के खिलाफ विद्रोह फैलने लगा था। तब रामगढ़ बटालियन का हेडक्वार्टर डोरंडा में था। उस समय राँची के कमिश्नर थे—डाल्टन। उन्हें सूचना मिली थी कि हजारीबाग में सैनिकों में असंतोष है। हालात का जायजा लेने के बाद डाल्टन ने असंतोष को दबाने की रणनीति बनाई। उन्होंने लेफ्टिनेंट ग्राहम को यह जिम्मेदारी सौंपी कि वे हजारीबाग जाएँ और असंतोष को दबाएँ। बड़ी संख्या में घुड़सवार दल और तोप के साथ लेफ्टिनेंट ग्राहम रवाना हुए। ग्राहम की सेना के हजारीबाग पहुँचने के पहले ही वहाँ सैनिकों ने विद्रोह कर दिया था। यह घटना 30 जुलाई, 1857 की दोपहर की है। विद्रोहियों ने हजारीबाग जेल पर हमला कर वहाँ कैदियों को छुड़ा लिया। रिहा होनेवालों में सुरेंद्र शाही भी थे, जो जेल में आजीवन कारावास की सजा भुगत रहे थे। विद्रोहियों ने प्रिंसिपल असिस्टेंट और अन्य अंग्रेजी अफसरों की कोठियों में आग लगा दी थी। अंग्रेज अफसर पहले ही हजारीबाग छोड़कर बगोदर भाग चुके थे। रामगढ़ के राजा शंभू नारायण सिंह ने तब अंग्रेज अफसरों की मदद की थी। हजारीबाग में विद्रोह की खबर जैसे ही ग्राहम की अगुवाई करनेवाली फौज को मिली, जमादार मधु सिंह और नादिर अली के साथ अन्य सैनिकों ने विद्रोह कर दिया। विद्रोहियों ने दोनों तोप, गोला-बारूद, बैलगाड़ी और चार हाथियों को अपने कब्जे में कर लिया। घुड़सवार दल की वफादारी ग्राहम के साथ थी। इन्हीं सैनिकों के साथ ग्राहम किसी तरह जान बचाकर भाग निकला। विद्रोही अब हजारीबाग नहीं जाकर राँची की ओर लौट रहे थे। हजारीबाग-रामगढ़ को राँची से जोड़ने के लिए सीधा रास्ता चुटुपालू होकर ही था। दूसरा रास्ता पिठौरिया होकर था, लेकिन काफी दूर पड़ता था। इसलिए चुटुपालू घाटी के रास्ते का बहुत ज्यादा महत्त्व था। पतला रास्ता। एक ओर पहाड़, तो दूसरी ओर सैकड़ों फीट गहरी

खाई। जरा सी चूक हुई कि खाई में गिरे। अंग्रेज इस रास्ते का महत्त्व समझते थे।

इधर पूरी घटना की जानकारी टिकैत उमराँव सिंह को थी। वे जानते थे कि अगर चुटुपालू के रास्ते को अंग्रेजों के लिए बंद कर दिया जाए, तो वे राँची इस रास्ते से नहीं पहुँच पाएँगे। दूसरे रास्ते, यानी पिठौरिया के रास्ते आने से अंग्रेजों को काफी समय लगेगा। टिकैत ने मधु सिंह को आश्वस्त कर दिया था कि वे अंग्रेजों को इस रास्ते से राँची किसी हालत में नहीं जाने देंगे। उमराँव सिंह के भाई घासी सिंह और दीवान शेख भिखारी ने साथ मिलकर रणनीति तैयार की और चुटुपालू घाटी की नाकेबंदी कर दी। इसके पहले विद्रोही फौज राँची की ओर चली गई थी। डोरंडा के विद्रोही भी उनके साथ हो गए थे। ये विद्रोही राँची में पहले कमिश्नर के घर गए। कमिश्नर डाल्टन पहले ही वहाँ से जा चुके थे। उनकी कोठी को बगैर कोई नुकसान पहुँचाए इन विद्रोही सैनिकों ने दो बड़े अंग्रेज अधिकारियों की कोठियों को जला डाला। मेन रोड में चर्च पर तोप का गोला दागा, 2 अगस्त, 1857 को विद्रोही सैनिकों ने राँची शहर पर कब्जा कर लिया था। राँची में तब तक ठाकुर विश्वनाथ शाही और पांडेय गणपत राय विद्रोहियों की सहायता के लिए आ चुके थे और पूरी रणनीति तय कर रहे थे। विद्रोही फौज राँची शहर पर इसलिए आसानी से कब्जा कर सकी थी, क्योंकि विरोध करने के लिए कोई था ही नहीं। टिकैत उमराँव सिंह, घासी सिंह और शेख भिखारी ने चुटुपालू घाटी की जिस तरीके से नाकेबंदी की थी, उससे अंग्रेज फौजों का आना असंभव था। डाल्टन राँची से हजारीबाग होते हुए बगोदर पहुँच चुके थे। उन्होंने चुटुपालू का रास्ता खुलवाने का प्रयास भी किया। बगोदर से डाल्टन ने टिकैत उमराँव सिंह को पत्र भेजकर उन्हें मिलने के लिए बुलाया। डाल्टन को भरोसा था कि उनका पत्र पाने के बाद उमराँव सिंह बगोदर आएँगे, लेकिन उमराँव सिंह ने उस पत्र का कोई जवाब तक नहीं दिया। गुस्से में डाल्टन ने दुबारा कड़ा पत्र भेजा और कहा कि चुटुपालू की घाटी की नाकेबंदी के लिए वे (उमराँव सिंह) जिम्मेदार हैं। इसके लिए उन्हें मौत की सजा दी जा सकती है। इस धमकी का भी उमराँव सिंह पर कोई असर नहीं पड़ा। वे अंग्रेजों के आगे नहीं झुके और न ही रास्ता खोले। इस बीच अंग्रेजों ने राँची शहर पर फिर से कब्जा कर लिया था। चतरा की लड़ाई में विद्रोही कमजोर पड़ चुके थे। 6 जनवरी, 1858 को टिकैत उमराँव सिंह और उनके दीवान शेख भिखारी गिरफ्तार कर लिये गए थे। उनकी गिरफ्तारी की खबर मिलते ही उनके समर्थक जमा हो गए। अंग्रेजों को डर था कि कहीं हमला कर इन दोनों को छुड़ा नहीं लिया जाए। इसलिए बगैर पूरे नियमों का पालन करते हुए टिकैत उमराँव सिंह और शेख भिखारी को 8 जनवरी, 1858 को चुटुपालू में फाँसी दे दी गई।

शेख भिखारी

1857 की क्रांति में झारखंड क्षेत्र में जिन लोगों ने अंग्रेजों को तबाह कर रखा था, उनमें शेख भिखारी का नाम बड़े आदर से लिया जाता है। यह शेख भिखारी की बहादुरी और उनकी रणनीति का ही कमाल था कि अंग्रेज चुटुपालू घाटी को पार नहीं कर सके। यह पूरा क्षेत्र शेख भिखारी-टिकैत उमराँव सिंह के कब्जे में था। शेख भिखारी एक बहादुर योद्धा थे और युद्ध कला में बचपन से ही माहिर थे। उनका जन्म ओरमाँझी के खुदिया-लोटवा गाँव में एक बुनकर परिवार में 1819 को हुआ था। ओरमाँझी से सिकिदिरी घाटी जाने के रास्ते में यह गाँव पड़ता है। बुनकर परिवार में जन्म लेने के बावजूद शेख भिखारी को अपने खानदानी पेशे में कोई रुचि नहीं थी। उनके पिता शेख लाल बहादुर उर्फ बुधन की अपनी पहचान थी। वे महाराजा जगन्नाथ शाहदेव के महल में भी कपड़े भेजा करते थे, इसलिए बुधन को राज परिवार जानता था। इसी बीच शेख भिखारी के दादा की मौत हो गई थी, जिससे पूरा परिवार आर्थिक परेशानी में आ गया था। ऐसे मौके पर राज परिवार ने बुधन को जमीन दी थी, जिससे बुधन का परिवार सँभल गया था। बुधन की चिंता बेटे शेख भिखारी को लेकर थी। शेख भिखारी की रुचि घुड़सवारी में थी, तलवार चलाने में थी, भाला चलाना भी वे जानते थे। यानी युद्ध की हर कला में वे माहिर होते जा रहे थे। उनकी वीरता की कहानी की चर्चा आस-पास के गाँवों में होती थी।

शेख भिखारी की बहन की शादी बदरुद्दीन के साथ हुई थी। बदरुद्दीन खटंगा पातर के जमींदार टिकैत उमराँव सिंह के पास काम करते थे। उन्होंने शेख भिखारी का परिचय उमराँव सिंह से कराया और कोई काम देने का आग्रह किया। शेख भिखारी तो बहादुर थे ही। जिस काम को ठान लेते, उसे पूरा कर ही दम लेते थे। उमराँव सिंह ने उन्हें पहले नाइट गार्ड के काम में लगाया। इस काम को शेख भिखारी ने अच्छे से निभाया। इससे उमराँव सिंह काफी प्रभावित हुए। इसके बाद उन्होंने शेख भिखारी को गुप्तचर के काम में लगाया। उस काम को भी शेख ने बहुत अच्छे तरीके से निभाया। शेख भिखारी की ताकत और गुण को उमराँव सिंह पहचान चुके थे। अंततः उन्होंने शेख भिखारी को अपना दीवान-भंडारी बना दिया। बड़ा पद था और उमराँव सिंह को भरोसा था कि शेख भिखारी इस जिम्मेवारी को बखूबी निभाएँगे। दीवानी का काम सँभालने के बाद शेख भिखारी काम को आगे बढ़ा रहे थे। उमराँव सिंह भी उनके काम से काफी खुश थे। भले ही राजपाट बेहतर तरीके से चल रहा था, लेकिन शेख भिखारी और उमराँव सिंह दोनों अंग्रेज सरकार से खुश नहीं थे।

गुलामी को स्वीकार करने के मूड में वे नहीं थे। देश को आजाद करने के बारे में सोचा करते थे। जितने गाँव उनके अधीन थे, सभी के बारे में उन्हें गहराई से जानकारी थी। चप्पे-चप्पे से वे परिचित थे। इतना ही नहीं, शेख भिखारी दूर-दराज के इलाकों में हो रही घटनाओं पर भी नजर रखते और उसी के अनुसार रणनीति बनाते थे। इसी बीच 1857 का सिपाही विद्रोह हो गया। हजारीबाग में सैनिकों ने 30 जुलाई, 1857 को विद्रोह कर दिया। शेख भिखारी और उमराँव सिंह को अंग्रेजों को सबक सिखाने का एक मौका हाथ लगा। शेख भिखारी खुद ऐसे मौके की तलाश में थे।

हजारीबाग के विद्रोह को कुचलने के लिए डाल्टन ने डोरंडा से ग्राहम को पूरी फौज के साथ हजारीबाग जाने का आदेश दिया। घुड़सवार दल, पैदल सेना, तोपों के साथ यह फौज हजारीबाग के लिए निकल पड़ी थी, लेकिन रामगढ़ पहुँचने के पहले ही जमादार मधु सिंह और सूबेदार नादिर अली के नेतृत्व में टुकड़ी ने विद्रोह कर दिया। ग्राहम किसी तरह जान बचाकर हजारीबाग भाग गया। विद्रोहियों ने तोपों, बैलगाड़ी, गोला-बारूद और हाथियों को अपने कब्जे में कर लिया और राँची की ओर लौटने लगे। चुटुपालू में विद्रोहियों का स्वागत उमराँव सिंह और शेख भिखारी ने किया। पूरा साथ दिया। यह पूरा इलाका उमराँव सिंह और शेख भिखारी का ही था। रामगढ़ से राँची जाने के लिए यह प्रमुख रास्ता था। पतला रास्ता, एक ओर पहाड़ तो दूसरी ओर सैकड़ों फीट गहरी खाई। शेख भिखारी ने ऐसी रणनीति बनाई कि इस रास्ते से एक भी अंग्रेज समर्थक सिपाही गुजर नहीं सकता था। चप्पे-चप्पे पर शेख भिखारी के सिपाही तैनात कर दिए गए थे। विद्रोही सैनिकों की मदद और फौजी सामान को राँची पहुँचाने के लिए शेख भिखारी ने हाथी-घोड़े और कुलियों की व्यवस्था कर दी थी। मधु सिंह, जयमंगल सिंह और नादिर अली की अगुवाई में 2 अगस्त, 1857 को तोप से गोला उड़ाते हुए विद्रोहियों ने चुटुपालू के रास्ते आगे बढ़ते हुए राँची शहर पर कब्जा कर लिया। विद्रोहियों को इस बात का कोई डर नहीं था कि अंग्रेज फौज उनके पीछे-पीछे आ जाएगी। ऐसा विश्वास इसलिए था, क्योंकि आने के रास्ते में शेख भिखारी ने चुटुपालू की घेराबंदी कर रखी थी। विद्रोहियों के डर के कारण छोटानागपुर के कमिश्नर डाल्टन, राँची के जिलाधीश डेविस और पलामू एस.डी.ओ. वर्च राँची छोड़कर हजारीबाग भाग गए। भागने के लिए भी उन्होंने पिठौरिया का रास्ता चुना, क्योंकि चुटुपालू में शेख भिखारी ने उमराँव सिंह और घासी सिंह के साथ नाकेबंदी कर रखी थी। पिठौरिया का रास्ता ही अंग्रेज अफसरों के लिए सुरक्षित था, क्योंकि वहाँ के परगनैत जगतपाल सिंह ने उनके भागने में पूरी मदद की और सुरक्षित रास्ता दिया था।

डाल्टन को खबर थी कि कई विद्रोहियों ने जमींदारों और कई राजाओं से संपर्क नहीं किया है। इसलिए हजारीबाग पहुँचने के बाद डाल्टन ने जमींदारों और राजाओं से संपर्क कर उन्हें अपनी ओर मिलाने के लिए प्रलोभन दिया। रामगढ़ राजा ने अंग्रेजों का साथ दिया और विद्रोह को कुचलने के लिए अपने आदमियों को लगाया। हजारीबाग में भी विद्रोही भारी पड़ रहे थे और यह स्थान भी डाल्टन के लिए सुरक्षित नहीं था। वह भागकर बगोदर चला गया। अंग्रेजों को विश्वास था कि मुसीबत की इस घड़ी में सिख सैनिक उनका साथ देंगे। बरही में अंग्रेजों के पास 150 सिख सैनिक थे, लेकिन चुटुपालू मार्ग को शेख भिखारी और उमराँव सिंह ने बंद कर रखा था। जगह–जगह गड्ढे खोद दिए गए थे। डाल्टन जानता था कि बगैर इस रास्ते पर कब्जा किए राँची पर कब्जा करना मुश्किल होगा। डाल्टन ने बगोदार से ही उमराँव सिंह को पत्र भेजा और कहा कि वह बगोदर आकर उनसे मिले। उमराँव सिंह ने इस पत्र का कोई जवाब नहीं दिया। गुस्से में डाल्टन ने उमराँव सिंह को दूसरा पत्र भेजा, जिसमें धमकी दी, लेकिन इस धमकी का न तो उमराँव सिंह पर कोई असर पड़ा और न ही उनके दीवान शेख भिखारी पर। उमराँव सिंह ने तो इस पत्र का जवाब भी देना उचित नहीं समझा। विद्रोही भी अपनी रणनीति बना रहे थे। इसी क्रम में विश्वनाथ शाही ने मेजर बिशन सिंह के नाम एक पत्र लिखा और उसे मेजर बिशन सिंह तक पहुँचाने की जिम्मेवारी शेख भिखारी को सौंपी। शेख भिखारी हजारीबाग गए और मेजर बिशन सिंह को विश्वनाथ शाही का पत्र सौंपा। शेख भिखारी ने मेजर बिशन सिंह से विद्रोहियों का साथ देने का आग्रह करते हुए कहा कि सिखों को छोटानागपुर में ऊँचे ओहदे पर रखा जाएगा। 4 सितंबर, 1857 को मेजर बिशन सिंह ने अपने सिख सैनिकों को कहा कि अब समय आ गया है। अंग्रेजों के पक्ष में हथियार उठाना सरासर बेवकूफी है। पंजाब में फिर से खालसा की स्थापना हो चुकी है। चारों तरफ अंग्रेजों को मार भगाया जा रहा है। इसलिए सिख सैनिक कदम आगे बढ़ाएँ, अंग्रेजों का विरोध करें। इस तरह शेख भिखारी ने सिख सैनिकों का समर्थन हासिल किया। यह उनकी एक बड़ी उपलब्धि थी।

इस बीच डोरंडा के विद्रोही चतरा होते हुए शेरघाटी जाना चाह रहे थे। चतरा में अंग्रेज सैनिकों के साथ जमकर संघर्ष हुआ। वहाँ भोला सिंह अंग्रेजों का साथ दे रहा था और उसने विद्रोही सैनिकों को रोक रखा था। अंग्रेजों को समय मिल गया। चतरा में अंग्रेज सैनिकों ने पूरी तैयारी के साथ विद्रोही सैनिकों पर हमला कर दिया। इस लड़ाई में विद्रोहियों को हार का सामना करना पड़ा। विश्वनाथ शाही और पांडेय गणपत राय किसी तरह वहाँ से भागने में सफल रहे। उन्होंने लोहरदगा के आस–पास

गुप्त तरीके से फिर से विद्रोहियों को एकजुट करने का प्रयास किया। चतरा में लड़ाई के बाद विद्रोही कमजोर पड़ चुके थे, लेकिन अभी तक अंग्रेज उमराँव सिंह, शेख भिखारी को पकड़ नहीं सके थे। कप्तान मैकडोनाल्ड की मद्रासी फौज की सहायता से अंग्रेजों ने उमराँव सिंह, उनके भाई घासी सिंह और दीवान शेख भिखारी को पकड़ लिया। जैसे ही अपने इन योद्धाओं के पकड़े जाने की खबर लोगों को मिली, वे जमा होने लगे। अंग्रेज इन्हें चुटुपालू घाटी में ले जाकर फाँसी देना चाहते थे, क्योंकि इन वीर योद्धाओं ने चुटुपालू में ही अंग्रेजों को परेशान कर रखा था, पूरे इलाके की ऐसी नाकेबंदी कर रखी थी, जिससे अंग्रेज राँची की ओर नहीं आ सके थे। भीड़ बढ़ती देख अंग्रेज भयभीत हो गए थे। उन्हें लगा कि कहीं लोग आक्रमण कर गिरफ्तार लोगों को छुड़ा न ले जाएँ, इसलिए अंग्रेजों ने जल्दबाजी में सुनवाई कर उमराँव सिंह और शेख भिखारी को 8 जनवरी, 1858 को चुटूपालू में एक पेड़ पर फाँसी दे दी। इस प्रकार भारतीय स्वतंत्रता संग्राम के नायक उमराँव सिंह और शेख भिखारी फाँसी के फँदे पर झूल गए, लेकिन अंग्रेजों के आगे झुके नहीं।

तेलंगा खड़िया

अंग्रेजों के खिलाफ भले ही 1857 में बड़े पैमाने पर विद्रोह हुआ था, लेकिन इसके बहुत पहले से ही आदिवासियों ने अंग्रेजों के अत्याचार का विरोध करना शुरू कर दिया था। अनेक विद्रोह इसके गवाह हैं। ऐसे ही एक विद्रोह का नेतृत्व किया था तेलंगा खड़िया ने। जितने भी आदिवासी विद्रोह हुए, उनमें एक बड़ा कारण था आदिवासियों को जमीन से बेदखल करना और उनकी शासन व्यवस्था में हस्तक्षेप करना। दरअसल अंग्रेजों ने जमींदारों-दलालों के माध्यम से आदिवासियों पर अपना कानून थोपने का प्रयास किया था, लगान लाद दिया था, जिसका आदिवासियों ने विरोध किया था। आदिवासियों की जमीन को हड़प लिया जा रहा था। इसके खिलाफ आदिवासी एकजुट होकर विरोध करते थे।

गुमला के आस-पास के इलाकों में भी आदिवासियों पर ऐसा ही अत्याचार किया जा रहा था। उनकी जमीन लूटी जा रही थी। इसके खिलाफ तेलंगा खड़िया ने बिगुल फूँका था। तेलंगा खड़िया का जन्म गुमला जिला के सिसई के मुरगू ग्राम में 1806 में हुआ था। कोई प्रामाणिक दस्तावेज नहीं होने के कारण उनके जन्मदिन को लेकर विवाद रहा है। तेलंगा की माता का नाम पेतो था। पिता दुइया खड़िया किसान थे और नागवंशी महाराजा के भंडारपाल थे। इस नाते तेलंगा खड़िया अकसर महाराज के दरबार में जाया करते थे। तेलंगा बचपन से ही बहादुर थे, ईमानदार थे और बोलने

की कला में माहिर थे। आरंभ में वे खेती-बाड़ी पर ध्यान देते थे, लेकिन अंग्रेजों और जमींदारों का दखल उन्हें बरदाश्त नहीं होता था। उनकी शादी रतनी खड़िया के साथ हुई थी। पारिवारिक जिम्मेवारी बढ़ी थी। इसके बावजूद अन्याय के आगे वे झुकने को तैयार नहीं थे। अंग्रेजों-जमींदारों के खिलाफ लड़ाई के लिए वे मानसिक तौर पर तैयार थे और इसकी तैयारी भी करते थे। योजनाबद्ध तरीके से तेलंगा खड़िया ने लोगों को एकजुट करना आरंभ किया था। वे जानते थे कि अगर अंग्रेजों-जमींदारों और उनके दलालों के खिलाफ लड़ाई है तो इसके लिए लोगों को, युवकों को प्रशिक्षित करना होगा, उन्हें पारंपरिक हथियार चलाने का प्रशिक्षण देना होगा। तेलंगा ने इसके लिए जुरी पंचायत का गठन किया। वे अखाड़े में लोगों को तीर-धनुष चलाने, तलवार भांजने की कला सिखाते थे। धीरे-धीरे उनके अखाड़े में लोगों के आने की संख्या बढ़ती गई, उनके अनुयायी युद्ध कला सीखते गए।

तेलंगा खड़िया के पास करीब 1500 युवक जुट गए थे। एक तरीके से यह उनकी सेना बन गई थी, जो अत्याचार और अन्याय के खिलाफ लड़ने को तैयार थी। उनके पास तीर चलाने और तलवार चलाने की कला भी थी। इधर तेलंगा खड़िया की सेना दिनोदिन मजबूत होती जा रही थी, उधर अंग्रेजों-जमींदारों और उनके दलालों का आतंक बढ़ता जा रहा था। आदिवासियों की जमीन पर वे किसी-न-किसी बहाने छल से कब्जा कर लेते थे। सूदखोरों का आतंक अलग से था। लोग तबाह थे। जबरन लगान वसूली के लिए उनके घरों तक सिपाही आ-जा रहे थे। ऐसे में तेलंगा खड़िया के अखाड़ों में प्रशिक्षण पाए युवकों ने तय किया कि वे न तो लगान देंगे और न ही अत्याचार सहेंगे। इसी बीच कुछ युवकों ने लगान वसूलने आए सिपाही को पीट दिया। यह बात आस-पास के गाँव में फैलती गई। आस-पास के हर गाँव में ऐसा ही होने लगा। विद्रोह हो चुका था। ऐसे में अंग्रेजों ने तेलंगा और उनके समर्थकों को पकड़ने की योजना बनाई। तेलंगा जानते थे कि आमने-सामने की लड़ाई में वे अंग्रेजों के सामने नहीं टिकेंगे, इसलिए उन्होंने छापामार युद्ध पर जोर दिया। सिपाहियों और जमींदार या उनके समर्थक दलालों पर हमला कर जंगलों में भाग जाते। पुलिस उन्हें पकड़ नहीं पाती। इसका खामियाजा गाँव में बच गई महिलाओं को भुगतना पड़ता था। पुलिस उन्हें तंग करती थी। अंग्रेजों ने तय कर लिया था कि किसी भी हालत में तेलंगा खड़िया को पकड़ा जाए और उनके संगठन जूरी पंचायत को तहस-नहस कर दिया जाए। इस क्रम में एक दिन तेलंगा बसिया क्षेत्र के कुम्हारी गाँव में बैठक कर योजना बना रहे थे। अंग्रेजों के दलालों ने इसकी सूचना भेज दी। तेलंगा को पुलिस ने गिरफ्तार कर लिया और उन्हें कोलकाता जेल भेज दिया गया। उन्हें लगभग 14 से

18 साल के बीच जेल में रहना पड़ा। तेलंगा खड़िया के जेल जाते ही उनका संगठन समाप्त हो गया। नेतृत्व के अभाव में उनके समर्थक तेलंगा के आंदोलन को आगे बढ़ा नहीं सके। कुछ साल के लिए आंदोलन लगभग समाप्त हो गया।

इस बीच कोलकाता जेल से रिहा होकर जब तेलंगा खड़िया अपने गाँव पहुँचे, तो धीरे-धीरे उनके समर्थक फिर से जमा होने लगे। अंग्रेज और जमींदार यह मान चुके थे कि इतने वर्षों तक जेल में रहने के बाद तेलंगा खड़िया टूट गए होंगे और लड़ाई लड़ने की उनकी शक्ति खत्म हो गई होगी, लेकिन ऐसा नहीं था। तेलंगा उस लड़ाई को फिर से आगे बढ़ाने की तैयारी में थे। 1880 में तेलंगा खड़िया एक दिन सवेरे अखाड़ा गए थे और प्रार्थना कर रहे थे। उनके अनुयायी उनके पास ही थे। इसी दौरान एक दलाल बोधन सिंह ने तेलंगा खड़िया पर गोली चला दी। तेलंगा खड़िया ने वहीं प्राण त्याग दिए। उनके समर्थकों ने तेलंगा खड़िया के शव को कोयल नदी के पार सोसो नीमटोली टांड में गाड़ (दफना) दिया। इस प्रकार अंग्रेजों-जमींदारों के अत्याचार के खिलाफ बिगुल फूँकनेवाला तेलंगा खड़िया शहीद हो गया। □

सरदारी लड़ाई

प्रसिद्ध संथाल विद्रोह 1854–56 के बाद के पचास वर्ष राँची जिले में किसान आंदोलन के चलते भारी उथल–पुथल रही, जिसकी परिणति सरदारी लड़ाई और बिरसा विद्रोह (उलगुलान आंदोलन) के रूप में हुई। यह दौर ईसाई धर्म के तेज फैलाव (प्रचार–प्रसार) का भी रहा है। 1857 के सिपाही विद्रोह के दौरान ईसाई समुदाय छोटे–छोटे टुकड़ों में बँट गया, पर इन छोटे समूहों के जिले के अलग–अलग इलाकों में बिखरने के फलस्वरूप ईसाइयत के प्रचार–प्रसार को काफी गति व बल हासिल हुआ। लोगों में यह सोच तेजी से घर करने लगी कि जमींदारों के अत्याचार से मुक्ति हासिल करने का सबसे आसान तरीका ईसाई धर्म की शरणागति है। कर्नल डाल्टन के अनुसार इसका सीधा नतीजा मामूली ईसाई समूहों के तेजी से ताकतवर बनने के रूप में हुआ। इसकी तार्किक परिणति कुछ लोगों की इस चाहत के रूप में हुई कि उन्हें भुंईहारी जमीन पर दोबारा स्थापित किया जाए। वे लोगों के सामने एक भ्रम (झूठ) कायम कर सकें कि वे सरकार के चहेते परिवार के सदस्य हैं। इसके अगले चरण के रूप में अपने आपको ईसाई घोषित कर राँची में मिशनरी केंद्र पर जाना था, जिसके बाद वे खास अंदाज में अपने बालों को कटवाकर आत्मविश्वास से भरपूर होकर वापस लौटते और जमींदार की अनदेखी कर अपने अधिकारों की दावेदारी को ताकतवर ढंग से पेश करते। स्थानीय आदिवासी ईसाई व जमींदारों के बीच हितों का टकराव उन दिनों काफी आम बात हो चली थी। ईसाई जमीन पर जबरदस्ती दखल चाहते थे, जिसके बारे में उनका मानना था कि उन्हें जमींदार के द्वारा गलत ढंग से बेदखल किया गया है। दूसरी ओर जमींदारों ने इसका जवाब काश्तकारों पर डकैती व लूट का झूठा मुकदमा दायर कर उनकी गैर–कानूनी नजरबंदी व तरह–तरह के अन्य अत्याचारों के रूप में दिया। 1858 का अंत आते–आते हितों के इस टकराव ने काफी विकराल रूप धारण कर लिया। नतीजा राँची से फौज को गोविंदपुर भेजना पड़ा, ताकि बासिया

व सोनपुर में कानून-व्यवस्था की स्थिति को दुरुस्त किया जा सके। जल्द ही अधिकारियों ने इसे भाँप लिया कि ऐसे हालात दोबारा पैदा न हों, इसके लिए जरूरी है कि लोगों की शिकायतें दूर की जाएँ। इस दिशा में प्रयास के तहत सरकार ने 1858 में नागवंशी जमींदार लाला लोकनाथ शाही को भूंईहारी (काश्तकारी) जमीन रजिस्टर करने की जिम्मेदारी सौंपी। 1862 में अपनी मृत्यु तक वे इस काम में जुटे रहे और 574 मामलों में पूछताछ कर 492 गाँवों की भूंईहारी जमीन का रजिस्टर तैयार किया। लाला लोकनाथ के काम की मुंडा लोगों के द्वारा इस आधार पर आलोचना की गई कि वे मुंडा बिरादरी के बाहर के व्यक्ति हैं, इसलिए उनके द्वारा तैयार की गई जमीन रजिस्ट्री पर पूरी तरह से भरोसा नहीं किया जाना चाहिए। उन्होंने अपने फैसलों को किस आधार पर लिया है, उसका तर्क नहीं प्रस्तुत करते हैं, साथ ही वे बिना पुख्ता आधार के जमीन को राजहूंस घोषित कर देते हैं। कई मामलों में वे यह स्वीकार करने के बावजूद कि जमीन का मालिकाना हक पहले भूंईहार के पास था, जिसे मनमाने ढंग से उस जमीन को उसके स्वामित्व से निकालकर जमींदार के स्वमित्व में दिखाकर राजहूंस (सरकारी जमीन) के रूप में निबंधित कर देते हैं। कई मामलों में जमींदार के खिलाफ किसान के दावों को रिकॉर्ड नहीं करते हैं। सरकार ने इन आरोपों को सिरे से खारिज करते हुए कहा कि लाला लोकनाथ की हैसियत जमीन के मालिकाना हक को लेकर हस्तक्षेप कर सकनेवाले सिविल कोर्ट की नहीं होकर एक सेटेलमेंट ऑफिसर या कार्यकारी अधिकारी की है, जिनके अधिकार क्षेत्र में भूंईहारी सवाल को लेकर सामान्य जाँच करना है। इस बात की जानकारी होते ही उन्हें उनकी जमीनों का दखल देने का प्रयास किया जा रहा है, अस्थायी रूप से मामले को शांत कर दिया।

लोढ़मा और सोनपुर परगना के मुंडा, जहाँ लाला लोकनाथ के काम की वजह से सबसे अधिक प्रभावित व अशांत इलाका बना था। लाला के फैसले निश्चित रूप से किसानों के मुकाबले जमींदारों के पक्ष में कहीं अधिक थे, लेकिन इसने भूंईहारी के सवाल के सेटलमेंट के जरिये एक सीमा-रेखा खींची और आंशिक रूप से मंजूर किया और भूमि अतिक्रमण की अस्थायी रूप से रोकथाम हो गई। जब सर्वे स्थगित कर दिया तो 1867 में यह विवाद दोबारा उभरकर सामने आया, जब स्थानीय सरकार के पास एक प्रतिवेदन दिया गया, जिस पर 14000 ईसाई काश्तकारों के हस्ताक्षर थे। हालाँकि इस प्रतिवेदन में मामले को काफी बढ़ा-चढ़ाकर पेश किया गया था। कई मामलों में तो गैर वाजिब आधार पर महाराजा व कमिश्नर कर्नल

डाल्टन के खिलाफ भी शिकायत थी। इस प्रतिवेदन को सरसरी तौर पर खारिज कर दिया गया, पर यह सरकार को यह महसूस कराने में सफल रहा है कि लाला लोकनाथ शाही द्वारा शुरू किए गए सर्वे को पूरा करने की जरूरत है। इसके नतीजे में छोटानागपुर टेनेंसी ऐक्ट (छोटानागपुर काश्तकारी अधिनियम ऐक्ट II बीसी 1869) पारित किया गया। इस अधिनियम के तहत स्पेशल कमिश्नर की नियुक्ति की गई, जिन्हें काश्तकारों (भूंईहारों) के विशेषाधिकार जमीन व जमींदारों के जमीनों के सर्वे करने व चिह्नित करने का अधिकार था। 1 अप्रैल, 1869 को प्रारंभ हुआ यह अभियान (ऑपरेशन) 2482 गाँवों में फैला था। ऑपरेशन 31 मार्च, 1880 तक भी पूरा नहीं हुआ था।

अधिनियम के तहत चलनेवाला यह अभियान जिन इलाकों में चला, वहाँ काफी हद तक सफल रहा, पर यह पूरे इलाके में फैली शिकायतों का निदान करने की बजाय सिर्फ फौरी इलाज (फर्स्ट एड) की तरह ही था। सरकार ने कमिश्नरों की रिपोर्ट पर अपना अभिमत प्रकट करते हुए स्वीकार किया कि जिन उम्मीदों को लेकर इस अधिनियम को लागू किया गया था, वह उन उम्मीदों पर पूरी तरह से खरा नहीं उतरा है। इस अभियान ने सभी असहमतियों को नहीं सुलझाया है। अभी भी विवाद बड़ी संख्या में और बेहद आम हैं। यह आंशिक असफलता संभवतः दो वजहों से है—पहला, राजाओं (जमींदार) के कार्यकाल को इस अधिनियम में शामिल नहीं किया गया। दूसरा, भूंईहारों (काश्तकारों) के मनमाने दावे व अपेक्षा, जिसने दोनों पक्षों के वाजिब अधिकारों की रक्षा करते हुए काश्तकारों को संतुष्ट करना लगभग असंभव बना दिया। एक तीसरी वजह यह थी कि बहुत सारे जमींदारों ने काश्तकारों को यह कहकर बरगला दिया कि सरकार उनके ऊपर खास लगान (कर) लगाना चाहती है, जिसकी वजह से कई काश्तकारों ने वास्तविक स्थिति के बारे में जानकारी नहीं दी। स्पेशल कमिश्नर राखालदास हलधर ने अपनी फाइनल रिपोर्ट में लिखा है कि किस तरह से जमींदारों (राजाओं) को हटाने (खारिज) करने की वजह से रिवेन्यू, क्रिमिनल (आपराधिक) और सिविल (फौजदारी) से संबंधित महँगे मुकदमेबाजी की बाढ़ आ गई। काश्तकारों के मनमाने दावों को सरकार ने खारिज कर दिया। काश्तकारों को निश्चित मालिकाना हकवाली जमीनों को छोड़कर सभी जमीनों से बेदखल कर दिया या फिर गैर-मालिकाना जमीनों पर काश्तकारों से लिये जानेवाले लगान में काफी बढ़ोतरी कर दी। जमींदारों ने अधिनियम में मौजूद इस प्रावधान का भी फायदा उठाया, जिसमें नकद भुगतान के बदले सेवा (बेगार)

की जा सकती थी। इसको लेकर केवल 1161 मामले सामने आए। एक ओर जहाँ मुंडा व मुखिया इस प्रावधान का नुकसान उठाने को लेकर काफी उदासीन रहे, वहीं जमींदारों ने अपने पास उपलब्ध सभी साधनों व तिकड़मों का इस्तेमाल इस प्रावधान का फायदा उठाने में किया। वे नकद भुगतान से कहीं अधिक महत्त्व सेवा (बेगार) को देते थे। दूसरी ओर काश्तकार भी अतिरिक्त लगान देने की तुलना में बेगार को ज्यादा तरजीह देते थे, खासकर उन दिनों में, जब लाभकारी रोजगार उपलब्ध नहीं होता था। हालाँकि सरकार ने भी कमीशन की ओर से सुझाव दिए जाने के बावजूद पूरे जिले का सर्वे व सेटलमेंट कराना जरूरी नहीं समझा। सरकार का मानना था कि आनेवाले समय में होनेवाली छोटानागपुर एस्टेट की बंदोबस्ती (सेटलमेंट) जिले के बड़े इलाकों व बचे हुए गाँव, जो जागीरदारों, भरण-पोषण के लिए दिए गए लगान गाँव और काश्तकारों के अधीन हैं, में फैले विवादों के निपटारे की राह में अगला कदम होगा। उनका मानना था कि हाल ही पारित किए गए छोटानागपुर लैंडलॉर्ड एंड टेनेंट्स प्रोसिड्योर ऐक्ट, 1879 के प्रावधान इस कसौटी पर खरे उतरते हैं। एक ओर यह जहाँ जमींदारों द्वारा काश्तकारों की जमीन के गैर-कानूनी अतिक्रमण को रोकता है, वहीं दूसरी ओर जमींदारों के वाजिब कानूनी लगान हासिल करने के हक के अधिकार की भी रक्षा करता है।

इस अधिनियम (ऐक्ट) में प्रावधान किया गया था कि भूंईहारी, खुंटकट्टी जमीनों का लगान खास परिस्थिति व शर्तों को छोड़कर नहीं बढ़ाया जा सकता है, साथ ही काश्तकारों के कब्जेवाली जमीन का लगान डिप्टी कमिश्नर को आवेदन देकर अनुमति हासिल किए बगैर नहीं बढ़ाया जा सकता है। अधिनियम (ऐक्ट) में पहले के अधिनियम में स्वैच्छिक बेगार से संबंधित प्रावधानों को ही दोहराया गया था। 1869 के अधिनियम की तरह ही इस नए ऐक्ट ने भी किसानों (काश्तकारों) को निराश किया। जमींदारों ने इस अधिनियम के प्रावधानों से बचने के रास्ते निकाल लिए। लगानों को बढ़ाया, साथ ही बेगार के मामले में भी जब-तब पुराने बकाए से संबंधित मुकदमों का सहारा लेकर बढ़ा दिया जाता था। इन मामलों में कई बार धोखाधड़ी का सहारा लेकर किसानों (काश्तकारों) को उचित लगान से कहीं ऊँची दरों पर लगान देने के लिए राजी करा लिया जाता था, हालाँकि हमेशा ऐसा नहीं हो पाता था। कई मामलों में काश्तकारों ने भी छोटे व कमजोर जमींदारों के मुकाबले अपनी स्थिति व हैसियत बढ़ाने में सफलता पाई थी। ईसाईबहुल गाँवों में जमींदारों को बेगारी हासिल करने के अधिकार से वंचित कर दिया गया था। कई मामलों

में उन्हें खास जमीनों से भी जबरदस्ती बेदखल कर दिया गया। उन्नीसवीं सदी के आखिरी 15 सालों के दौरान चलनेवाले सरदारी आंदोलन की जड़ में किसान का असंतोष प्रमुख था। इस असंतोष की प्रमुख वजहों में बेठ बेगारी (जबरदस्ती लिया जानेवाली सेवा) कास्तकारों की जमीनों पर गैर-कानूनी लगान बढ़ोतरी, खुंटकट्टी गाँवों में मुंडा लोगों की हैसियत (हालात) से जुड़ा सवाल, जिसे भूंईहारी सर्वे में शामिल नहीं किया गया था। आदिवासियों के जेहन में उठतीं इन वाजिब शिकायतों की मौजूदगी में सरदारों को एक आंदोलन खड़ा करने और अधिकारियों तक अपनी बात पहुँचानेवाले आवेदन के लिए चंदा इकट्ठा करने में कोई खास परेशानी नहीं हुई। उन्होंने सरकार के खिलाफ आवेदनों (पिटिशन) की बौछार कर दी, जिनमें कई बार मनमाने दावे किए जाते थे। उनकी मुख्य माँग थी, उन्हें अपने आप को एक ग्राम समुदाय के रूप में संगठित करने दिया जाए, जो सीधे सरकार के अधीन हो। सरकार द्वारा उनके इस दावे को गैर-वाजिब (तर्कहीन) और मनमाना माना गया और उनके प्रतिवेदन (पिटिशन) को खारिज कर दिया गया। ईसाई मिशनरी द्वारा सरदारों को इन प्रतिवेदनों के बेकार व गैर-जरूरी होने को समझाने का प्रयास असफल रहा। मिशनरियों के इस प्रयास का नतीजा यह हुआ कि सरदार मिशनरी के खिलाफ हो गए और हिंसक रूप से उनका विरोध करने लगे।

इस पूरे समय में प्रारंभ में जब तक बातचीत चल रही थी, आदिवासियों ने ऐसा कोई काम नहीं किया, जो कानून के खिलाफ हो, पर 1887 के प्रारंभ में आंदोलन ने काफी व्यापक रूप अख्तियार कर लिया। बहुत सारे मुंडा व उराँव लोगों ने अपने जमींदारों को लगान देने से मना कर दिया। उनका दावा था कि कोर्ट ने उनके हक में फैसला दिया है कि वे अपनी जमीनों के मालिक हैं और सीधे सरकार को लगान देने के अधिकारी हैं। जगह-जगह चंदा इकट्ठा करने के लिए सभा हुई, जिसमें लोगों को इस बात के लिए उकसाने की बात थी कि वे माँझीहास की जमीन पर कब्जा कर लें और स्थानीय अधिकारियों के अधिकार (दावों) को नकार दें। इन सबके बावजूद हकीकत में बहुत थोड़ी जगहों पर अशांति भड़की और स्थानीय नागरिक प्रशासन ने उसे आसानी से काबू में कर लिया। तिलमा में ईसाई लोगों ने माँझीहास जमीन पर खेती का विरोध किया। तमाड़ में रानी की माँझीहास जमीन को अपने कब्जे में किया व उसे जोत लिया, पर नागरिक प्रशासन द्वारा उठाई गई तत्पर काररवाई, जिसमें प्रिंसिपल की गिरफ्तारी ने मामले के तूल पकड़ने से रोक दिया। 1887 में फसल पकने पर कटाई के समय किसी तरह की अशांति की

कोई शिकायत सामने नहीं आई। 1887 के सरदारी आंदोलन के बाद हमें जिले के पश्चिमी इलाकों में 1889 में अशांति, आंदोलन (उपद्रव) देखने को मिलता है। इसकी वजह इन इलाकों में उराँवों के बीच ईसाई धर्म का प्रसार था। अब तक ये इलाके लूथेरियन एवं एंगलिकन चर्च की गतिविधियों के दायरे से बाहर थे। रोमन कैथोलिक मिशन ने खूंटी थाना अंतर्गत बूरूडीह गाँव में 1874 व डोरंडा में अपना केंद्र स्थापित किया था, पर ईसाई धर्म के प्रचार-प्रसार में कोई खास प्रगति तब तक नहीं हुई, जब तक रेवरेंड फादर लीवेंस ने मुंडा उराँव और खड़िया के बीच जिले के दक्षिण-पश्चिम व पश्चिमी हिस्से में धर्म-प्रचार आरंभ नहीं किया था। तीन से चार साल के भीतर 40 हजार आदिवासी सांकेतिक रूप से चर्च में शामिल हो गए। जमींदार इस पूरे आंदोलन को भय व संदेह की दृष्टि से देख रहे थे। 1883 में कई जमींदारों ने कमिश्नर के पास यह प्रतिवेदन (पिटिशन) भेजकर आरोप लगाया कि रोमन कैथोलिक मिशनरी रैयतों (काश्तकारों) के दिमाग को बरगला रहे हैं और हजारों की संख्या में उन्हें ईसाई बना रहे हैं। उनकी शिकायत थी कि कैथोलिक मिशनरी आदिवासियों को ऐसे लुभावने वायदे-सपने दिखा रहे हैं, जिन्हें पूरा करना मुमकिन नहीं है। इसकी वजह से आदिवासी बड़ी संख्या में ईसाई बन रहे हैं। उनका यह दावा बहुत बढ़ा-चढ़ाकर पेश किया गया था, फिर भी जबरिया बेगार को लेकर आदिवासियों की शिकायतों को मिशनरी लोग जितनी सद्भावनापूर्वक सुन रहे थे, उससे इस बात की आशा जगती थी कि जबरिया बेगार से मुक्ति की एकमात्र राह ईसाई धर्म को अपनाना है।

मिशनरी का कहना था, जमींदारों द्वारा मनमाने ढंग से असीमित जबरिया बेगारी कराना गैर-कानूनी है। उन्होंने रैयतों को केवल उन्हीं बेगारों को करने के लिए कहा, जिसे परंपराओं की मान्यता मिली हुई है। इस सलाह का तात्कालिक प्रभाव यह हुआ कि ईसाई व गैर-ईसाई दोनों समुदायों में प्रतिरोध की भावना भरने लगी। जमींदारों ने जहाँ अपने अधिकारों की दावेदारी में किसी तरह की कटौती से इनकार कर दिया तो रैयतों ने साधारण लगान देने और पारंपरिक बेगार को करने से मना कर दिया। इतना सब होने के बावजूद अशांति ज्यादा गंभीर नहीं थी। अधिकारियों की इस आशंका व भय के बावजूद कि उपद्रव व आशंका बड़े पैमाने पर फैल सकती है, उन्हें जिले की कानून व्यवस्था की स्थिति काबू में रखने में कोई कठिनाई नहीं हुई। कुछ गाँवों में ईसाई आदिवासियों ने गैर-ईसाई आदिवासी भाइयों की चुटिया को जबरिया काटने व ईसाई बनाने का काम किया। कुछ गाँवों

में उन्होंने जबरदस्ती माँझीहास जमीन पर खड़ी फसल को काट लिया। 1890 में गवर्नर सर स्टीवार्टबायली ने राँची जिले का दौरा किया और सभा का आयोजन किया, जिसमें कई मिशनरियों, जमींदारों के प्रतिनिधियों और सरकारी अधिकारियों ने भाग लिया। इस सभा में इस बात पर सहमति हुई कि बेगारी को पूरी तरह खत्म करना ही समस्या का एकमात्र समाधान है, पर इसे लागू नहीं किया गया। इसकी जगह कमिश्नर ग्रीमले ने सरकार द्वारा प्रदत्त अधिकार का उपयोग करते हुए घोषणा की, जिसमें जिले की परंपरा को ध्यान में रखते हुए रकबे के आधार पर बेगार की मात्रा का निर्धारण किया गया। बेगार को साल में 14 दिन तक सीमित कर दिया। यह आदेश न तो जमींदारों के लिए बाध्यकारी था, न ही रैयतों के लिए। यह आदेश अपने उद्देश्य में आंशिक रूप से सफल होने के बावजूद इसका प्रभाव समस्या को हल करने की दिशा में अस्थायी था। अगले चार-पाँच वर्षों में सरकार जहाँ काश्तकारी अधिनियम (ऐक्ट) को संशोधित करने के सवाल पर विचार कर रही थी, वहीं इलाका आपेक्षिक रूप से शांत था। दूसरी तरफ सरदार चंदा उगाही की प्रक्रिया को जारी किए हुए थे। कई मामले में इसके लिए हिंसा व धमकी का सहारा भी लिया जा रहा था। 1893 से लेकर 1895 के बीच कई सरदारों पर उगाही (भयादोहन) व हमले के मामले में मुकदमा दर्ज किया गया। उनका अभियान पूरे मुंडा इलाके के साथ-साथ सिंहभूम के पोड़ाहाट स्टेट के उत्तरी इलाके में चल रहा था। अनुमानतः पूरी उगाही लगभग एक लाख रुपए थी, जिसका बड़ा भाग कोलकाता के कुछ नामचीन वकीलों को ब्रिटिश सांसद के सामने प्रतिवेदन ड्राफ्ट करने के लिए दिया गया।

□

बिरसा मुंडा और उलगुलान

(1895-1900)

बिरसा मुंडा का अभ्युदय उस समय हुआ, जब अंग्रेजी हुकूमत के खिलाफ आदिवासियों का सरदारी आंदोलन अपनी चरम सीमा पर था। भूमि के लिए चालीस वर्षों तक लड़ाई चली। यही बाद में बिरसा मुंडा के उलगुलान (आंदोलन) का आधार बनी।

1894-95 में बिरसा का शुरुआत आंदोलन धार्मिक रंग लिये हुए था, फिर धीरे-धीरे उनका लक्ष्य साफ तौर पर उभरकर सामने आने लगा। यह उस दौर की बात थी, जब ब्रिटिश सरकार की शोषण और दमन नीति के फलस्वरूप जनजाति व्यवस्था को क्रूर धक्का लगा। ब्रिटिश व्यवस्था में जमींदार, जागीरदार, साहूकार, महाजन, जो बाहर से आए हुए लोग थे, झारखंड में जमीन के मालिक बन बैठे। मोटे तौर पर ब्रिटिश नीति यह रही कि आदिवासियों को अलग-थलग रखा जाए और यथासंभव यथास्थिति बरकरार रखी जाए। सात समुद्र पार इंग्लैंड में बैठे इन पितृसत्तात्मक शासकों के स्थानीय प्रतिनिधि छोटे-छोटे पुलिस अधिकारी, वन अधिकारी और जमींदार थे। उनके व्यवहार से आदिवासियों को ऐसा लगा कि ये कौवा और मोरों की भाँति मिथ्यादंभी और नीचता के प्रतीक हैं। आदिवासियों की धारणा में इन दिकुओं, महाजनों, ठीकेदारों, साहूकारों की स्थिति साँप (विंग), जादुगरनी (नाजोम) और आदमखोर (कुला) जैसी थी, जिनकी मिली-भगत से जनजातीय भूमि व्यवस्था छिन्न-भिन्न हो गई थी। बिरसा मुंडा ने अपने संघर्ष के दौरान दो मोर्चों पर लड़ाइयाँ लड़ीं। पहला अपने समाज के अंदर फँसे अंधविश्वास, जादू-टोना, भूत-प्रेत, शराबखोरी और अनेक सामाजिक कुप्रथाओं से मुक्ति और दूसरा मोर्चा था—अंग्रेजों के पिट्ठू जमींदार, साहूकार के खिलाफ अपने राजनीतिक, सांस्कृतिक अस्तित्व के लिए संघर्ष।

बिरसा का गाँव था उलिहातु, लेकिन उनका जन्म 15 नवंबर, 1875 तमाड़

थाना के अंतर्गत चलकद ग्राम में हुआ था। चलकद में बिरसा के पिता सुगना मुंडा का मामा घर था। माता का नाम करमी था, जो आयुबहातु की थी। बिरसा का गोत्र 'पुरती' था। पिता सुगना मुंडा की गरीबी के कारण पुत्र बिरसा ने अपने मामा के घर आयुबहातु में रहकर पास ही सलगा गाँव के स्कूल में अपनी प्रारंभिक पढ़ाई की शुरुआत की। बालक बिरसा का स्कूल में पढ़ने जाना एक चौंकानेवाली घटना थी। उन्नीसवीं सदी के आखिरी दशकों में आदिवासियों के बच्चे पढ़ने नहीं, बल्कि गाय, बकरियाँ चराने जाया करते थे। बिरसा की पढ़ाई शायद इसलिए संभव हो सकी कि उनके माता-पिता धर्मांतरण द्वारा ईसाई बन चुके थे। पढ़ने का अधिकार अंग्रेजों ने दिया, किंतु इसके पीछे उनका कोई मानवतावादी दृष्टिकोण नहीं, बल्कि ईसाई बनाने का था। भारत के लोगों को अंग्रेजों का राजभक्त बनाना और प्रशासनिक कार्यों के लिए कलम के मजदूर पैदा करना उनका उद्देश्य था। बिरसा के परिवार जनों की भी यही कामना थी कि बिरसा पढ़-लिखकर ईसाई धर्म का प्रचारक भर बन जाए। दो वर्ष प्रारंभिक शिक्षा के पूरे होने के बाद 'चलकद' गाँव में अकाल की काली छाया ने उन्हें व्यवधान उपस्थित कर दिया। बिरसा की सबसे छोटी मौसी नवमी, जो उससे बहुत स्नेह करती थी, उसे अपने गाँव 'खटंगा' ले गई। उसकी मौसी उसे पढ़ाना चाहती थी, लेकिन मौसा कहते थे, 'अरे मुंडा का बेटा पढ़कर क्या करेगा ? उसे तो चरवाहा का काम करना चाहिए। पढ़-लिखकर तो वह 'दिकू' (शोषक) बन जाएगा।' दिकू उन दिनों अंग्रेज साहबों को कहते थे।

बिरसा दिकू तो नहीं बने, भगवान् अवश्य बन गए। भगवान् बनने तक की इस यात्रा में उन्हें एक लंबा सफर तय करना पड़ा था। उन दिनों बिरसा अपने मौसा की गाय, भैंस, बकरियाँ चराते हुए पढ़ाई में खो जाते थे, तो मवेशी दूसरों के खेत चर जाते और बिरसा को मार खानी पड़ती थी। मार से आहत होकर बिरसा अपने गाँव चले आए और नजदीक में ही गाँव बुड़जू स्थित जर्मन ईसाई मिशन स्कूल से अपनी प्राइमरी शिक्षा पूरी की। आगे की शिक्षा के लिए उन्हें चाईबासा जाना पड़ा। चाईबासा पहुँचने में उन्हें तीन दिन पैदल चलना पड़ा। बिरसा को वहाँ के उच्च प्राथमिक एस.पी.जी. मिशन स्कूल में सन् 1886 में दाखिला मिल गया था। अगले कुछ वर्षों तक वहाँ बिरसा मुंडा को दाऊद बिरसा पूर्ती कहा जाता था, जिसकी पढ़ाई निर्विघ्न चलती रही। ईसाई मिशनरी स्कूलों में पढ़ाई के साथ-साथ धार्मिक प्रवचनों के माध्यम से झारखंड क्षेत्र के लोगों को ईसाइयत और राजभक्ति की भी अनवरत प्रेरणा दी जाती थी। डॉ. नोट्रोट अपने धार्मिक प्रवचनों में उपदेश के दौरान

अकसर वादा करते थे कि यदि वे ईसाई बने रहें और उनके अनुदेशों का पालन करते रहें तो वे उनसे शासन अथवा महाजनों के द्वारा छीनी गई जमीन वापस दिला देंगे। बिरसा और अन्य विद्यार्थियों के मन में जमीन वापस दिला देने के वे वादे गड़ गए थे। उन दिनों जर्मन लूथरन और रोमन कैथोलिक ईसाई किसानों का भूमि आंदोलन चल रहा था। इन ईसाई किसानों को सरदार कहा जाता था। जमीन ही झारखंड के लोगों की मुख्य समस्या थी।

अंग्रेजी हुकूमत झारखंड क्षेत्र में आने के बाद यहाँ के लोग जितनी शिद्दत से अपनी जमीन की रक्षा के प्रयत्न करते रहे, वह उनसे उतनी ही दूर होती चली जा रही थी। जमीन की रक्षा के लिए हर बार जन आंदोलन होते, किंतु प्रत्येक बार उन आंदोलनों में भाग लेनेवालों की जमीन उनसे छिन जाती। उन्हें हासिल करने के लिए जैसे ही एक नया आंदोलन खड़ा होता, फिर एक बार अनेक लोगों की जमीन छिन जाती। ईसाई पादरी अपने प्रवचनों में इन्हीं छिनी गई जमीनों को वापस दिलाने के वादे करते थे, जिससे आकर्षित होकर बहुत बड़ी संख्या में लोग ईसाई बन गए थे। राजधर्म में आ जाने और पादरियों के वादों के कारण उन्होंने सशस्त्र क्रांति का मार्ग त्यागकर कानूनी न्याय का मार्ग भी अपना लिया था। अब लोग तीर-धनुष, बल्लम, कटार जैसा अस्त्र त्यागकर खूंटी और राँची से लेकर तत्कालीन भारत की राजधानी कलकत्ता तक की अदालतों में पैदल ही चक्कर लगाते और वकीलों की मोटी फीस अदा करते हुए थक-हार चुके थे। लगभग तीस वर्षों का लंबा समय बीत चुका था, फिर भी मुकदमों के अंतहीन कहानी की तरह समाप्त होने के कहीं दूर-दूर तक आसार नजर नहीं आ रहे थे। ईसाई किसान सरदारों में अब कुछ निराशाजन्य प्रतिक्रियाएँ भी दिखाई देने लगी थीं। कुछ सरदार जर्मन मिशन छोड़कर रोमन कैथोलिक मिशन की ओर भी चले गए थे। मिशनरियों को छोड़ने की भी हवा बह चली थी।

लोगों के इस आचरण से गोरे साहबों में तीखी प्रतिक्रिया हुई। एक दिन पादरी डॉ. नोट्रोट ने अपने धर्मोपदेश के दौरान झारखंड के लोगों को अकृतज्ञ और बेईमान तक कह दिया। वहाँ उपस्थित सारे लोग चुपचाप सिर झुकाकर सुनते रहे, लेकिन बिरसा से रहा नहीं गया। 'यह झूठ है', चीख उठा बिरसा 'बेईमान मुंडा नहीं, तुम अंग्रेज लोग हो। तुम्हीं ने हमेशा जमीन लौटा देने के वादे किए थे। यहाँ के लोगों ने तुम्हें तो कोई धोखा नहीं दिया, बल्कि तुम गोरी चमड़ीवालों ने हमेशा हम लोगों को धोखा दिया है।'

मानो आसमान फट पड़ा हो। शासक वर्ग के लोगों को अर्ध-सभ्य कहे जानेवाले काले, गुलाम बिरसा इतनी बात कह दें और वे उन्हीं के स्कूल में शिक्षा भी ग्रहण करता रहे, यह कैसे संभव था? बिरसा को स्कूल से निकाल दिया गया। बिरसा का यह मुखर विद्रोह अवश्य था, लेकिन पहला विद्रोह नहीं था। इसके पहले भी उसने विद्रोह किया था, जब वह बचपन में बुड़जु गाँव के प्राइमरी स्कूल में पढ़ा करता था। उन दिनों भी मुंडा से ईसाई बने एक धर्म-प्रचारक के कथनों का बिरसा ने जमकर विरोध किया था। वह प्रचारक आदिवासियों के रीति-रिवाजों की खिल्ली उड़ाया करता था। उन दिनों बिरसा यद्यपि बालक ही था, किंतु विरोध तो उसने वयस्क की तरह ही किया था। बचपन से ही पल रहे इसी स्वाभिमान की भावना ने ही दाऊद बिरसा को भगवान् बिरसा की मंजिल तक पहुँचाया, जिसमें उसके विद्रोही स्वभाव ने सहायता की थी।

स्वाभिमानी बिरसा जीवन भर विद्रोही बना रहा। अपने जिस 'उलगुलान' के लिए आज बिरसा सारे संसार में जाने-जाते हैं, उस उलगुलान का शाब्दिक अर्थ भी 'विद्रोह' ही है। सन् 1890 में जब बिरसा को चाईबासा छोड़ना पड़ा, तब बिरसा ने फिर एक बार विद्रोह किया और जर्मन मिशन की सदस्यता ग्रहण कर ली। यहाँ भी दाऊद बिरसा पुरती ने अनुभव किया कि 'साहब-साहब एक टोपी' ही है और ईसाई धर्म से भी विद्रोह कर अपने-पुराने 'आदिवासी सरना धर्म' में लौट आया। उसी के साथ उसके सारे परिवार के लोग भी सरना धर्म में लौट आए।

दाऊद बिरसा पुरती से बिरसा मुंडा

बिरसा के आध्यात्मिक गुरु-आनंद पाण

स्कूल में दाऊद बिरसा पुरती, पुनः नाम में परिवर्तन कर बिरसा मुंडा बन गया। गरीबी की हालत वैसे ही रही, जिस कारण विद्रोह और गरीबी में कभी मेल नहीं हो सका। स्वाभाविक था कि स्वाभिमानी बिरसा ने एक और विद्रोह किया और समय के थपेड़ों ने उसे सन् 1891 में बंदगाँव के जमींदार जगमोहन सिंह के मुंशी आनंद पाण के सान्निध्य में ला दिया। जगमोहन सिंह जाति में मुंडा था। आनंद पाण भी कोई पंडा या पांडे नहीं था, बल्कि वह जनजाति वर्ग के स्वांसी (बुनकर) जाति के थे। कहा जाता है कि आनंद पाण गौरबेड़ा गाँव का निवासी था। राँची जिला गजेटियर (1970) के पृष्ठ 69 पर बिरसा के आध्यात्मिक गुरु स्वांसी आनंद पाण का उल्लेख है, जो इस प्रकार है—

Rise of Birsa : In 1895 the ferment in the Munda country again broke out, when a leader was found in the person of Birsa, a young Munda of about 20 of village Chalkad in Tamar Thana. Under his leadership the revivalistic movement assumed a religious character. This may perhaps be attributed to the influence of Swansi Anand Panre, wellversed in Vaishnavism and Hindu epic lores and another Vaishnava monk of Birsa, who together with his followers renounced christianity.

(1895 ई. में मुंडा इलाका एक बार फिर उबलने लगा, जब उन्हें तमाड़ थाना क्षेत्र के चालकद गाँव के 20 वर्षीय युवा मुंडा बिरसा के रूप में हासिल हुआ। उसके नेतृत्व में इस पुनर्जागरणवादी आंदोलन ने धार्मिक चरित्र हासिल कर लिया। यह संभवतः स्वांसी आनंद पाण के प्रभाव की वजह से हुआ, जो वैष्णववाद के साथ-साथ हिंदू मिथकों एवं अन्य वैष्णव संतों की कथाओं में पारंगत थे। बिरसा ने अपने अनुयायियों के साथ ईसाई धर्म का परित्याग कर दिया।)

पाण जाति ब्रिटिश शासन काल में आदिम जनजाति (TRIBE) की लिस्ट में शामिल था, जिन्हें आजादी के बाद 1950 में अनुसूचित जाति (दलित) में शामिल कर लिया गया है। ज्ञातव्य है कि झारखंड में पाण/पान/स्वांशी/तांती एक ही जाति का नाम है। आनंद पाण पर चैतन्य महाप्रभु की गहरी छाप पड़ चुकी थी। चैतन्य महाप्रभु मायापुर से मथुरा, वृंदावन जाते समय झारखंड होकर गुजरे थे। अपनी पैदल यात्राओं के दौरान उन्होंने यहाँ के आदिवासी लोगों को वैष्णव धर्म में दीक्षित भी किया। झारखंड क्षेत्र में वैष्णव लोगों की संख्या कम है। आनंद पाण कोई ब्राह्मण नहीं था, बल्कि वह स्वांसी आदिवासी पंडित था, जिसकी धार्मिक आस्था चैतन्य महाप्रभु में थी। उनके यहाँ नियमित रूप से भजन कीर्तन, रामायण-महाभारत की कथा का आयोजन होता रहता था, जिसमें बड़ी संख्या में लोग प्रतिदिन आते, एकाग्र रूप से कीर्तन करते और कथा सुनते थे। आनंद पाण को पौराणिक कथाओं का ज्ञान था। इसी तरह ग्राम बमनी में बड़ाईक के घर एक वैष्णव साधु आता था, जो बैशाख महीना में कीर्तन-भजन करता, जिसमें बहुत बड़ी संख्या में आस-पास के लोग जमा होते थे। बिरसा मुंडा, आनंद पाण के साथ घूमते-फिरते और भजन-कीर्तन में तीन वर्ष बीत गए। बिरसा इन भजन कीर्तनों और धर्म सभाओं से आकर्षित तो हुए ही, कुछ-कुछ रमने भी लगे, किंतु वह जो उनके स्वभाव में विद्रोह था, शायद उसी ने उन्हें इस तरह अलग रखा, जैसे पानी से भरे तालाब में बिन भीगे कमल के पात।

बिरसा ने वैष्णव पंथ छोड़ा

बिरसा मुंडा को हिंदू धर्म की वर्ण-आधारित व्यवस्था, जाति-पाँति, छुआछूत और उसमें अंतर्निहित ऊँच-नीच की व्यवस्था ने उद्वेलित, विह्वलित और आंदोलित किया होगा। बिरसा मुंडा, जो समतामूलक समाज के प्रतीक थे, उन्हें वैष्णव पंथ के ज्ञाता आनंद पाण द्वारा ज्यादा दिन तक वैदिक धर्म में आबद्ध कर नहीं रख सका। जन्म से वर्ण का निर्धारण और उस आधार पर समाज में प्राप्त ऊँचा-नीचा वैदिक धर्म का सिद्धांत है, जिसे आदिवासी में स्वीकारा या माना नहीं जा सकता, इसका स्पष्ट उत्तर बिरसा के जीवन से प्राप्त होता है। आदिवासी, जो झारखंड की धरती में युगों से रहते आए हैं, प्रकृति (सरना) की पूजा करते हैं, उनमें एक अद्‌भुत, अद्वितीय, अनुपम एवं अनुकरणीय सामाजिक व्यवस्था की स्थापना हुई थी, जिसमें न कोई ऊँचा था, न कोई नीचा, सभी समान रूप से सम्मान और भ्रातृत्व का भाव रखने की समतामूलक संस्कृति रही है। ऐसी स्थिति में वैदिक धर्म का आलिंगन या ग्रहण करना समाज में एक भेदमूलक विद्वेष को जन्म देना था, जिस झारखंड की युगों पुरानी पारंपरिक धरोहर को नुकसान तो पहुँचता ही, साथ ही समाज में भेदभाव, जात-पात, छुआछूत, आदि कुरीतियों का प्रवेश भी हो जाता, जो बिरसा मुंडा को स्वीकार्य नहीं था। बिरसा मुंडा में युगों की उपेक्षा, अवहेलना, तिरस्कार से ग्रसित झारखंडी समाज को जो एक अतिवांछित, अतिप्रतीक्षित एवं अत्यंत लालायित सामाजिक मान-सम्मान और प्रतिष्ठा की उत्कंठा थी, वह वैष्णव धर्म के आश्रय में पूरा होना तो दूर, उसे और भी कई गुना अपमान, तिरस्कार और घृणा का सामना करना पड़ा। वैदिक वर्ण व्यवस्था में आदिवासियों को ब्राह्मण, क्षत्रिय, वैश्य, शूद्र से भी नीचे एक अलग ही स्थान, पहचान और श्रेणी सृजित कर अंत्यज, गिरिजन, वनवासी, जंगली, किराट, बानर, असुर आदि उपमाओं से अपमानित एवं निम्न दृष्टि का उपहार दिया। वह भला वैष्णव पंथ के एकाधिपत्य एवं एकाधिकार देनेवाली वर्ण व्यवस्था में किस प्रकार स्वयं को सहज स्वाभाविक रूप से समायोजित कर सकता था। यही सब कारण थे कि बिरसा मुंडा ने पुनः अपने युगों पुरानी समृद्ध एवं स्वाभिमानी सनातन संस्कृति की ओर मुड़कर अपनी ही परंपरागत धार्मिक आस्था का आश्रय लिया।

अंग्रेज सरकार ने सुरक्षित वन घोषित किया

सन् 1893-94 में अंग्रेजी हुकूमत ने गाँवों की सभी बंजर जमीन और जंगलों

को 'सुरक्षित वन' (Protected Forest) घोषित कर भारतीय वन अधिनियम, 1878 की धारा-7 को लागू कर दिया था। सिंहभूम, राँची, पलामू और मानभूम (वर्तमान में धनबाद और पुरुलिया जिला) में भी वन बंदोबस्त कार्यक्रम लागू कर दिया, जिसमें इन इलाकों के रैयतों के सारे अधिकार छिन गए। बिरसा कीर्तन-भजन में रमे रहते और उनका मन झारखंड के लोगों से छिने गए अधिकार के लिए विद्रोह की बात सोच रहा होता।

बिरसा के नेतृत्व में चक्रधरपुर में प्रदर्शन

बिरसा के आध्यात्मिक जीवन का सन् 1894 में राजनीति में परिवर्तन हो गया। बिरसा सरकार से जंगल का अधिकार आदिवासियों को वापस करने के लिए लोगों को एकजुट करने लगा। जगह-जगह सभाएँ होने लगीं। बिरसा ने कहा, 'जल-जंगल-जमीन हमारा है, अंग्रेज इसका मालिक नहीं हो सकता।' 1 अक्तूबर, 1894 को बिरसा ने करीब एक हजार लोगों को लेकर चक्रधरपुर में प्रदर्शन किया और थाना में एक स्मरण-पत्र दिया, जिसमें उन्होंने उल्लेख किया था कि रैयतों को वन संबंधी अधिकार वापस किया जाए, जमीन पर टैक्स न लगाया जाए, 'आबुआ दिशुम-आबुआ राज'। बिरसा के इस प्रदर्शन को सफल बनाने के लिए चक्रधरपुर से सटे हुए आसनतलिया गाँव के निवासी सुदर्शन महतो ने मुख्य भूमिका निभाई थी। सुदर्शन महतो, बिरसा मुंडा का एक अग्रणी आंदोलनकारी साथी था। बिरसा मुंडा छात्र जीवन में जब चक्रधरपुर होकर चाईबासा पैदल जा रहा था तो आसनतलिया गाँव (जो राँची-चक्रधरपुर सड़क किनारे बसा हुआ है) में अचानक आँधी-तूफान का सामना करना पड़ा। इस परिस्थिति में बिरसा को सुदर्शन महतो के घर में आश्रय लेना पड़ा और रात्रि विश्राम किया था। उसी समय से दोनों मित्र बने। इस प्रदर्शन में बंदगाँव, कड़ाईकेला और चक्रधरपुर के आस-पास के ग्रामों के मुंडा, हो और कुड़मी जाति के लोग शामिल हुए। ज्ञातव्य है कि सुदर्शन महतो के पुत्र मधुसूदन महतो भी स्वतंत्रता सेनानी थे।

जमींदार जगमोहन सिंह आदिवासी थे तो क्या हुआ, वे गौरांग महाप्रभु के परम भक्त थे। उन्हें गोरे अंग्रेजों के विरुद्ध बिरसा का यह प्रदर्शन बिल्कुल पसंद न आया। मुंशी आनंद पाण ने सहानुभूति जतलाते हुए बिरसा को जंगल का अधिकार माँगने का वह आंदोलन छोड़कर कृष्ण भक्ति में रम जाने की सलाह दी। आनंद पाण की इस सलाह से बिरसा झुँझला उठा और उन्होंने आनंद पाण का साथ छोड़ दिया,

लेकिन 'जल-जमीन-जंगल' के अधिकार की मुहिम में वे और भी अधिक उत्साह से आगे बढ़े। बिरसा की एक लंबी कोशिश के बाद भी सरकार ने कोई सुनवाई नहीं की और वह प्रयास अरण्य रोदन बनकर रह गया।

बिरसा ने कब्र से गहना निकाला

एक लंबे अरसे से झारखंड क्षेत्र में सूखा पड़ रहा था, खेत में फसल न होने के कारण उन दिनों दुर्भिक्ष का स्वरूप ग्रहण कर लिया था। वैसे अंग्रेजी हुकूमत के आने के पहले भी सूखे पड़ते थे, लेकिन लोग जंगल से शिकार, पेड़ों के फल, महुआ, बीज, मधु, कंद-मूल, कई प्रकार की वनस्पति आदि से अनाज की कमी पूरी कर लेते थे और ग्राम समाज की सामूहिक व्यवस्था किसी को मरने नहीं देती थी। जंगल का अधिकार छिन जाने के बाद अंग्रेजी राज में लोग मरने भी लगे थे। ग्रामीण समाज की सामूहिक व्यवस्था को शासन ने पहले ही छिन्न-भिन्न कर दिया था तथा वे फसल पर अपने दलाल महाजनों के जरिये अनाज संग्रह कराकर झारखंड से बाहर भेज देते थे। कभी-कभी तो स्थिति यह हो जाती थी कि अपना सबकुछ दे देने के बाद अनाज के दर्शन न हो पाते थे।

सन् 1895 में यही स्थिति थी। अकाल दुर्भिक्ष बन चुका था। इस दौरान बिरसा को भी अपने परिवार के साथ अकाल का सामना करना पड़ा। एक दिन गाँव की एक गर्भवती महिला भी भूख से मर गई। लोगों ने उसे दफनाया, तो उसके साथ उस महिला के गहने तथा किसी तरह प्राप्त कर कुछ सिक्के भी इस भावना से रख दिए कि स्वर्ग में उसे भूखा न रहना पड़े। यह झारखंड क्षेत्र के अवर्ण लोगों के बीच फैल रहे वर्णवादी लोगों के पौराणिक मिथकों का ही असर था कि लोग जीवितों को मरने से भले ही न बचा पा रहे थे, किंतु स्वर्ग में उनके भूखे रह जाने की चिंता से ग्रसित थे। बिरसा दफनानेवालों की बातें खामोश सुनते रहे, किंतु उनके हृदय का विद्रोह खामोश न रह सका।

सासान (श्मशान) से लौटने के बाद भी बिरसा के मस्तिष्क में द्वंद्व मचा ही रहा, बल्कि वह उग्र से उग्रत्तर होता चला गया। इस बात से बिरसा क्षुब्ध थे कि लोग भूखों मर रहे हैं, फिर भी रूढ़ियों और अंधविश्वासों ने उन्हें इतना जकड़ रखा है कि उनमें विवेक-शून्यता आ गई है। खुद बिरसा के परिवार ने एक लंबे अरसे तक घास के बीजों को उबालकर भात के रूप में खाया। उन्होंने चावल के भात का मुँह तक नहीं देखा था। बिरसा के मानसिक द्वंद्व में फिर एक बार विद्रोह जीत गया। सोच में

डूबे बिरसा ने अँधेरी रात में उस महिला की कब्र खोदकर गहने और पैसे निकाल लिये और दोबारा कब्र को पहले की तरह ढक दिया। लोग तो रात में श्मशान की राह चलने से भी बचते हैं, किंतु बिरसा ने अकेले ही सारा काम पूरा किया था।

दूसरे दिन बीरबांकी हाट में बिरसा उन गहनों को बेचकर चावल घर लाते हुए उत्साही था कि आज उसका परिवार बहुत दिनों के बाद भात खाएगा। उसने अपनी माँ को भात पकाने को कहा और नहाने के लिए नदी की ओर दौड़ पड़ा। माँ पूछती ही रह गई कि कहाँ से आया चावल। बिरसा ने दूर से कहा कि लौटकर बताता हूँ। उसके पिता भी जंगल से उस दिन कोई शिकार लेकर आए थे। बिरसा नदी से नहाकर जब लौटा, तब तक माँ सबकुछ पका चुकी थी। 'माँ भात दो, बहुत भूख लगी है' बिरसा आवाज देता आया था। माँ ने जल्दी-जल्दी अपने भूखे बेटे के लिए खाना परोस दिया। खाने में शिकार (मांस) भी देखकर बिरसा और भी हर्षित हो उठा। माँ किंतु व्याकुल थी कि इतना चावल बिरसा को कहाँ मिल गया। अभी बिरसा खाने ही बैठा था कि माँ ने उसे पूछ ही लिया। बिरसा ने माँ को बिना कुछ छिपाए सारी बातें सच-सच बता दीं।

मृतात्मा और बोंगाओं के कोप के भय, क्षोभ और चरम क्रोध से बिफरी माँ ने सर्वनाश की आशंका में खुद अपने हाथों अपने बेटे के उत्साह का सर्वनाश कर दिया। माँ ने भात खा रहे बिरसा की थाली में लात मार दी और झन्न से वह थाली दूर जा गिरी। सारा खाना आँगन में बिखर चुका था। क्रोध में फुफकारती रोती माँ ने भात की हांडी भी घर से बाहर दूर ले जाकर फेंक दी। समाज के लोगों ने बिरसा को बिरादरी से ही बहिष्कृत कर दिया। बिरसा को घर छोड़ देना पड़ा। रूढ़िवादिता और अंधविश्वासों को समाप्त करने की इस मुहिम के पहले कदम में ही बिरसा को सबसे बड़ा आघात उसी से लगा, जो उसकी जननी माँ थी। माँ, जो अपने बेटे की जीवन रक्षा के लिए अपनी जान न्योछावर करने को सदा तैयार रहती थी, जिसने दुनिया के सारे दुःख झेलते हुए भी बेटे को जीवित रखा था और आज भी उसने यद्यपि अभिशाप ही दिए थे, किंतु सचमुच वह अभिशाप तो नहीं था। वह तो एक भयंकर अनिष्ट की आशंका से डरी हुई माँ की ममता थी। उन अज्ञात आत्माओं और बोंगाओं (देवता) के संभावित कोप को शांत करने के लिए किया गया एक भयातुर माँ का विलाप था, अपनी कोख से जनमे उस बेटे के लिए उन देवताओं से की जा रही क्षमा याचना थी।

बिरसा की विद्रोही आत्मा जाग उठी

बिरसा के लिए यही वह मुकाम था, जहाँ अब उसे मंजिल तक पहुँचने के लिए अपनी नीतियों और रास्तों का दृढ़तापूर्वक चुनाव करना था। गुलामी और आजादी में से एक को अंतिम रूप से अपनाना था। गुलामी के लिए तो सिर्फ अपने क्रांतिकारी विचारों का दमन कर लेना ही काफी होता, लेकिन इससे उसकी विद्रोही आत्मा की मौत हो जाती। बिरसा मर जाता।

बिरसा मर जाने के लिए तो पैदा नहीं हुआ था, किंतु आजादी की राह भी तो उतनी सहज न थी। आजादी के लिए उसे अपने जंगल और जमीन का अधिकार वापस लेना था, जिसे अंग्रेजी हुकूमत ने छीन लिया था। उसे जमीन का अधिकार भी वापस लेना होगा। झारखंड के लोगों के लिए जंगल, जमीन, जननी तीनों ही माँ हैं। आजाद तीनों को ही कराना होगा, जिसने सबको गुलाम बना रखा है। उसके राज में तो सूरज कभी नहीं डूबता, वह सात समुंदर पार रहता है, लेकिन जुल्म उसका इतना तेज दौड़ता है कि उसके असर से बाप-दादाओं की स्थापित सारी व्यवस्थाएँ छिन्न-भिन्न हो चुकी हैं। अज्ञानताओं, अंधविश्वासों ने लोगों के सोच में इतनी जड़ता ला दी है कि जब जन्म देनेवाली माँ तक नहीं समझ पा रही है अपनी कोख के क्रांतिकारी बिरसा के विचारों को, तब दूसरों के लिए तो वह और भी कठिन है। आजादी तो हर हाल में हासिल करनी ही होगी, लेकिन उसके लिए एक राह भी तो पकड़नी ही होगी।

कौन सी राह पकड़ें, सोचता और गाँवों-जंगलों में भटकता रहा बिरसा। मिशनरियों पर गोरे साहबों का कब्जा है। काले प्रचारक तो उनके नौकर भर हैं, जो हुक्म सात समुंदर पार से आता है, गोरे पादरी वही करते हैं। गिरजा में धर्म के नाम पर देशी लोगों को शामिल जरूर किया जाता है, लेकिन बात तो उनकी नहीं, बल्कि गोरे पादरियों की ही चलती है। बंदगाँव के जमींदार जगमोहन सिंह के यहाँ तो रोज भजन-कीर्तन होता है, जिसमें यहीं के लोग रहते हैं, लेकिन बात तो वैष्णव पंडित की सुनी जाती है। सारा आयोजन आनंद पाण करता है, लेकिन फिर भी उन्हें आदेश देने का कोई अधिकार नहीं होता। बिरसा अगर वह राह पकड़े भी तो उसे आदेश दे सकने का कोई अधिकार नहीं मिल पाएगा। लोगों को जमाकर बातें करने पर सारी बातें प्रशासन तक पहुँच जाती हैं। विलकिंसन रूल लागू होने के बाद भी मुंडा-मानकी की नियुक्ति शर्तों में ही यह शर्त है कि उन्हें हर बात की खबर तुरंत कोल्हान अधिकारी को दे देनी होगी। गाँव के मानकी-मुंडा से लेकर मिशनरियों के

धर्म-प्रचारक तक; सभी किसी-न-किसी ओट में सरकारी मुखबिर ही तो हैं। इनसे बचकर गोरे साहबों की हुकूमत को उलटना कैसे संभव होगा? लोगों को एकजुट किए बिना वह संभव भी नहीं। उनकी बात सुनने को कोई तैयार भी नहीं। सिर्फ कुछ किसान सरदार उनसे हमेशा संपर्क रख रहे हैं, लेकिन उनके संपर्क के कारण तो उन्हें चाईबासा के एस.पी.जी. मिशन स्कूल से निकाल दिया गया था। उन सरदारों ने कानून के रास्ते पिछले पैंतीस सालों से अपनी जमीन के अधिकारों की लड़ाई लड़ी थी, किंतु गोरी सरकार ने उनका हक देने की बजाय सारी जनता से जमीन और जंगल का अधिकार छीन लिया। अब तो लोगों को जगाना होगा। धर्म ही एक रास्ता है, जिसके नाम पर लोग जुट जाते हैं। धर्म ही धर्मभीरू लोगों की कमजोरी है। सारे धर्मों पर दूसरों का कब्जा है तो क्या हुआ, बिरसा अब अपना ही धर्म चलाएगा। आजादी के लिए खुद भगवान् बन जाएगा। इसके सिवा और कोई रास्ता नहीं।

क्रांति की रूपरेखा

चिंतनकाल में बिरसा ने क्रांति की रूपरेखा बनाई और तेजी से वह आगे बढ़ चला। किसान आंदोलन चला रहे सरदारों को विश्वास में लेकर बिरसा ने चारों ओर यह बात प्रचारित करवा दी कि बिरसा ही भगवान् है। बिरसा अपने गाँव भी लौटा। बिरसा की हरकतों से उसकी माँ ने भी उसे भगवान् मान लिया, तब वह अन्य लोगों को प्रभावित करने चल पड़ा। कुछ चमत्कारों और कुछ विचित्र हाव-भाव एवं हरकतों ने अंधविश्वासी और धर्मभीरु लोगों में यह विश्वास पैदा कर दिया कि बिरसा ही भगवान् है। बिरसा की बातों पर लोग जुटने लगे, चारों ओर भगवान् के दर्शन करने और आने-जानेवाले लोगों की कतारें रेंगने लगीं। मिशनरीवालों ने सरकार से शिकायतें की, संदेह व्यक्त किए, किंतु पुलिस और प्रशासन ने उसे धार्मिक और सनकी हरकतें मानकर नजरअंदाज कर दिया। यही बिरसा की योजना की कामयाबी थी। अब और भी उत्साहित होकर विभिन्न चमत्कारों के किस्सों के प्रचार से और भी अधिक लोगों को वह अपनी ओर आकर्षित करने लगा।

किसान आंदोलन चला रहे सभी संगठित सरदारों को तो बिरसा ने पहले ही अपनी योजना अच्छी तरह समझा दी थी, अब वह भक्तों की भी परीक्षा लेकर बड़ी सावधानी से एक-एक स्वतंत्रता सैनिक का चुनाव करने लगा। अब आनेवाले लोगों के पास अस्त्र-शस्त्र भी दिखने लगे। आराधना स्थल अति पवित्र स्थान घोषित कर दिए गए और उन घरों के भीतर अति विश्वस्त भक्तों के सिवा किसी

को भी जाने की इजाजत नहीं थी। वहाँ अस्त्र-शस्त्र जमा होने लगे थे। अंग्रेज पादरी फादर हॉफमैन, जो कि मुंडारी भाषा का ज्ञाता था और जिसने अंग्रेजों की सुविधा के लिए Encyclopaedia (विश्वकोष) मुंडारिका भी लिखी थी, जो धर्म, ईश्वर, मोक्ष और मानव कल्याण से अधिक 'ब्रिटिश साम्राज्यवाद' की ही हित-चिंता में व्याकुल रहता था, उसने बिरसा के बढ़ते इस प्रभाव को शुभ लक्षण नहीं माना और वह हर गतिविधि की सूचना सरकार को देता रहा। फादर हॉफमैन सरदार आंदोलन के 'मारकस' और उनके साथी, जो सिंहभूम के थे, 'गोडियन' जो एक स्कूल का अध्यापक था, तोरपा के चम्पाईडीह का जोहन, चाँदा का इलियाजर तथा प्रभुदयाल आदि सरदार आंदोलनकारियों द्वारा बिरसा को चारों ओर से दिन-रात घेरे में देखकर संदेह से भर उठे थे और पैनी नजर रख रहे थे।

हॉफमैन तथा अन्य पादरियों के बार-बार के दबाव के कारण 8 अगस्त, 1895 को एक जाँच दल भीड़ की गतिविधि का अध्ययन करने पहुँचा। 9 अगस्त को उसने बिरसा को गिरफ्तार कर लिया, किंतु लोगों ने पुनः उन्हें छुड़ा लिया तथा पुलिस को भगा दिया। पुलिस ने ईसाई धर्म-प्रचारकों को बुलाया और उनसे भीड़ से निपटने के लिए भीड़ जुटाने की आज्ञा दी, किंतु प्रचारकों ने बिरसा के विरुद्ध कुछ भी कर सकने में असमर्थता व्यक्त की। बिरसा को पकड़ने के कई प्रयास विफल हुए, किंतु घात लगाकर उन्हें 23 अगस्त, 1895 की रात को पकड़ लिया गया। अंग्रेज पादरी हॉफमैन और लस्टी को यद्यपि हर गतिविधि में राजनीति दिखाई पड़ रही थी, किंतु प्रशासन तो बिरसा को अभी भी सनकी ही समझ रहा था। प्रशासन की सारी शक्ति उन्हें भगवान् नहीं, पागल प्रमाणित करने में खर्च कर रही थी। बिरसा की गिरफ्तारी से जनता में चारों ओर खलबली मची और प्रशासन के प्रयासों के बावजूद बिरसा का भगवान् वाला स्वरूप छोटा होने की बजाय बड़ा ही होता चला गया। यही बिरसा की कामयाबी थी।

समाज द्वारा बिरसा को सनकी करार दिए जाने से उनके हाथ में एक ऐसा अमोघ शस्त्र मिल गया था, जिसकी बदौलत उन्होंने सारी जनता को अपनी ओर आकर्षित कर लिया था, वहीं सातों समुंदरपार राज करनेवालों को भी चकमे में डाल रखा था। भेद तब खुला, जब मनोचिकित्सक डॉ. रोजर्स ने बिरसा को पूरी तरह दुरुस्त और सही दिमाग का पाया। अब प्रशासन ने उन पर मुकदमा चलाया। बिरसा ने यहाँ भी अपनी योग्यता प्रमाणित की। उन्होंने मुकदमे में न तो कोई बयान दिया और न किसी गवाह से जिरह ही की। यह तय था कि वे चाहे जो भी दलील देते,

प्रशासन तो उन्हें किसी-न-किसी बहाने जेल में अटकाए ही रखता। प्रशासन को बिरसा की भगवान् वाली छवि जो नष्ट करनी थी, लेकिन छवि नष्ट करने की इंस चेष्टा ने भी बिरसा को जनता की निगाहों में और ऊँचा उठा दिया।

30 नवंबर, 1897 को जेल से बिरसा की रिहाई हुई। कारावास के दिनों में फिर एक बार एकाग्र चिंतन के लिए एक लंबा समय बिरसा को मिल गया था। इस बार उनके पास आखिरी लड़ाई की रूपरेखा तैयार थी। बाधाएँ, कारावास के पहले जो थीं, उसका अनुभव तो उन्हें था, कारावास के दौरान की घटनाओं और पुलिस प्रशासन के अत्याचारों का पूरा ब्योरा भी मिल जाता। संभावित व्यवधानों का अनुमान इस आकलन से सहज हो गया। फिर एक बार बिरसा ने अपने चलाए धर्म का ही सहारा लिया, किंतु सावधानी यह बरती कि अब गिरफ्तारी की कोई संभावना ही न हो।

जब संचार के साधन नहीं थे, प्रचार के लिए आज की तरह मीडिया भी नहीं था। कोई भी द्रुतगामी यातायात नहीं था। शिक्षा का प्रकाश नहीं, अशिक्षा का घोर अंधकार चारों ओर छाया हुआ था, लोग अंधविश्वासी और भाग्यवादी बन चुके थे, साम्राज्य के आतंक से दिशाएँ थरथराती थीं, प्रशासन के मुखबिरों का जाल पूरे क्षेत्र में फैला हुआ था, ऐसे में अपना देश-अपना राज-अपनी जमीन और जंगल के अधिकार पुनः हासिल करने हेतु साम्राज्य और साम्राज्यवादियों को समाप्त करने की योजना बनाना सिर्फ बिरसा के ही जीवट का काम था। उसी में भगवान् बन सकने की हिम्मत थी।

डोम्बारी पहाड़ लड़ाई का केंद्र

तीर्थयात्रा के नाम पर अपने विश्वस्त लोगों के साथ बिरसा घूमता रहा और एक ओर जहाँ वह वर्तमान स्थिति का अध्ययन करता, वहीं दूसरी ओर अपनी क्रांति के लिए विश्वस्त लोगों की तलाश भी कर रहा था। अंतिम मुक्ति के लिए तैयारी की, इस परिक्रमा में दो वर्ष बीत गए और नवंबर 1899 का समय आ चुका था, जब वे तीर्थ यात्रा से लौटे। चलकद के बोरतोडीह में गुप्त बैठक करने के बाद बिरसा ने आजादी की आखिरी लड़ाई के केंद्र 'डोम्बारी पहाड़' का चयन किया। डोम्बारी की पर्वत श्रृंखलाएँ इसे एक प्राकृतिक किले का रूप देती हैं, जो कि संभावित युद्ध के लिए बहुत ही उपयुक्त समझा गया।

बिरसा मसीहा बन चुका था। भगवान् का आवरण और स्वतंत्रता के लिए

सशस्त्र क्रांति करने को तैयार विश्वस्त सहयोगियों के बीच अब बिरसा का महान् क्रांतिकारी स्वरूप प्रकट होने लगा था। क्रांतिकारियों की सभाएँ चुन-चुनकर ऐसे जंगलों और पहाड़ियों की चोटियों पर आयोजित की गईं, जहाँ साधारण लोगों, भेदियों और मुखबिरों का सहज भाव से पहुँच पाना मुश्किल था। सभा स्थलों की चारों ओर से पूरी चौकसी की जाती। बिरसा की ऐसी सभाएँ राँची के बसिया, कोलेबिरा, बानो, तोरपा, कर्रा, खूंटी, मुड़हू, तमाड़, बुण्डू, सोनाहातु, सिंहभूम जिले के पोड़ाहाट परगना (चक्रधरपुर), बंदगाँव, कारो के उत्तर सोनपुर गढ़ आदि स्थानों में हुईं, जिनमें बड़ी संख्या में लोगों ने भाग लिया। इन सभी सभाओं में बिरसा जहाँ अपनी रणनीति समझाते, वहीं अधिक-से-अधिक तीर-धनुष एवं अन्य हथियार बनाने और संग्रह करने पर अधिक जोर देते थे।

दूसरी ओर फादर हॉफमैन तथा उनके साथी यूरोपियन पादरी भूमिगत बिरसा की तलाश में जहाँ खुद परेशान थे, वहीं उन्होंने देशी धर्म-प्रचारकों (ईसाई) और पुलिस तथा प्रशासन को भी परेशान कर रखा था। पुलिस को बिरसाइतों के जमाव और नाचने की खबरें तो मिलती थीं, लेकिन उनके पहुँचने पर मुलाकात किसी से नहीं होती। बिरसा की तलाश में पुलिस ने झारखंड की अबोध जनता को अब अत्यधिक परेशान और उत्पीड़ित करना शुरू कर दिया था, किंतु बिरसा को पकड़ पाना संभव न हो सका। फादर हॉफमैन के मुंडारी भाषा जानने के कारण उन्हें कुछ नए बिरसाइतों को फोड़ लेने तथा उनसे कुछ महत्त्वपूर्ण जानकारी हासिल कर लेने में कामयाबी मिल चुकी थी, जिसकी जानकारी उन्होंने अविलंब सरकार को भी दे दी थी। सन् 1899 के अंतिम महीने में ब्रिटिश सरकार से भी कहीं अधिक व्यग्र पादरी हॉफमैन थे, जो सभी बिरसाइतों को गिरफ्तार कर लेने के पक्ष में थे।

यह वही समय था, जब भारत के अन्य हिस्सों में राष्ट्रीयता जाग्रत् हो रही थी, लेकिन अभी स्वतंत्रता प्राप्ति के लिए कहीं कोई आंदोलन नहीं था। सन् 1885 में राष्ट्रीय कांग्रेस का जन्म हो चुका था, किंतु वह थी ब्रिटिशों के कब्जे में ही। भारत के पूँजीपति और जमींदार वर्ग के लोग ही इससे जुड़े थे तथा वाइसराय लार्ड डफरिन की सलाह पर 'मिस्टर ह्यूम' कांग्रेस के महासचिव बनाए गए थे। उन्नीसवीं सदी के अंतिम दशक में लोकमान्य बाल गंगाधर तिलक का राष्ट्रीय राजनीति के पटल पर उदय हो चुका था और वे कांग्रेस को ब्रिटिश चँगुल से निकालने की कोशिश भी कर रहे थे, किंतु सन् 1895 में वे राजनीतिक मंच के रूप में उपयोग के लिए गणेश पूजा और शिवाजी के सम्मान में जन समारोह आदि संगठित करने से आगे

नहीं बढ़ पाए। 1897 तक तिलक कुछ ब्रिटिश विरोधी भावना उभारने में कामयाब हो पाए थे, जिसके फलस्वरूप उनके समर्थक बंधुओं ने उत्तेजित होकर एक अंग्रेज अफसर की हत्या कर दी थी, जिस कारण तिलक को भी राजद्रोह के अभियोग में गिरफ्तार कर लिया गया था। इसके अलावा भारत में इस समय स्वाधीनता के लिए कहीं कोई अन्य आंदोलन नहीं था। यह सिर्फ झारखंड क्षेत्र ही था, जहाँ 'उलगुलान' यानी 'विद्रोह' की योजना तैयार थी। इंतजार सिर्फ 24 दिसंबर, 1899 की रात का था। बिरसा पूरी तरह आश्वस्त हो चुके थे कि जब पिछले चालीस वर्षों से किसानों के सरदार आंदोलन को शांतिपूर्ण तरीकों और कानून की सहायता से कुछ नहीं मिल सका तो आगे भी कोई संभावना नहीं है। शांतिपूर्ण आंदोलनों के दौरान अंग्रेजी हुकूमत ने लेशमात्र न्याय नहीं दिया, उलटे प्रशासन के अत्याचार और उत्पीड़न ही बढ़ते चले गए। बिरसा ने कहा कि घुट-घुटकर मरने से बेहतर है—उलगुलान! विद्रोह! सशस्त्र क्रांति!

उलगुलान

उलगुलान के प्रथम चरण का आरंभ क्रिसमस के दिन 1899 में हुआ और यह ईसाइयों के विरुद्ध था, जिन्हें आतंकित किया जाना था। थाना खूंटी, तमाड़, बसिया तथा राँची में व्यापक रूप से उलगुलान (आंदोलन) फैल गया, जिसके परिणामस्वरूप 8 हत्याएँ, 32 हमलों के मामले और 89 आगजनी की घटनाएँ हुईं। विद्रोहियों ने मुड़हू मिशनरी तथा सरवादा में रोमन कैथोलिकों पर आक्रमण किया। 5 जनवरी तक प्रथम चरण का उलगुलान समाप्त होने के बाद बिरसाइयों ने घोषित कर दिया कि उनके वास्तविक शत्रु 'साहब लोग' और सरकार हैं। मुंडा मूल का, चाहे वह ईसाई हो अथवा नहीं, उसे नुकसान नहीं पहुँचाया जाएगा।

5 जनवरी, 1900 को मुंडा क्षेत्र में सार्वजनिक विद्रोह हुआ था। 6 जनवरी को गया मुंडा और उसके आदमियों द्वारा एटकेडीह गाँव में दो सिपाहियों को टुकड़ों में काटकर मार दिया गया। 7 जनवरी को बिरसाइयों की भीड़ ने 'खूंटी पुलिस थाने' में आक्रमण कर उसकी इमारत के एक हिस्से को जला डाला। एक सिपाही को निर्दयतापूर्वक मार डाला तथा स्थानीय बनियों के फूस के कुछ घरों को आग लगा दी। आयुक्त फोर्ब्स और उपायुक्त स्ट्रीटफील्ड डोरन्डा में तैनात 150 सैनिकों के साथ खूंटी की ओर दौड़े और मामले को शांत करने की कोशिश की। अंग्रेजी सेना की 9 जनवरी को डोमबारी पहाड़ी पर बिरसा के आंदोलनकारियों के साथ

लड़ाई छिड़ गई। सेना ने 10 मुंडा आंदोलनकारियों को मार दिया और सात अन्यों को घायल कर दिया। इस घटना ने आंदोलन की रीढ़ को तोड़ दिया। 3 मार्च को चक्रधरपुर के रोगोद जंगल (बंदगाँव) में अंग्रेज पुलिस ने बिरसा को गिरफ्तार कर लिया और उसे राँची जेल में कैद कर उसके 482 मुख्य अनुयायियों के साथ मुकदमा चलाया गया। 9 जून, 1900 को हैजे के कारण बिरसा की मृत्यु राँची जेल में हो गई। लोगों का यह भी मानना है कि जेल में भोजन के साथ जहर मिलाकर खिलाने से बिरसा की मौत हुई थी। 98 बिरसाइयों को सजा मिली, जिनमें तीन को मृत्युदंड तथा 44 को आजीवन कारावास की सजा शामिल है। गया मुंडा की पत्नी माकी को भी उपायुक्त पर हुए हमले में सक्रिय भाग लेने के कारण दो वर्ष के कठोर कारावास की सजा मिली। बंगाल के सुरेंद्र नाथ बनर्जी, जो कि उस समय के एक शक्तिशाली राष्ट्रवादी नेता थे, जिसने बिरसाइयों के उलगुलान अभियान को तत्कालीन कलकत्ता के एक प्रमुख समाचार-पत्र 'बंगाली' में समर्थन दिया था।

1899 का बिरसा के नेतृत्व में उलगुलान, विद्रोह, मुंडाओं की अपने राज्य की स्थापना, अपनी जाति के सभी शत्रुओं के अपवर्जन की प्रेरणा से अभिप्रेरित थे, जिसमें छोटानागपुर के महाराजा, उसकी भू-संपत्ति और उसके अधीन भूस्वामी ही नहीं, वरन् विदेशी गिरिजाघर तथा ब्रिटिश राज भी शामिल थे। बिरसाइयों का एक होना था, जो बिरसा द्वारा विचारित किया गया था। बिरसा का आदिवासियों पर असाधारण प्रभाव था और यदि उस समय उसका मार्ग रोकने के लिए ब्रिटिश सरकार नहीं होती, तो संभवतः वह अपनी धार्मिक व्यवस्था स्थापित करने में सफल हो जाता, जिसे यथासमय छोटानागपुर के समस्त आदिवासियों ने गले लगा लिया होता। यद्यपि मूलतः पुनरुत्थानवादी होने पर भी आंदोलन में जातीय व्यवस्था को मजबूत करनेवाले सुधारवादी तत्त्व थे, किंतु बिरसा की मृत्यु के उपरांत उसकी धार्मिक व्यवस्था टूट गई। अब बिरसाई पोड़ाहाट (सिंहभूम), राँची जिले तथा उड़ीसा के कुछ हिस्सों में फैला हुआ एक अल्पसंख्यक धार्मिक समूह है।

बिरसा और बिरसावाद

'बिरसा मुंडा, झारखंड ही नहीं, पूरे भारत के और विश्व के अग्रगण्य क्रांतिकारी थे, जिन्होंने शोषण, उत्पीड़न और अन्याय का तात्कालिक विरोध मात्र नहीं किया, बल्कि प्रतिक्रियावाद से ऊपर उठकर एक गहन राजनीतिक, सांस्कृतिक एवं आध्यात्मिक चिंतन दर्शन का सूत्रपात किया'—यह कहना अतिशयोक्ति नहीं

होगी। विश्व राजनीति में राजनीतिक चिंतन की विभिन्न प्रचलित विचारधाराओं में झारखंड ही नहीं, समस्त विश्व के शोषित, पीड़ित, पददलित समाज के लिए सबसे व्यावहारिक प्रेरणादायक वाद अगर कोई है, तो वह है बिरसावाद।

बिरसा मुंडा ने झारखंड की धरती पर क्रांति के जो बीज बोए, उसके अंकुरण से समाज, राष्ट्र एवं विश्व के विभिन्न आंदोलनों को विचारधारा, संगठनात्मक कौशल तथा ध्येय सिद्धि हेतु आवश्यक प्रेरणा तत्त्वों की प्राप्ति हुई। हर आंदोलन प्रथमत: स्थूल वस्तुओं, जैसे—जल, जंगल, जमीन के आधिपत्य और स्वामित्व के संघर्ष से शुरू होता है। किसी भी राष्ट्र का स्वतंत्रता आंदोलन हो, उसकी पहली शुरुआत उस देश की जमीन पर अन्य देश से आए लोगों के कब्जे से उत्पन्न संघर्ष से ही शुरू होती है, किंतु सामूहिकता का बोध पैदाकर उसके कब्जे के विरोध के निमित्त एक व्यापक आंदोलन खड़ा करने के लिए जन भावनाओं का ध्रुवीकरण एवं एकत्रीकरण आवश्यक है, जो समान भाव से उस भूमि से प्रेम एवं भक्ति रखते हों, आंदोलन के लिए सांस्कृतिक विशिष्टता को अक्षुण्ण रखने और धार्मिक, आध्यात्मिक मौलिकता को संरक्षित एवं संवर्धित रखने की उत्कट इच्छा उस स्थूल विरोध को एक वैचारिक संजीवनी प्रदान करती है, जो कालांतर में राजनीतिक रूप में परिवर्तित होता है। समस्त संघर्ष अंतत: सत्ता के इर्द-गिर्द ही सृजित होता है और सत्ता राजनीति से नियंत्रित होती है। बिरसा मुंडा ने अपने आंदोलन में इन तमाम पहलुओं की गवेषणा की और एक ठोस वैचारिक, सांस्कृतिक, धार्मिक, आर्थिक और राजनीतिक तत्त्वों से परिपूर्ण एवं सर्वग्राही, सर्व प्रभावी आंदोलन का सूत्रपात किया, जो बाद के आंदोलनों के लिए प्रेरणा-स्रोत बना रहा।

आदिवासियों की भूमि व्यवस्था में यह प्रावधान था कि पूरी भूमि कबीले या समाज की होती थी और उसकी रक्षा का दायित्व, उसकी उपज का उपभोग तथा उस भूमि के उपयोग का निर्णय सामूहिकता के सिद्धांत पर आधारित समस्त कबीले या गाँव का होता था। जनजातीय संगठन का मूलभूत और प्रथम कारक यही था। व्यवसाय, व्यापारी, जमींदार और महाजन, ये सारे शब्द झारखंड के संदर्भ में विजातीय हैं, क्योंकि वे झारखंड की संस्कृति और सभ्यता में यहाँ की अर्थव्यवस्था और शासन प्रणाली में इनका दखल बाहर से आए हुए लोगों के रूप में हुआ। इन लोगों ने झारखंड की भूमि व्यवस्था को अपने निहित स्वार्थों के लिए तहस-नहस कर उस पर अपना आधिपत्य जमाना शुरू किया। इतना ही नहीं, अपने शोषण और उत्पीड़न की शृंखला को स्थायित्व प्रदान करने के लिए इन लोगों द्वारा

झारखंड की सांस्कृतिक और धार्मिक अस्मिता पर ही प्रहार शुरू कर दिए गए, जो इनकी विशिष्टता को समूल नष्ट कर उन पर आर्थिक और राजनीतिक स्वामित्व को दृढ़-से-दृढ़तर कर सके। बिरसा मुंडा ने झारखंड की भूमि पर अति गंभीरता से सूक्ष्मातिसूक्ष्म विश्लेषण किया और इसके विरोध में विभिन्न पहलुओं के निराकरण हेतु जीवन के समस्त अंगों को छूते हुए उसने जो विचारधारा प्रतिपादित की, उसे बिरसावाद कहते हैं।

लेखक, चिंतक, विचारक, इतिहासकार, विद्वत्जनों ने बिरसा आंदोलन के मात्र स्थूल पक्ष का लेखन-वर्णन किया। बिरसा की लड़ाई की शुरुआत विशुद्ध वैयक्तिक विपन्नता के कारक तत्त्वों की खोज से शुरू हुई। बिरसा सोचते थे कि हम गरीब क्यों हैं, हमारी गरीबी का कारण क्या है? बिरसा मुंडा की गरीबी की सीमा का अंदाज इस घटना से लगाया जा सकता है कि एक मरी हुई गर्भवती की कब्र को खोदकर और मुर्दे के गहने बेचकर उन्हें अपनी भूख की ज्वाला को मिटाने के लिए अनाज खरीदना पड़ा। उस समय लोग मरने के बाद प्रयोग किए हुए सामान, जैसे—कपड़ा, गहना, चप्पल, जूता आदि शरीर से संबंधित सामानों को कब्र में डाल दिया करते थे।

बिरसा आंदोलनों में शोषकों, अत्याचारियों के विरोध में जो एक उग्रभाव प्रदर्शित था, वह इसी घटना की पीड़ा, वेदना और उद्वेलन से संपोषित था। बिरसा ने जब इस विपन्नता का कारण खोजने का प्रयास किया, तो पता चला कि इसकी वजह दिकुओं द्वारा उनके जल, जंगल, जमीन पर अधिकार जमाकर उनसे ही मालगुजारी वसूलकर उन्हें विपन्न-से-विपन्नतर बनाने की दिकू व्यवस्था ही है, जो झारखंड की परंपरागत सामूहिक भूमि व्यवस्था को नष्ट कर बनाई गई है। इसी का समाधान ढूँढ़ने के क्रम में बिरसा, ईसाई धर्म के संपर्क में आए, ईसाइयों ने भी उन्हें प्रलोभन का रास्ता दिखाया।

डॉ. कुमार सुरेश सिंह 'बिरसा मुंडा और उनका आंदोलन' पुस्तक में लिखते हैं—एक दिन चाईबासा मिशन में उपदेश देते हुए डॉ. नोट्रौट ने स्वर्ग के राज्य के सिद्धांत पर विस्तार से प्रकाश डाला। उपदेश के श्रोताओं में बिरसा भी थे। डॉ. नोट्रौट ने उपदेश के दौरान वायदा किया कि यदि वे लोग ईसाई बने रहे और उनके अनुदेशों का पालन करते रहे, तो वे उन लोगों की छिनी हुई जमीन वापस करा देंगे। बिरसा ने इस बात पर खासतौर से ध्यान दिया और इसे याद रखा। इसमें दो तरह की संभावनाएँ हैं—एक तो यह कि यदि आदिवासी ईसाई धर्म स्वीकार कर ले, तो

उसकी जमीन सुरक्षित रहेगी। बिरसा को अपनी जमीन और अपना धर्म दोनों ही प्यारा था और वह स्वाभिमानी बिरसा जमीन बचाने के लिए धर्म बेचने का कृत्य नहीं कर सकता था। यही कारण है कि शुरुआती प्रभाव के बाद अंततः बिरसा ईसाई धर्म से शाश्वत रूप से अपने सरना धर्म में वापस आए और जीवनपर्यंत उसी धर्म में बने रहे। कुछ लेखकों द्वारा आज भी बिरसा मुंडा को दाऊद मुंडा की संज्ञा से संबोधित किया जाता है। वैसे बिरसा मुंडा के जन्म के बाद माँ-बाप ने जो बिरसा नाम दिया, वह जीवनपर्यंत बिरसा ही था।

दूसरी संभावना यह थी कि शायद ईसाई द्वारा छीनी हुई जमीन ईश्वर की अनुकंपा से कभी वापस आ जाए। अप्रत्यक्ष आततायी का विरोध और संघर्ष छोड़कर ईश्वर की दया पर निर्भर रहने की घोर भाग्यवादी प्रवृत्ति बिरसा जैसे कर्मठ संघर्षशील व्यक्ति के लिए स्वीकार्य नहीं थी। शायद इसी कारण बिरसा ने ईसाई धर्म के प्रभाव से स्वयं को मुक्त कर लिया। बिरसा ने शोषक वर्ग के इस षड्यंत्र को अच्छी तरह भाँप लिया था कि स्वधर्म और स्व-संस्कृति को नष्ट कर अबाध्य रूप से शोषण जारी रहेगा। अतः शोषण, उत्पीड़न और अत्याचार के विरुद्ध यह आवश्यक था कि अपने धर्म और संस्कृति को अक्षुण्ण रखा जाए। यह अलग बात है कि धर्म में व्याप्त रूढ़ियों, अंधविश्वासों और कुरीतियों के खिलाफ बिरसा ने एक आंदोलन छेड़ रखा था, जो विशुद्ध रूप से सुधारवादी प्रवृत्ति का था। इसी उद्देश्य से बिरसा ने शराब, बलि देकर भूतों को संतुष्ट करने की प्रथा, प्रेतवाद, भगतों, शोखाओं, देवणाओं की ठगी का विरोध किया।

बिरसा मुंडा ने बड़े ही मनोवैज्ञानिक ढंग से लोगों को संगठित किया। बिरसा ने चलकद को आंदोलन का केंद्र बनाया। वे जानते थे कि बीमार की सेवा से व्यक्ति श्रद्धा, आस्था और विश्वास प्राप्त कर सकता है। यही कारण है कि बिरसा एक वैद्य के रूप में समाज की पीड़ा और वेदना दूर करने में जुट गए। वे इतने शुद्ध और पवित्र आत्मा थे, उनकी इच्छाशक्ति इतनी दृढ़ और बलवती थी कि बीमार के सिर पर हाथ देकर मन-ही-मन उसकी चंगाई के लिए प्रार्थना करते और वह व्यक्ति ठीक हो जाता था। बिरसा मुंडा ऐसे ही महान् दैवी गुणों से संपन्न, शुद्ध हृदय और पवित्र आत्मा थे। यही कारण है कि झारखंड में बिरसा मुंडा धरती आबा और भगवान् के रूप में पूजे जाते हैं।

बिरसा मुंडा में कला के प्रति गहरी अभिरुचि थी। हिंदू धर्म में वर्णित कृष्णावतार के सदृश बिरसा जब बाँसुरी बजाते थे, तो सभी मंत्रमुग्ध हो जाते थे।

आज बिरसा को हाथ में तीर-धनुष लिये दिखाया जाता है। यदि शोषण, उत्पीड़न, अत्याचार, अनाचार नहीं होता, तो शायद बिरसा मुंडा के हाथ में तीर-धनुष नहीं, बाँसुरी होती। आज भी झारखंड की यही कहानी है कि स्वभाव से प्रकृति-प्रेमी, नम्र, लोकनृत्य में थिरकनेवाली, झूमर और मांदर की थाप पर नृत्य करने को लालायित आदिवासी जनता विवशतावश कभी-कभी हथियार उठा लेती है।

बिरसा ने एक वैद्य के रूप में जनता की पीड़ा और वेदना दूर कर उनका विश्वास प्राप्त किया। एक सुधारवादी धार्मिक प्रचारक के रूप में लोगों की आस्था जीती। एक कला-प्रेमी बाँसुरीवादक के रूप में लोगों के मनोमस्तिष्क को झंकृत किया। कुल मिलाकर बिरसा मुंडा ने जनता को उनकी अभिरुचि के अनुसार प्रभावित किया। बिरसा ने इस प्रकार अपने आंदोलन की पृष्ठभूमि तैयार की। उनका तो मकसद अंग्रेजों तथा उसके दलाल बने जमींदारों, महाजनों और व्यापारियों के चँगुल से अपने जल, जंगल और जमीन को मुक्त कराना था।

ब्रिटिश शासक भी बिरसा की संगठनात्मक क्षमता से सशंकित थे। उनकी शंका ने तब विकट रूप ले लिया, जब सर्वदा चर्च के फादर हॉफमैन ने रिपोर्ट दी कि धार्मिक क्रांति की आड़ में बिरसा विद्रोह की तैयारी कर रहा है और छह हजार से अधिक सशस्त्र लोग बिरसा के नेतृत्व में चलकद में एकत्र हो रहे हैं। बिरसा के धर्म को न माननेवालों पर हमला किया जाएगा। अंततः ब्रिटिश शासन ने एक आंदोलनकारी को गिरफ्तार करने का प्रयास किया। एक क्रांतिकारी को जेल में डालकर क्रांति को बंद करने की कोशिश की, किंतु आंदोलन न गिरफ्तार होता है, न क्रांति को कठघरे में कैद किया जा सकता है। उलगुलान की चिनगारी ज्वाला बन चुकी थी। अंग्रेज बिरसा की जेल में मृत्यु से प्रसन्न हुए, पर आश्वस्त नहीं रह सके कि जो चिनगारी बिरसा ने जलाई, वह इनकलाब की ज्वाला बनकर न सिर्फ झारखंड, बल्कि समस्त भारत में अंग्रेजी हुकूमत का खात्मा कर देगी। अंततः भारत भूमि पर 15 अगस्त, 1947 को आजादी का परचम लहराया।

बिरसा से प्रेरणा

बिरसा मुंडा की लड़ाई एक बहुमुखी संघर्ष की स्थिति थी। लड़ाई सर्वप्रथम जमीन हड़पनेवाले महाजन और व्यापारियों के खिलाफ थी। दूसरी सामाजिक परजीवियों को आश्रय देनेवाली अंग्रेजी सरकार के विरुद्ध थी। तीसरा पहलू यह था कि आदिवासी समाज के परंपरागत सामाजिक मूल्यों को पुनर्जीवित कर समाज की

आंतरिक ताकतों का पुनर्गठन करना था। इन तीनों प्रमुख उद्‌देश्यों के लिए बिरसा मुंडा ने सिंहभूम एवं राँची के आदिवासी, दलित और पिछड़ी जातियों के बीच में जागृति और एकता लाने का प्रयास किया तथा जनसंघर्ष छेड़ा। फलस्वरूप बिरसा मुंडा शहीद हुए।

समाज के अंदर उसने अंधविश्वास के खिलाफ ज्ञान के प्रकाश से लड़ाई लड़ी। लोगों को अपने अधिकारों और सच्चाइयों से अवगत कराया और उन्हें जागरूक बनाया। समाज के प्रति अपने कर्तव्य और निस्स्वार्थ सेवा-भावना से लोगों को अपनी ओर आकर्षित किया तथा खुशहाल समाज के निर्माण के लिए उन्हें एक सूत्र में पिरो दिया। जादू-टोने में क्या बुराइयाँ हैं, शराब से क्या हानि है, इसके प्रति सचेत किया। इसी क्रम में उन्होंने आंदोलन को धार्मिक रूप देते हुए सामाजिक सुधार का रास्ता दिखाया और बिरसायत धर्म की स्थापना में अपना पूरा योगदान दिया। उनके इन्हीं प्रयासों के कारण बिखरता हुआ आदिवासी समाज संगठित हो पाया और अभी तक अपनी बहुमूल्य परंपराओं को सुरक्षित रखने में सक्षम हो सका।

बिरसा भगवान् नहीं थे, बल्कि आप और हम जैसे एक साधारण व्यक्ति थे। हाँ, यह सच है कि वे महान् व्यक्ति थे। समाज के लिए समर्पित थे, अपने आदर्शों एवं मूल्यों के लिए कुरबान हुए। उन्होंने झारखंड सहित पूरे देश को एक नई दृष्टि दी और अपनी सांस्कृतिक पहचान की खोज के लिए संघर्ष की प्रेरणा दी। महान् सेनानी, समाज सुधारक, क्रांतिदूत बिरसा मुंडा को शत-शत जोहार।

□

गया मुंडा का संघर्ष

उलगुलान के नायक बिरसा मुंडा के दाहिना हाथ थे एटकाडीह के गया मुंडा। बिरसा मुंडा के आंदोलन के पहले वे सरदारी लड़ाई में हिस्सा ले चुके थे। उम्र में बिरसा मुंडा से काफी बड़े, लेकिन तेज-तर्रार, फुर्तीले और बहादुर योद्धा गया मुंडा ने अंग्रेजों को तबाह कर रखा था। वह बिरसा मुंडा के कमांडर की भूमिका में रहते थे। उनके पूरे परिवार की वीरता की कहानी की चर्चा होती है। अंग्रेजों ने बिरसा मुंडा की गिरफ्तारी से पहले ही गया मुंडा और उनके पूरे परिवार को गिरफ्तार कर लिया था। गिरफ्तारी के वक्त भी गया मुंडा ने पूरी ताकत से अंग्रेजों और सिपाहियों का सामना किया था। बाद में गया मुंडा और उनके एक बेटे को फाँसी दे दी गई थी। पत्नी समेत परिवार के अन्य सदस्यों को लंबे समय तक जेल में रहना पड़ा था। इतिहास के पन्नों में उनकी इस कुरबानी को उचित जगह नहीं मिल सकी।

गया मुंडा 1895 से 1900 के बीच बिरसा मुंडा के उलगुलान में सबसे ज्यादा सक्रिय रहे। उनके अपने गुण थे। पारंपरिक हथियार चलाने में उनका कोई जवाब नहीं था। निशाना चूकता नहीं था। गहरी नींद में होने पर भी अगर कहीं से हलकी सी भी आवाज आई, तो नींद खुल जाती थी और हाथ तीर-धनुष की ओर चला जाता था। इतने तेज-तर्रार थे, इसलिए वे बिरसा मुंडा के सबसे भरोसे के अनुयायियों में माने जाते थे। 1899 में जब बिरसा मुंडा और उनके सहयोगियों ने निर्णायक लड़ाई की योजना बनाई तो तय किया गया कि 24 दिसंबर की रात में अचानक तीरों से हमले किए जाएँगे। आग लगाई जाएगी। ऐसा ही हुआ। तीरों से अंग्रेजों, ईसाइयों, गिरिजाघरों पर भी हमले होने लगे। ये हमले खूंटी, तमाड़, बंदगाँव से लेकर सिंहभूम के पोड़ाहाट क्षेत्र में हो रहे थे। इससे अंग्रेज सरकार चिंतित हो गई और किसी भी हाल में विद्रोहियों (बिरसा मुंडा और उनके अनुयायियों) को गिरफ्तार करने में लग गई। उन दिनों राँची के डिप्टी कमिश्नर थे एचसी स्ट्रीटफील्ड। 24 दिसंबर के पहले वे मामले को गंभीर नहीं मान रहे थे, लेकिन हमले के बाद सतर्क हो गए।

खूंटी के आस-पास भी घटनाएँ घट रही थीं। सैको गाँव के पास भी तीर से हमले और आग लगाने की घटना मिली थी। इसी मामले की जाँच के लिए खूंटी का प्रधान कांस्टेबल सैको गया था। उसका इरादा गया मुंडा को गिरफ्तार करना भी था। गया मुंडा के घर पर विद्रोहियों की बैठक हुई। उनकी संख्या 40-50 थी। बैठक के बाद ये विद्रोही तजना नदी की ओर चले गए। ये सभी हथियारों से लैस थे। इसी बीच पुलिस को बैठक की खबर मिल चुकी थी। पुलिस एटकेडीह पहुँची थी, जहाँ उसे बताया गया था कि विद्रोही नदी की ओर गए हैं। कांस्टेबल और उसके सहयोगी विद्रोहियों को खोजते-खोजते नदी की ओर गए। इन्हें गया मुंडा ने देख लिया और वह चिल्लाया—'सांभर, हिरण आ गए हैं, उनको मार गिराओ।' एक कांस्टेबल तो भाग गया, लेकिन जयराम नामक दूसरा कांस्टेबल तेजी से भाग नहीं सका। उसे गया मुंडा के बेटे सनरी ने तीर मार दिया। कांस्टेबल कुछ दूर भागने के बाद गिर गया। गया मुंडा और उनके सहयोगियों ने उस कांस्टेबल को कुल्हाड़ी से काट दिया। उसकी वहीं मौत हो गई। बाद में पुलिस वहाँ पहुँची। शव को राँची भेजा गया।

बिरसा के अनुयायी गया मुंडा के नेतृत्व में ब्रिटिश हुकूमत के खिलाफ राँची और सिंहभूम जिले की विभिन्न जगहों में सभाएँ हो रही थीं। गया मुंडा की बहादुरी पर बिरसा को नाज था, इसलिए उन्हें अपना सेनापति बनाया। 7 जनवरी, 1900 को अंग्रेज अधिकारियों को पता चला कि गया मुंडा अपने सैकड़ों अनुयायियों के साथ कभी भी खूंटी में हमला करनेवाले हैं। ईसाइयों और गैर-ईसाइयों में काफी डर समाया हुआ था। लोग जमींदार और थाना के अहाते में शरण ले रहे थे। राँची से बड़े अफसर सैनिकों के साथ खूंटी पहुँचे। उलगुलान को दबाने के लिए प्रशासन ने भरसक प्रयास किया। उन्हें पता था कि बिरसा मुंडा के अनुयायी डोम्बारी पहाड़ पर जमा होनेवाले हैं। उपायुक्त स्ट्रीटफील्ड ने डोम्बारी जानेवाले सभी रास्तों को बंद करवा दिया। इसके बावजूद विद्रोहियों उलगुलान को सफल बनाने के लिए कंटकाकीर्ण मार्ग को अपनाते हुए डोम्बारी पहुँचने का प्रयास किया। उपायुक्त ने विद्रोहियों पर गोली चलाने का आदेश दिया, जिससे 200 पुरुष, महिलाएँ मारे गए। यह बिरसा उलगुलान की सबसे दर्दनाक घटना थी। इस लड़ाई में गया मुंडा की पत्नी माकी मुंडा ने पराक्रम का परिचय दिया। किसी तरह गया मुंडा पुलिस की पकड़ से बच निकला और उलगुलान को जारी रखा।

अंग्रेज सरकार बौखला गई थी और वह गया मुंडा को खोजने लगी। डिप्टी

कमिश्नर उस समय बंदगाँव में थे। वे पूरी फौज के साथ 6 जनवरी, 1899 को गया मुंडा को गिरफ्तार करने के लिए एटकेडीह पहुँचे। कांस्टेबल की हत्या के बाद भी गया मुंडा फरार नहीं हुए थे, बल्कि अपने घर में आराम से थे। इसी बीच पुलिस ने उनके घर को घेर लिया। घर के बाहर कोई नहीं था। गया मुंडा को पकड़ने के लिए एक कांस्टेबल ने घर में घुसने का प्रयास किया। वह तुरंत 'बचाओ-बचाओ' कहते हुए बाहर आ गया। संभवत: उस पर अंदर हमले का प्रयास किया गया था। अंदर महिलाएँ थीं। डिप्टी कमिश्नर ने आत्म-समर्पण करने का आदेश देते हुए कहा, 'हथियार रख दो।' गया मुंडा बहादुर थे। डरते नहीं थे। पुलिस से घिरने के बावजूद उनका जवाब था, 'यह मेरा घर है और डिप्टी कमिश्नर को उसमें घुसने का कोई अधिकार नहीं है।' डिप्टी कमिश्नर ने गया मुंडा और उनके परिवार को समझाने का प्रयास किया। उनके साथ दारोगा थे इल्ताफ हुसैन। वे भी घर के बाहर से समझाने का प्रयास कर रहे थे। गया मुंडा हार माननेवाले नहीं थे। इसी बीच दारोगा को निशाना कर अंदर से कुल्हाड़ी फेंकी गई, जो दारोगा के सिर पर लगी। वह गिर पड़ा। दारोगा टोपी पहने थे, इसलिए उसकी जान बच गई। इस बीच डिप्टी कमिश्नर ने खुद खपरैल घर की छत की ओर गोली चलाई, ताकि गया मुंडा और उनका परिवार डर जाए। बार-बार गया मुंडा को बाहर आने के लिए धमकी दी जा रही थी।

यह भी कहा जा रहा था कि नहीं निकलने पर घर में आग लगा दी जाएगी। बाद में अंग्रेजों ने गया मुंडा के घर के पीछे से आग लगा दी, ताकि जलकर मरने के डर से गया मुंडा और उनके परिवार के अन्य सदस्य, महिलाएँ बाहर आ जाएँ। आग तेजी से फैलने लगी। अब गया मुंडा के पास दो ही विकल्प थे। एक अंदर ही रहें और जलकर मर जाएँ, दूसरा कि बाहर निकलकर पूरी ताकत के साथ लड़ाई लड़ें। इस बीच गया मुंडा के समर्थक, जिनकी संख्या सौ से कम नहीं थी, कुछ दूरी पर पहुँच चुके थे, लेकिन उन्होंने हमला नहीं किया था। गया मुंडा समझौता करना नहीं जानते थे। हार मानना नहीं जानते थे। उन्होंने परिवार के हर सदस्य के हाथ में कुछ-न-कुछ हथियार थमाया और खुद तलवार भाँजते हुए बिजली की रफ्तार से घर से बाहर निकले। उनकी पत्नी माकी हाथ में लाठी लिये उनके पीछे-पीछे निकली। बेटा, पोता, बहू, बेटी सभी कुछ-न-कुछ (कुल्हाड़ी, टाँगी, लाठी) लेकर बाहर आ गए। इस बीच गया मुंडा तलवार भाँज रहे थे और पुलिस को अपने करीब नहीं आने की चेतावनी दे रहे थे। डिप्टी कमिश्नर खुद वहाँ मोर्चा लिये हुए थे। वे

जानते थे कि अगर गोली चली, तो गया मुंडा के साथ-साथ परिवार की महिलाएँ भी मारी जा सकती हैं। इसी बीच डिप्टी कमिश्नर ने खुद पिस्तौल से गया मुंडा के कंधे में गोली मारी, ताकि वे घायल हो सकें, उन्हें पकड़ा जा सके और इसी भय से परिवार के अन्य सदस्य आत्म-समर्पण कर दें। गया मुंडा का पूरा परिवार भी उन्हीं के जैसा हार माननेवाला नहीं था। गोली तो गया मुंडा को लगी, वे गिरे भी, लेकिन फिर उठकर तलवार भाँजने लगे। तब तक मामला बिगड़ चुका था। डिप्टी कमिश्नर ने दूसरी गोली गया मुंडा को मारने की नीयत से चलाई (बाद में उन्होंने इसे स्वीकारा भी था), लेकिन यह गोली उन्हें नहीं लगी। उनकी पिस्तौल में यह अंतिम गोली थी। इस बीच गया मुंडा ने तलवार से डिप्टी कमिश्नर पर हमला किया, जिससे उसके कंधे में मामूली खरोंच आई। तलवार गिर गई। दोनों गुत्थम-गुत्था होने लगे। गया मुंडा की पत्नी माकी लाठी से डिप्टी कमिश्नर पर हमले कर रही थी। घर की अन्य महिलाएँ भी लड़ रही थीं, यहाँ तक कि दो महिलाओं ने बाएँ हाथ से अपने बच्चे को पकड़ रखा था और दाहिने हाथ से कुल्हाड़ी भाँज रही थी। बाद में अन्य सिपाहियों की मदद से सभी को गिरफ्तार कर लिया गया। इस घटना में गया मुंडा के कंधे में गोली लगी थी, माकी मुंडा के सिर पर चोट लगी थी, प्रधान कांस्टेबल मैरिया उराँव की उँगली कट गई थी। गया मुंडा इटकी में पकड़ा गया, जहाँ उन्होंने तीन सिपाहियों को मार डाला था। कांस्टेबल की हत्या के आरोप में गया मुंडा और उनके बेटे सनरी मुंडा को मौत की सजा दी गई। गया मुंडा की पत्नी माकी मुंडा को दो साल का सश्रम कारावास और उनकी एक बेटी, पतोहू और एक बेटे को एक-एक साल की सजा सुनाई गई। उलगुलान के इस नायक गया मुंडा और उनके पूरे परिवार की बहादुरी को गीतों के माध्यम से याद किया जाता है। □

टाना भगत आंदोलन

(1914)

टाना भगत आंदोलन शुरुआत में अंग्रेजों, भूस्वामियों और महाजनों के खिलाफ एक विद्रोह था, जो बाद में एक अहिंसावादी, सुधारवादी और भारतीय स्वतंत्रता आंदोलन के साथ एकीकृत कर लिया गया। ज्ञातव्य है कि अंग्रेजों के आगमन के बाद आदिवासियों की ओर से अन्याय, शोषण के खिलाफ झारखंड क्षेत्र में जो भी विरोध या विद्रोह हुआ, वह हिंसक ही था। अपवाद अगर है तो वह है टाना भगत आंदोलन। टाना भगत आंदोलन गांधीवादी तरीके से हुआ। इसकी झलक आज भी टाना भगतों की दिनचर्या में मिलती है।

आंदोलन के नायक थे—जतरा उराँव। उनका जन्म गुमला जिले के बिशुनपुर थाने के चिंगड़ी गाँव में 1888 ई. में एक उराँव परिवार में हुआ था, हालाँकि उनके जन्म की कोई प्रामाणिक तारीख उपलब्ध नहीं है। उनके पिता का नाम कोहरा उराँव और माता का नाम लिवरी उराँव था। बचपन से ही जतरा उराँव तंत्र-मंत्र सीखना चाहते थे। उन्होंने गुरुग्राम हेसराग के तुरिया उराँव से तंत्र-मंत्र की विद्या सीखी। वे समाज में फैली कुरीतियों और अंधविश्वास को दूर करना चाहते थे। देश गुलाम था। अंग्रेजों और जमींदारों के सख्त रवैये ने आदिवासियों को परेशान कर रखा था। उन्होंने तय किया कि इन समस्याओं के हल के लिए शांतिपूर्ण तरीके से आंदोलन किया जाएगा।

इस बीच 1914 में एक दिन जतरा उराँव को आत्मबोध प्राप्त हुआ। उन्हें लगा कि उनके अंदर एक अदृश्य ताकत आ गई है। उन्होंने तय किया कि ईश्वर की आज्ञा माननी चाहिए और उनसे संबंध स्थापित करना चाहिए। इसके लिए कई अपवित्र वस्तुओं का त्याग करना होगा। बीस वर्षीय इस लड़के ने घोषणा की थी कि धर्मेश (ईश्वर) ने उराँव लोगों को भूत-प्रेत की पूजा त्यागने, पशुबलि का त्याग करने, मांस और शराब से दूर रहने, रंगीन कपड़े का त्याग करने की बात कही

है। उन्होंने तय किया कि गुरुवार को एक दिन प्रार्थना के लिए कोई खेत में काम नहीं करेगा। वे जमींदारों, महाजनों के खेत में मजदूरी नहीं करेंगे, अपनी जमीन का लगान सरकार को नहीं देंगे। उन्होंने अपने अनुयायियों को प्रेत बाधा निवारण और बीमारियों के इलाज के लिए मंत्रों की शिक्षा दी। एक दिन जतरा उराँव अपने गाँव के तालाब में स्नान कर रहा था कि अचानक वह गुनगुनाने लगा। वह तालाब से बाहर निकलकर बोलने लगा कि—

टाना बाबा टाना, भूतनी के टाना,
कोना कोचा, टान-टून टाना,
काँसा-पीतल माना, दोना-पातरी में खाना,
मांस-मदिरा माना, सोना-चाँदी माना,
खैनी-चूना माना, गहना-गुरिया माना,
टाना बाबा टाना, टाना बाबा टाना।

जतरा उराँव ने उक्त मंत्र के जरिये लोगों को बताया कि मेरा धर्मेश (ईश्वर) से साक्षात्कार हो चुका है। उन्होंने ही मुझे यह मंत्र दिया है। धर्मेश ही उराँव लोगों का सबसे बड़ा ईश्वर है। जतरा उराँव के समर्थकों की भीड़ बढ़ती गई, लोग भक्त बनते गए, जिन्हें टाना भगत कहा गया। जब इस कार्य के लिए वे आगे बढ़े तो उन्हें और उनके सात अनुयायियों के साथ गिरफ्तार कर लिया गया। उन्हें डेढ़ वर्ष के कारावास पर भेजा गया, तो अन्य गुरुओं, जैसे कि बटकुड़ी गाँव के देवमनिया ने उसके संदेश का उपदेश जारी रखा। मुख्यतः यह उराँव लोगों के जीवन में सादगी एवं शुद्धता को बढ़ावा देने के उद्देश्यवाला सुधारवादी एवं भूस्वामियों तथा महाजनों के हाथों दमन के विरोध में एक आंदोलन और प्रतिवाद भी था, जो कि बिरसा के उलगुलान के बावजूद अभी शांत होना बाकी था।

टाना भगतों ने सर्वप्रथम उराँव देश (क्षेत्र) में सामूहिक भूतबाधा निवारण (टाना) द्वारा तथा मदिरा सेवन, नृत्य, शिकार तथा मांस-भक्षण, जो कि वे लोग अति प्राचीन समय से करते आ रहे थे, का परित्याग करने के लिए एक सांकेतिक आंदोलन किया। उन्होंने शाकाहार, भोजन, संस्कार तथा पवित्र सफेद धागे को धारण कर अपने हिंदू भूस्वामियों का अनुकरण करते हुए अपनी पुरानी व्यवस्था को बदल दिया। इसके अलावा उन्होंने ईश्वर मात्र की पूजा करने का निश्चय किया और धर्मांतरित ईसाइयों का अनुकरण करते हुए बृहस्पतिवार के दिन जमा होकर सप्ताह में सिर्फ एक दिन सामूहिक प्रार्थना करने का फैसला लिया गया।

आरंभिक राजनीतिक चरण में आंदोलन स्वयं स्थानीय जमींदारों और ब्रिटिश शक्ति के विरुद्ध प्रकट हुआ। टाना भगतों ने जमींदारों की जमीनों को जोतना बंद कर दिया और उनके जानवरों को वापस कर दिया। उन्होंने आंदोलन में घोषणा की थी कि मूल रूप से ये जमीन हमारे परदादाओं द्वारा निर्मित भूमि है, जो हमारी है। इसलिए लगान नहीं देने का अभियान चलाया। उन्होंने चौकीदारी टैक्स का भुगतान भी रोक दिया। इस परिस्थिति में सरकार ने बकाया लगान के साथ उनकी भूमि को बेचने का फैसला ले लिया।

कुछ लोग धीरे-धीरे उनके समर्थक बनते गए और इन लोगों ने तय किया कि सादा जीवन व्यतीत करेंगे। अहिंसा में पूर्ण विश्वास रखेंगे। जतरा उराँव के समर्थकों की संख्या धीरे-धीरे बढ़ने लगी। उनका आंदोलन आस-पास के क्षेत्रों में फैलता गया। 1916 में वे जेल में रहे। उन्हें बीच में ही इस शर्त पर छोड़ दिया गया कि वे अपने नए सिद्धांत का प्रचार नहीं करेंगे। जेल में उन्हें काफी प्रताड़ित किया गया था। इस कारण वे कमजोर हो गए थे और जेल से रिहा होने के तुरंत बाद ही उनकी मौत हो गई।

टाना भगत आंदोलन, भारतीय स्वतंत्रता संग्राम से जुड़ा

जतरा उराँव की मौत के बाद भी उनका आंदोलन बंद नहीं हुआ। इसके उलट फैलता गया। उनके अनुयायियों ने प्रचार-प्रसार जारी रखा। ये लोग बाद में भारतीय स्वतंत्रता आंदोलन से जुड़ गए। अहिंसा में विश्वास रखनेवाले और सादा जीवन जीनेवाले टाना भगतों ने सफेद वस्त्र धारण कर लिये। गांधी टोपी लगाई और तिरंगे को साथ रखने का संकल्प लिया, साथ में घंटी रखते, शंख बजाते और अपना संदेश लोगों तक पहुँचाते। महात्मा गांधी ने जब राँची का दौरा किया, तो सिब्धू भगत की अगुवाई में टाना भगतों ने उनसे मुलाकात की और अपने आंदोलन के बारे में उन्हें बताया था। गांधीजी टाना भगतों के आंदोलन से काफी प्रभावित हुए थे। टाना भगत गांधीजी के सत्याग्रह आंदोलन में शामिल हो गए और गिरफ्तारियाँ दीं। वे गांधीजी द्वारा प्रायोजित और उनके नेतृत्व में स्वतंत्रता आंदोलन के पीछे दृढ़ता से खड़े हुए। उनका आंदोलन इतनी शक्ति से महसूस किया जाना आरंभ हुआ कि तत्कालीन छोटानागपुर के पुलिस उप-महानिरीक्षक ने 20 अप्रैल, 1919 को सरकार को लिखा, "मुझे व्यापक रूप से आंदोलन फैलने का डर है, अत: यह अति आवश्यक है कि टाना भगत आंदोलन को निर्णायक तौर पर समाप्त किया

जाना चाहिए…जब तक आंदोलन को नियंत्रित न किया जाए तथा अनुयायियों को यह महसूस न करा दिया जाए कि उनके तथाकथित नेता भगवान् नहीं है और उन्हें भी दंड दिया जा सकता है।" राँची के उपायुक्त ने 9 मार्च, 1921 को छोटानागपुर प्रमंडल के आयुक्त को सूचित किया। टाना भगत आंदोलन ने परेशान करना जारी रखा तथा इस बात के प्रचुर साक्ष्य हैं कि आंदोलनकारियों के इस असहयोग ने आंदोलन को नवजीवन प्रदान किया। टाना भगत सैकड़ों की संख्या में 1922 को गया शहर में आयोजित भारतीय राष्ट्रीय कांग्रेस के अधिवेशन में उपस्थित हुए। सत्याग्रह के दौरान उन्होंने गिरफ्तारियाँ दीं और पूरे समय राँची जिले में राष्ट्रीय स्वतंत्रता संग्राम का मुख्य सहारा बने।

भारत के स्वतंत्रता संग्राम ने विशेषकर टाना भगतों की कल्पनाओं को हरी झंडी दिखा दी। कांग्रेस अधिवेशन (दिसंबर 1922) की अध्यक्षता देशबंधु चित्तरंजन दास ने की थी। ये टाना भगत स्वतंत्रता आंदोलन के संदेश से प्रभावित होकर गया से घर लौटे। कांग्रेस का झंडा हाथ में लिये ये लोग नंगे पाँव गाँव-गाँव जाया करते थे, स्वतंत्रता आंदोलन का संदेश जन समुदाय तक पहुँचाते और असहयोग आंदोलन की आयोजित बैठकों में बराबर हिस्सा लेते थे।

5 अक्तूबर, 1926 को राँची में स्थानीय आर्य समाज सभागृह में डॉ. राजेंद्र प्रसाद की उपस्थिति में एक खादी प्रदर्शनी का उद्घाटन हुआ। कुछ टाना भगतों ने भी इसमें भाग लिया। यह 1922 में असहयोग आंदोलन को स्थगित करने के उपरांत महात्मा गांधी द्वारा चलाए गए रचनात्मक कार्यक्रम का हिस्सा था। खादी कार्य को प्रोत्साहित करने के लिए दुर्गा मंडप के सम्मुख एक प्रदर्शनी का आयोजन किया गया। 1928 में साइमन कमीशन का बहिष्कार किया गया। राँची में पूरी गंभीरता के साथ एक विशाल जुलूस निकला, जिसमें बहुत से टाना भगत, स्थानीय निवासी और विद्यार्थी शामिल हुए थे। विभिन्न सार्वजनिक भवनों पर राष्ट्रीय ध्वज फहराए गए।

□